따라 하는 가정예배

쉽게 시작하고 누구나 따라 할 수 있는 가정예배서

따라 하는 가정예배

장재기

규장

가정예배는 복이다

내가 태어나 자란 곳은 마을 사람들이 같은 성씨를 가진 씨족 마을이다. 마을 높은 곳에는 제각(祭閣)이 있어 매년 마을 사람들이 모여 제사를 지냈다. 아버지는 집안의 장손으로 제사 문화를 생명처럼 여기셨다. 나의 오랜 기도 제목은 제사를 멈추고 가족이 함께 하나님을 예배하는 것이었다. 그래서 가족들이 제사를 지낼 때면 나는 혼자 방에서 예배했다. 아무도 듣는 사람이 없었지만, 영적 전쟁이라 생각하고 혼자 찬양하고 기도하고 말씀을 선포했다.

"하나님, 지금 저희 가족이 하나님을 몰라서 그렇습니다. 주님, 불쌍히 여겨주시고, 용서해주세요. 제가 가정을 대표해서 하나님을 예배합니다. 이 예배를 받아주시고, 우리 가정이 하나님을 예배하는 날이 속히 오게 해주세요."

2014년 추석은 우리 집에서, 그리고 우리 마을에서 처음으로 제사를 멈추고 예배를 드린 날이다. 변하지 않을 것 같았던 아버지를 하나님께서 변화시켜주셨다. 가족이 함께 모여 첫 예배를 드렸던 날을 잊을 수 없다. 예배를 시작하는 기도를 마치자 아버지께서 나지막하지만 분명한 목소리로 "아멘"이라고 고백하시는데 온몸에 전율이 느껴졌다. 가정예배를 마치고 할아버지의 산소에 갔다. 모든 가족이 모인 자리에서 아버지께서 입을 열었다.

"아버지, 이제 제사 안 지내고 예배드리기로 했어요. 대신 이렇게 와서 인사드리고 갈게요. 너무 서운해 마세요."

아버지의 말을 듣는데 눈물이 났다. 아버지에게 제사는 부모님을 향한 못다 한 사랑의 표현이었다는 것을 알았기 때문에 그 마음이 이해돼 눈물이 났고, 하나님께서 누구보다 오랫동안 이 고백을 기다리셨다는 것을 알았기 때문에 감사의 눈물이 흘렀다.

이제 우리 가정은 모이면 예배드린다. 처음부터 가진 사람은 그 가치를 잘 모르지만, 없어 본 사람은 누구보다 그 가치를 잘 안다. 예배하는 것은 결코 당연한 것이 아니며 거저 주어지는 것도 아니다. 하나님의 특별한 선물이고 믿음으로 취해야 할 축복이다. 내가 혼자라도 가정예배를 시작하지 않았다면 우리 가정은 여전히 제사를 지내고 있었을 것이다. 그러나 예배를 시작하자 제사가 멈추고 온 가족이 하나님을 예배하는 축복을 누리게 되었다.

가정예배가 가정을 지킨다

코로나 기간에 서른 커플이 넘는 청년들의 결혼 주례를 섬겼다. 많은 사람의 축하를 받으며 출발해야 하는 청년들이 청첩장을 전달하는 것조차 많은 부담을 느껴야 했던 안타까운 시간이 있었다. 결혼하는 친구들을 만나 이런저런 이야기를 많이 나누지만, 마지막에 꼭 부탁하는 한 가지가 있다. 그것은 가정예배를 드리라는 것이다.

2020년도에 안식년의 시간을 가지면서 아내와 매일 가정예배를 드리기로 약속했다. 그전에도 가정예배를 드렸지만, 이 기간에는 조금 더 집중해서 예배드리라는 마음을 주셔서 순종하게 되었는데, 가정예배를 드리면서 부부가 한 몸이 된다는 것이 무엇인지 더 깊이 경험하게 되었다.

부부 사이가 나빴던 것은 아니다. 그러나 하루하루 바쁘게 살다 보니 당연히 이렇게 사는 거라고 생각했다. 하지만 가정예배를 통해 마음을 깊이 나누고 하나님 앞에서 서로를 돌아보고, 또 진심으로 축복하고 기도하면서 부부가 하나 된다는 것이 무엇인지 알 수 있었다. 하나님께서 베푸신 은혜를 돌아보며 감사의 눈물을 흘렸고, 하나님을 높여드리며 감격의 눈물을 흘렸다.

코로나로 비대면이 시작되면서 많은 가정이 우울한 시간을 보내고 관계의 어려움을 겪었다고 한다. 그러나 우리 가정은 달랐다. 서로 더 깊이 알아가고 친밀해지는 축복을 누렸다. 우리 부부가 특별해서가 아니라, 가정예배가 코로나로부터 우리 가정을 지켜준 것이다. 예배는 신앙생활의 심장과 같다. 예배가 살아야 성도가 살아나고, 예배가 승리할 때 인생이 승리한다. 가정예배가 가정을 지켜준다.

30분을 하기로 했던 가정예배가 어떤 날은 밤 9시에 시작해서 자정이 넘어 끝난 적도 있다. 누가 시켜서 한 것이 아니라 성령의 인도하심 가운데 시간 가는 줄 모르고 예배한 것이다. 그런데 그날, 자정이 넘어 방금 가정예배를 마쳤는데 아내가 나를 보며 "여보, 나 내일까지 못 기다리겠어요. 우리 내일 예배 지금 바로 드려요"라고 해서 그래도 그건 아닌 것 같다고 아내를 말린 적이 있다. 그만큼 가정예배를 통해 부어주신 하나님의 은혜가 특별했다. 사람들과의 비대면이 오히려 하나님을 대면하기에 더 좋은 기회가 된 것이다.

'따라 하는 기도'는 내가 계획해서 시작한 것이 아니다. 가정예배 때 주신 말씀에 순종하며 시작되었다. "네 손이 선을 베풀 힘이 있거든 마땅히 받을 자에게 베풀기를 아끼지 말며"(잠 3:27)라는 성경 구절로 '도움을 주는 삶'을 살라는 하시는 말씀에 순종하며 시작되었다. 언제나 나의 계획보다 주님의 계획이 훨씬 더 크고 놀랍다.

결혼하는 커플들뿐만 아니라 가정의 여러 가지 어려움을 호소하는 분들을 만날 때마다 가정예배를 추천했다. 그런데 많은 분이 어떻게 가정예배를 드려야 할지 모르겠다면서 어려워하셨다. 그래서 가정예배를 시작하고 싶어 하시는 분들이 어떻게 쉽게 시작하도록 도울 수 있을까 기도하게 되었고, 누구나 쉽게 따라 할 수 있는 가정예배 책을 만들기로 했다.

한 번도 가정예배를 드려본 적이 없는 가정도 할 수 있다. 혼자 가정예배를 드려야 하는 사람에게도 힘이 될 것이다. 성경을 잘 몰라도 괜찮다. 설교하거나 듣는 것에 대한 부담을 갖지 않아도 된다. 일주일에 한 번 30분이면 충분하다. 이 책이 가정예배를 시작하려는 여러분에게 도움이 되기를 바라며 가정예배를 통해 여러분의 가정에 하나님의 나라가 임하기를 축복한다.

팔로잉 미니스트리
장재기 목사

가정예배 서약서

우리 가정의 주인은 하나님이십니다.
하나님이 주인 되실 때 우리 가정이 든든히 세워집니다.
나는 하나님의 주인 되심을 인정하는 가정예배를
우리 가정에서 시작할 것을
성 삼위 하나님과 가족 앞에서 서약합니다.

가정예배 시간 :　　　요일,　　시

년　월　일

이름 : _____

서약자(가족 모두) :

Contents

프롤로그
가정예배 서약서

PART 1
가정예배

PART 2
따라 하는 가정예배

PART

01

가정예배

1장

이것이 예배다

"사막에 샘이 넘쳐흐르리라. 사막에 꽃이 피어 향내 내리라." 한 찬양 사역자가 뜨겁게 찬양을 인도하고 있는데 갑자기 단체 대표 목사가 들어왔다. 대표 목사의 얼굴을 보고 너무 당황한 나머지 자기도 모르게 부르고 있던 찬양의 가사를 이렇게 불렀다고 한다. "사막에 샘이 넘쳐흐르리라. 사막에 꽃이 피어 향내 내리라. 그 누가 아무리 자기네 땅이라 우겨도 사막이 꽃동산 되리." 독도는 우리 땅이 안 나와서 얼마나 다행인지 모른다.

천국이 어떤 곳일지 상상해 본 적이 있는가? 성경은 천국을 "예배 중"이라고 설명한다. 일주일에 한 번, 한 시간 예배드리는 것이 아니라 하루 24시간, 일주일 내내, 영원토록 예배한다. 우리는 지금도 예배해야 하고, 천국에 가서도 영원토록 예배해야 한다. 신앙생활이 곧 예배 생활이다. 그렇다면 우리는 왜 예배해야 할까.

우리가 예배해야 하는 이유

첫째, 하나님께서 우리의 예배를 받으시기에 합당하기 때문이다. 모든 것을 포기하고 나를 살리신 분에게 감사와 찬양을 드리는 것은 마땅한 일이다. 좋은 것이기 이전에 옳은 것이다.

> 큰 음성으로 이르되 죽임을 당하신 어린양은 능력과 부와 지혜와 힘과 존귀와 영광과 찬송을 받으시기에 합당하도다 계 5:12

둘째, 하나님께서 예배자를 찾고 계시기 때문이다. 하나님은 외모가 뛰어나거나 재능이 탁월한 사람보다 예배자를 더 좋아하신다. 보물을 찾는 어린아이처럼 하나님은 날마다 하나님을 예배하는 예배자를 찾고 계신다.

아버지께서는 자기에게 이렇게 예배하는 자들을 찾으시느니라 **요 4:23**

셋째, 우리를 지으신 이유가 예배이기 때문이다. 잘 사는 삶이란 목적에 맞게 사는 것이다. 등대의 목적은 배의 안전한 항로를 알려주는 것이다. 등대의 기름으로 다른 좋은 일을 할 수 있지만, 그것은 등대가 그곳에 있는 이유가 아니다. 모든 것이 지어진 목적대로 쓰임받을 때 가장 빛날 수 있다. 사람은 예배할 때 가장 빛난다.

이 백성은 내가 나를 위하여 지었나니 나를 찬송하게 하려 함이니라 **사 43:21**

넷째, 하나님께서 예배를 명령하셨기 때문이다. 하나님은 예배를 권하거나 추천하지 않으셨다. 명령하셨다. 이것은 예배하지 않으면 벌을 주겠다는 뜻이 아니라 예배할 때 행복할 수 있다는 뜻이다.

호흡이 있는 자마다 여호와를 찬양할지어다 할렐루야 **시 150:6**

예배란 무엇일까. 많은 사람이 예배를 본다고 표현한다. 예배는 보는 것이다. 그러나 사람들이 무대 위에서 얼마나 잘하느냐 못하느냐를 보는 것이 아니다. 무대 너머에 계신 하나님을 바라보는 것이다.

또 어떤 사람들은 예배를 드리러 갈 때 은혜받으러 간다고 한다. 예배에는 은혜가 있어야 한다. 은혜받기 위해 힘써야 한다. 그러나 은혜받는 것이 예배의 핵심은 아니다. 은혜받는 것이 예배의 핵심이 되면 찬양에 은혜받는 사람은 찬양 시간을 중요하게 생각하고, 설교에 은혜받는 사람은 설교 시간을 예배 시간이라고 생각한다. 이렇게 되면 내가 얼마나 은혜받고 얼마나 감동하였느냐로 좋은 예배인지 아닌지를 판단하게 된다.

그러나 예배는 내가 은혜를 받았느냐로 판단하는 것이 아니라 하나님께서 그 예배를 받으셨는지를 가지고 판단해야 한다. 우리가 은혜를 받는 것보다 하나님께서 예배를 받으시는 것이 더 중요하다.

예배는 중요한 예식이다. 그러나 예배를 주술적인 종교의식으로 생각해서는 안 된다. 예배에 빠지면 교통사고 나고, 질병에 걸리고, 자녀들이 어려움을 겪을지 모른다는 두려움 때문에 예배하는 것이 아니다. 이렇게 예배를 드리게 되면 예배의 외적인 형식을 지나치게 중요하게 생각하고, 예배 순서 하나만 바뀌어도 큰일 나는 줄 안다. 예배는 감동적인 쇼를 보는 것이 아니다. 예배는 강단 위에서 행해지는 어떤 순서를 넘어서서 하나님을 만나고, 하나님을 높이고, 하나님과 연결되는 것이다.

천상의 예배, 우리가 드려야 할 예배

우리는 어떻게 예배해야 할까. 우리가 드려야 할 예배는 어떤 모습이어야 할까. 요한계시록 4장에는 천국에서 드리는 예배의 모습이 나온다. 우리가 영원히 드리게 될 천상의 예배를 통해 우리가 드려야 할 예배가 어떠해야 하는지 알아보자.

하나님의 임재

첫째, 천상의 예배에는 성 삼위 하나님의 압도적인 임재가 있다.

> 내가 곧 성령에 감동되었더니 보라 하늘에 보좌를 베풀었고 그 보좌 위에 앉으신 이가 있는데 앉으신 이의 모양이 벽옥과 홍보석 같고 또 무지개가 있어 보좌에 둘렸는데 그 모양이 녹보석 같더라 계 4:2,3

보좌에 한 분이 앉아 계시는데 그분은 성부 하나님이시다. 요한은 성부 하나님의 모습을 보고 보석에 비유해 설명하는데 벽옥은 투명한 빛을 발하는 다이아몬드이고, 홍옥은 붉은빛을 내는 루비를 가리키고, 녹보석은 초록빛을 내는 에메랄드다. 성부 하나님의 존재가 인간의 언어로는 형언할 수 없을 만큼 아름답고 영광스러운 보석처럼 빛나고 있다는 것이다. 또 보좌 앞에는 성령 하나님이 계신다.

7은 완전을 나타내는 숫자로, "하나님의 일곱 영"은 완전하신 성령 하나님을 가리킨다. 그 완전하신 성령 하나님이 횃불이 타오르는 모습으로 보좌 앞에 계신다. 그리고 보좌 오른편에는 우리 죄를 대속하기 위해 십자가에 달려 돌아가시고 부활하신 어린양, 성자 예수님이 계신다.

천상의 예배에서 가장 먼저 기억해야 할 것은 그곳에 성 삼위 하나님께서 임재해 계신다는 사실이다. 우리가 드리는 예배에도 마찬가지다. 영광스러운 성부 하나님, 어린양 되신 성자 예수님, 불꽃 같은 성령 하나님, 성 삼위 하나님께서 우리의 예배 가운데 임재하신다. 예배는 바로 성 삼위 하나님과의 만남이고, 성 삼위 하나님과 연결되는 것이다. 찬양과 말씀과 기도를 통해 이곳에 임재하신 하나님을 바라보고, 느끼고, 경험하는 것이다.

예배에 다른 것은 부족해도 된다. 찬양 팀의 실력이 부족해도 괜찮고, 모여 있는 수가 적어도 괜찮다. 그러나 하나님의 임재하심이 없으면 안 된다. 아무리 조명이 화려하고, 무대가 멋있고, 수준 높은 음악을 연주해도, 하나님의 임재가 없다면 그것은 예배가 아니다. 그러나 가정에서 모이는 적은 수의 모임이라 해도 그곳에 주님의 이름으로 모여 주님의 임재를 갈망하는 예배자들이 있다면 하나님께서 그 예배를 기뻐하신다. 예배를 드릴 때 먼저 해야 할 것은 하나님의 임재를 구하는 것이다.

"주님, 저희 안에 하나님의 임재를 향한 목마름이 있습니다. 저희 가운데 임재해주시옵소서. 저희가 주님을 갈망합니다. 주님을 원합니다. 영광스러운 주님의 임재가 이곳에 있기를 원합니다."

하나님께 집중
둘째, 천상의 예배는 성 삼위 하나님께 온전히 집중한다.

또 보좌에 둘려 이십사 보좌들이 있고 그 보좌들 위에 이십사 장로들이 흰옷을 입고 머리에 금관을 쓰고 앉았더라… 보좌 앞에 수정과 같은 유리 바다가 있고 보좌 가운데와 보좌 주위에 네 생물이 있는데 앞뒤에 눈들이 가득하더라 **계 4:4,6**

내가 또 보고 들으매 보좌와 생물들과 장로들을 둘러선 많은 천사의 음성이 있으니 그 수가 만만이요 천천이라 **계 5:11**

하나님께서 앉으신 보좌를 중심으로 그 주변에 24장로가 앉은 24보좌가 있고 네 생물이 있다. 24보좌는 구약의 12지파와 신약의 12사도를 상징하는데 이것은 구약과 신약의 모든 성도를 대표하는 것이다. 네 생물은 모든 생물을 대표한다. 그리고 그 주변에는 수천수만의 천사들이 둘러서 있다. 모든 것이 하나님의 보좌를 중심으로 모여 있다. 이것은 예배의 모든 초점이 보좌에 계신 성 삼위 하나님께 맞추어져야 한다는 것이다. 예배의 중심은 사람이 아니라 하나님이다. 하나님을 바라보고, 하나님께 집중해야 한다.

또한 천상의 예배는 하나님이 어떤 분이신지, 그리고 하나님께서 어떤 일을 하셨는지 고백하는 것으로 가득 차 있다.

네 생물은 각각 여섯 날개를 가졌고 그 안과 주위에는 눈들이 가득하더라 그들이 밤낮 쉬지 않고 이르기를 거룩하다 거룩하다 거룩하다 주 하나님 곧 전능하신 이여 전에도 계셨고 이제도 계시고 장차 오실 이시라 하고… 우리 주 하나님이여 영광과 존귀와 권능을 받으시는 것이 합당하오니 주께서 만물을 지으신지라 만물이 주의 뜻대로 있었고 또 지으심을 받았나이다 하더라 **계 4:8,11**

큰 음성으로 이르되 죽임을 당하신 어린양은 능력과 부와 지혜와 힘과 존귀와 영광과 찬송을 받으시기에 합당하도다 하더라 **계 5:12**

"하나님은 거룩하십니다. 하나님은 전능하십니다. 하나님은 영원하신 하나님이십니다"라고 하나님의 성품을 고백한다. 또 "하나님은 만물의 창조자가 되십니다. 주님은 모든 만물의 구원자가 되십니다. 우리를 창조하시고, 우리를 구원하신 하나님을 찬양합니다"라며 하나님께서 행하신 창조와 구속의 사역을 찬양한다. 모든 피조물이 보좌에 앉으신 하나님을 중심으로 모여서 하나님이 어떤 분이신지, 그분이 어떤 일을 행하셨는지를 고백하고 있다.

알프레드 깁스 목사는 《Worship: The Christian's Highest Occupation》(예배)라는 책에서 "기도는 우리 영혼이 자신의 필요에 몰입해있는 것이며, 찬양은 우리 영혼이 하나님께 받은 축복에 몰입해있는 것이며, 예배는 우리 영혼이 하나님 그분께 몰입해있는 것이다"라고 말했다. 예배는 나의 어떠함이나 하나님께서 주신 어떤 것이 아니라, 우리를 창조하시고 구속하신 성 삼위 하나님 한 분께만 온전히 몰입하는 것이다. 주님만 바라보고 주님만 생각하고 주님께만 집중하는 것이 예배다.

찬양이 끝나고 설교자가 나와서 설교를 시작하려는데 어떤 사람이 갑자기 일어나 밖으로 나갔다. 그에게 무슨 일이 있나 해서 물어봤다가 "저 목사님은 저랑 잘 안 맞아서 그냥 가려고요"라는 대답에 깜짝 놀랐다. 그 성도에게 예배는 자기가 은혜받는 시간이었던 것이다. 많은 사람이 예배를 드리면서 하나님이 아니라 자기 자신에게 집중한다. 무대 위에서는 내가 맡은 순서를 어떻게 잘할 것인지에 집중하고, 무대 아래서는 오늘 내가 은혜받을 수 있을 것인가에 집중한다.

자신을 돌아보자. 하나님을 만나는 것보다 누가 찬양을 인도하고 누가 설교하는지, 내게 은혜가 될 것인지에 지나치게 민감하지는 않은가? 천상의 예배는 나보다, 내가 잘하는 것보다, 내가 은혜받는 것보다 하나님께 집중되어 있다. 천상의 예배는 사람이 아니라 철저히 하나님이 중심이 되는 예배, 하나님께 온전히 집중하는 예배다.

하나님을 높임

셋째, 천상의 예배는 성 삼위 하나님을 전심으로 높여드린다.

네 생물은 각각 여섯 날개를 가졌고 그 안과 주위에는 눈들이 가득하더라 그들이 밤낮 쉬지 않고 이르기를 거룩하다 거룩하다 거룩하다 주 하나님 곧 전능하신 이여 전에도 계셨고 이제도 계시고 장차 오실 이시라 하고 그 생물들이 보좌에 앉으사 세세토록 살아 계시는 이에게 영광과 존귀와 감사를 돌릴 때에 이십사 장로들이 보좌에 앉으신 이 앞에 엎드려 세세토록 살아 계시는 이에게 경배하고 자기의 관을 보좌 앞에 드리며 이르되 우리 주 하나님이여 영광과 존귀와 권능을 받으시는 것이 합당하오니 주께서 만물을 지으신지라 만물이 주의

뜻대로 있었고 또 지으심을 받았나이다 하더라 **계 4:8-11**

내가 또 보고 들으매 보좌와 생물들과 장로들을 둘러선 많은 천사의 음성이 있으니 그 수가 만만이요 천천이라 큰 음성으로 이르되 죽임을 당하신 어린양은 능력과 부와 지혜와 힘과 존귀와 영광과 찬송을 받으시기에 합당하도다 하더라 내가 또 들으니 하늘 위에와 땅 위에 와 땅 아래와 바다 위에와 또 그 가운데 모든 피조물이 이르되 보좌에 앉으신 이와 어린양 에게 찬송과 존귀와 영광과 권능을 세세토록 돌릴지어다 하니 네 생물이 이르되 아멘 하고 장로들은 엎드려 경배하더라 **계 5:11-14**

24장로, 네 생물, 그들을 둘러싼 천사들, 또 모든 피조물까지 누구도 예배를 구경하거나 평가하고 있지 않다. 네 생물이 밤낮을 쉬지 않고 큰 소리로 외친다. 목이 터지도록, 쉬지 않고, 멈추지도 않고 하나님을 찬양한다. 24장로는 자기 면류관을 벗어서 보좌 앞에 내려놓고 엎드려 하나님을 경배한다. 면류관을 내려놓는다는 것은 자신에게 가장 가치 있고 가장 소중하고 가장 자랑스러운 것을 주님께 내어 드리는 것이다. 모든 성도를 대표하는 24장로가 철저하게 자신들을 낮추고 하나님을 높이고 있다.

또 수천수만의 천사들과 모든 피조물과 만물들이 큰 소리로 외친다. 한번 이 모습을 상상해보자. 천상에서 드려지는 예배의 모습이 얼마나 장엄하고 역동적인가. 누구도 예배를 구경하는 사람이 없다. 모든 피조물이 각자의 자리에서 최선을 다해 성 삼위 하나님을 예배한다. 이것이 천상에서 드려지고 있는 예배의 모습이다.

소개팅 나갈 때 아무거나 손에 잡히는 대로 입고 가지 않는다. 내가 가진 옷 중에 가장 좋은 옷을 입고 나간다. 마음에 드는 옷이 없으면 언니 옷을 빌려서라도 가장 예뻐 보이는 옷을 입고 나간다. "뭐 먹으러 갈까요?" 물어보는데 "늘 먹는 밥, 그냥 가까운 데 가서 아무거나 먹읍시다"라고 말하는 사람에게 애프터를 신청할 사람은 없을 것이다. 하나님도 우리가 대충 드리는 예배는 받지 않으신다.

창세기 4장에서 가인과 아벨이 함께 하나님을 예배하는데 하나님께서 아벨의 예배는 받으시고 가인의 예배는 받지 않으셨다. 가인은 자신이 거둔 곡식 중 일부를 가져왔다. 가인의 모습에서 정말 하나님을 예배하기를 원하는 마음이 느껴지지 않는다. 가인은 하나님께서 자신의 예배를 받으실 거라는 믿음이 없어 보인다. 그래서 대충 예배 형식만 갖춘 것이다. 아벨은 자신이 기른 양 떼에서 가장 좋은 첫 새끼를 가져왔다. 그는 하나님께서 정말 이 예배를 받으신다고 믿고, 자신이 가진 것 중에 가장 좋은 것을 드렸다.

그것이 하나님께서 가인의 예배는 받지 않으시고 아벨의 예배는 받으신 이유다. 예배를 대하는 태도 때문이었다. 하나님은 우리가 예배를 드린다고 무조건 받으시는 분이 아니다. 나의 예배는 가인의 예배일까, 아벨의 예배일까. 믿음으로 드리는 예배일까, 의무감으로 하는 예배일까.

믿음이 없이는 하나님을 기쁘시게 하지 못하나니 하나님께 나아가는 자는 반드시 그가 계신 것과 또한 그가 자기를 찾는 자들에게 상 주시는 이심을 믿어야 할지니라 **히 11:6**

2장

가정예배를 드려야 하는 이유

이렇게 중요한 예배를 가정에서 시작하지 못하는 이유는 무엇일까.

가정예배를 어떻게 해야 할지 모르는 막연한 두려움 때문에 가정에서 예배하는 것을 주저하기도 하고, 설교에 대한 부담으로 예배를 시작하는 것을 머뭇거리기도 한다. 또 가족끼리 예배드린다는 것이 어색하기도 하고, 자신의 이야기를 나누는 것이 불편해서 망설이기도 한다. 자녀들은 예배가 지루하고 재미없어서 힘들게 느껴질 수도 있다. 가족이 다 함께 모이기 어려워 시작하지 못할 수도 있고, 믿지 않는 가족이 있어서 시작하지 못하는 가정도 있다. 또 피곤한 일상 중에 또 시간을 내서 예배해야 한다는 것이 부담되기도 할 것이다.

그런데도 왜 우리는 가정에서 예배를 드려야 할까.

하나님이 가정의 주인이시기 때문이다

결혼하고 나면 서로 살기에 급급해진다. 출근해서 일하고 집안일 하고 아이 키우다 보면 같이 살고 있지만 서로 모르는 사람이 되어 있다. 무슨 생각을 하는지 모르고, 무슨 고민을 하는지 알 수 없다. 대화가 없던 가정에 일이 터질 때 대화를 시작하려니 대화가 되질 않는다. 가족 간의 단절이 가정을 허무는 작은 구멍이 된다. 어떻게 우리의 가정을 위기에서 구해내고 하나 되게 할 수 있을까. 그 해답은 바로 가정예배다.

모든 문제는 사람이 주인 되는 데서 시작된다. 어떤 가정은 남편이 주인 노릇을 하고, 어떤 가정은 아내가 주인 노릇을 하고, 어떤 가정은 아이가 주인 노릇을 한다. 사람이 주인 노릇을 할 때 그곳에는 반드시 문제가 생긴다. 가정예배는 하나님이 가정의 주인 되심을 고백하는 시간이다. 하나님의 뜻대로 살겠다고 인정하는 시간이다. 하나님의 주인 되심을 인정하는 남편이라면 얼마나 그 아내를 사랑하겠는가. 하나님의 주인 되심을 인정하는 엄마라면 얼마나 그 자녀를 존중하겠는가. 하나님의 주인 되심을 인정하는 자녀라면 얼마나 그 삶을 소중히 살아내겠는가. 하나님이 주인 되실 때 가정이 하나 되고, 가정이 살아난다. 우리 가정의 주인이 하나님이시라는 것을 가장 확실하게 고백할 수 있는 것이 가정예배다.

영적 성숙을 이룰 수 있다

우리는 끊임없이 영적으로 성장하고 성숙해야 한다. 성숙해진다는 것은 생각하는 것과 말하는 것과 사는 것이 하나 되는 것이다. 사랑할 줄 알고 사랑받을 줄 아는 사람이 되는 것이다. 가정예배만큼 영적 성숙을 훈련하기 좋은 것은 없다. 아내의 이야기를 경청하는 남편을 보며 아내는 사랑받고 있다는 것을 느끼고, 가족을 위해 간절히 축복하며 기도할 때 아버지는 영적 권위를 얻게 된다. 자녀들은 하나님을 찬양하는 아버지의 모습을 보며 하나님을 경외하는 법을 배우고, 하나님의 말씀에 귀 기울이는 어머니의 모습을 보며 그들도 하나님을 사모하게 된다. 하나님께 기도하는 부모님의 모습을 통해 삶을 어떻게 살아가야 할지 깨닫고, 교회에서의 모습과 가정에서의 모습이 하나인 것을 보면서 신앙과 삶이 하나라는 것을 알게 된다. 가정예배는 교회 안에 갇혀 있던 우리의 신앙을 일상으로 가져오고, 신앙이 종교의식을 넘어서 삶이 되게 한다.

자녀에게 신앙의 유산을 물려줄 수 있다

오늘 내가 네게 명하는 이 말씀을 너는 마음에 새기고 네 자녀에게 부지런히 가르치며 집에 앉았을 때에든지 길을 갈 때에든지 누워 있을 때에든지 일어날 때에든지 이 말씀을 강론할 것이며 너는 또 그것을 네 손목에 매어 기호를 삼으며 네 미간에 붙여 표로 삼고 또 네 집 문설주와 바깥 문에 기록할지니라 **신 6:6-9**

성경은 자녀의 신앙 교육이 가정에서 이루어져야 한다고 말씀한다. 부모에게 자녀의 신앙에 대한 책임을 묻겠다는 것이다. 우리 자녀가 어느 날 신앙을 떠나 살아간다고 생각해보자. 그것보다 가슴 아픈 일은 없을 것이다. 믿음을 유산으로 남겨주지 못할 때 우리 자녀는 다음세대가 아니라 다른 세대가 될 것이다. 더 늦기 전에 지금부터 시작하자. 가정예배를 통해 하나님과 동행하는 삶을 전수하자. 믿음의 유산을 남겨주자. 이것이 우리가 가정예배를 드려야 하는 이유다.

따라 하는 가정예배 순서 안내

순서를 기억할 수 있도록 '따라 하는 가정예배'의 첫 글자로 예배 순서를 만들었다. 예배는 전체 30분 내외로 진행한다.

따뜻한 햇살처럼 마음을 여는 기도 (1분)

기도는 닫힌 마음의 문을 열어 하나님께 영적 주파수를 맞추는 것이다. 가족 중 한 명이 대표로 기도한다. 책에 있는 기도로 해도 좋고, 스스로 기도해도 좋다. 1분 내외로 짧게, 하지만 진심으로 예배를 위해 기도하자.

라(나)의 고백으로 찬양하기 (3분)

하나님은 찬양을 기뻐하신다. 노래를 못하는 것이 찬양을 못하는 것은 아니다. 진심을 다해 하나님을 높이자. 이 책에 소개한 찬송가는 '새찬송가'다. 책에 있는 찬송가를 해도 좋고, 경배와 찬양으로 해도 좋다. 가족이 다 같이 부를 수 있는 쉬운 곡으로 하자.

하나님의 말씀 듣기 (8분)

우리는 말씀을 통해 하나님의 마음을 알게 된다. 〈하나님의 말씀 듣기〉의 내용을 읽는 것은 부모님 중 한 명이 하는 것이 좋지만 예배가 익숙해지면 자녀들도 돌아가며 읽기에 참여해도 좋다. 듣는 사람이 이해할 수 있도록 천천히 읽어주자.

는(은)혜를 선포하기 (1분)

인도자를 따라 3번씩 선포한다. 다른 내용은 다 잊어버려도 여기서 선포된 문장은 꼭 외우자. 아침에 일어났을 때, 식사하기 전에, 잠자기 전에 한 번씩 선포하자. 3초짜리 짧은 선포를 통해 가정예배의 내용이 다시 생각나고, 가정예배의 은혜를 일주일 동안 지속할 수 있게 된다.

가슴으로 나눔 하기 (8분)

나눔은 가족들에게 하고 싶은 이야기를 하는 시간이 아니라 자신이 받은 말씀을 나누는 시간이다. 모든 적용과 나눔은 자신에 한해서 해야 한다. 다른 사람의 적용을 위한 나눔을 해서는 안 된다. 나눌 때는 "나는"이라는 주어를 사용하자. "우리", "우리 가정은"이라는 주어를 사용하면 가르치는 것처럼 들린다.

나눔은 정답을 찾는 것보다 솔직하게 마음을 나누는 것이 중요하다. 다른 사람의 나눔에 대해서 부정하거나 지적하거나 수정하려 하지 말자. 끝까지 들어주고 공감하자. 주어진 3개의 질문을 가지고 나눔을 하되, 세 가지를 다 해야 한다는 부담을 내려놓고, 각 가정의 상황에 맞는 나눔을 위주로 선택해서 해도 좋다. 나눔이 너무 길어지지 않도록 하고, 더 나누고 싶은 주제는 예배를 마치고 나누는 것이 좋다.

정성을 다해 기도하고 축복하기 (7분)

기도의 제목들을 가지고 함께 기도하고, 마무리는 부모님 중 한 명이 가족들의 이름을 부르며 축복해주고 기도를 마친다. 성경은 부모에게 축복권이 부여되었음을 말한다. 하나님께서 주신 이 축복권을 마음껏 사용하자. 자녀의 머리에 손을 얹고 기도하거나 가족이 함께 손을 잡고 기도해도 좋다.

예수님을 바라보는 침묵의 시간 (1분)

침묵은 하나님의 임재 속으로 들어가는 문이다. 먼저 천천히 심호흡을 3번 하자. 1분간 짧은 침묵기도 시간을 통해 하나님을 바라보기도 하고, 내게 주신 말씀을 생각하기도 하고, 하나님의 사랑을 느끼기도 하면서 하나님의 임재를 깊이 경험하자.

배운 대로 살아가는 생활 숙제 (1분)

변화는 생각에서 시작된다. 그러나 진정한 변화는 행동으로 완성된다. 매주 주어지는 생활 숙제를 통해, 가정예배 중에 받은 말씀을 삶에서 실천해보자. 작은 순종을 통해 풍성한 은혜를 경험하게 될 것이다. 실행한 내용은 일기나 큐티노트, 기도수첩 등 자신의 기록 공간에 적어두자. 가족 구성원 모두 자신의 예배서를 각기 소유했다면 이 책에 적어도 좋다. 숙제를 이행한 결과에 관한 나눔이나 가족이 함께해야 하는 생활 숙제는 다음 예배 시간 전이나 다른 날을 잡아서 하는 것이 좋다.

예배 후에는 서로 안아주며 "당신은 하나님이 우리 가정에 보내주신 선물입니다"라고 축복하는 시간을 가져보자.

〈따라 하는 기도〉 QR코드

매주 예배 주제에 맞는 〈따라 하는 기도〉 QR코드를 맨 마지막에 함께 수록했다. 개인기도 시간에 활용해보자.

4장

가정을 살리는 가정예배 10계명

1. 기도하기

가정예배를 시작하기 위해서 가장 먼저 해야 할 것은 기도다. 가정예배는 저절로 되지 않는다. 기도로 가정의 영적 흐름을 바꿔야 한다. 여러 가지 방해가 있을 것이다. 다양한 문제들이 나타날 것이다. 가족의 반대가 있어도 너무 낙심하지 말라. 이 모든 것을 돌파하고 넘어서게 하는 것이 기도다. 어둠의 영이 방해하지 못하도록 먼저 기도하자. 가족들의 마음이 열리고, 환경이 열리도록 기도하자. 가정예배를 시작하기 전에 가장 먼저 할 것은 기도로 준비하는 것이다.

2. 시작하기

모든 가족이 참여할 때까지 기다리지 말고, 혼자라도 먼저 시작하는 것이 중요하다. 가정예배는 영적인 일이기 때문에 사단이 싫어한다. 그러므로 가정예배를 시작했다는 그 자체만으로도 영적으로 매우 큰 의미가 있다.

한 번 예배 시간을 정했다면 상황에 따라 바꾸지 말고 꾸준하게 시간을 지키자. 정해진 시간에 시작하고 정해진 시간에 마치자. 짧게, 쉽게, 가볍게 하자. 30분을 넘지 않는 것이 좋다. 그래야 오래 지속할 수 있다. 인도자는 주어진 시간을 잘 배분해서 인도하자. 가족들이 하나님의 임재를 느끼고, 하나님의 말씀을 나누는 것만으로도 큰 의미가 있다. 더 길게 나누고 싶거나 더 길게 기도하기 원한다면 예배를 마친 후에 개인적으로 하자.

예배는 치열한 영적 전쟁이다. 예배를 시작했어도 가족이 모이기 힘들 때가 있다. 그때 그냥 넘어가지 말고, 혼자라도 예배하자. 예배를 드리지 못할 때도 있겠지만 그래도 괜찮다. 죄책감 갖지 말고 다시 시작하자. 예배는 시작하는 것이 중요하다. 일단 시작하자.

3. 쉽게 하기

완벽하고 이상적인 예배를 드리려 하지 말자. 시간이 없을 때는 짧게 해도 된다. 나눔 질문을 다 하지 않아도 괜찮다. 찬송이 어렵다면 유튜브의 도움을 받아도 좋다. 가정예배는 잘하는 것보다 꾸준히 하는 것이 중요하다. 잘해야 한다는 부담을 내려놓고 할 수 있는 만큼만 하자. 주어진 순서를 다 해야만 하는 것도 아니다. 가정의 형편에 맞게, 할 수 있는 만큼만 해도 괜찮다. 잘해야 한다는 부담을 내려놓고 쉽게 하자.

4. 준비하기

예배를 위한 준비가 필요하다. 예배에 방해가 될 만한 것은 미리 치워놓자. 예배는 정해진 장소에서 하는 것이 좋다. 예배를 드리지 않는 가족이 있다면 그들을 배려해 거실보다는 방에서 하는 것이 좋다.

하나님의 임재를 상징하는 촛불을 사용하는 것도 도움이 된다. 예배를 시작할 때는 담당자가 "예수님은 세상의 빛이며 우리 가운데 거하시는 빛이십니다"라고 고백하고 촛불을 켜고, 예배를 마치면 "이제 우리가 세상의 빛입니다"라고 고백하고 촛불을 끈다. 이 외에도 예배에 집중할 수 있는 분위기를 창의적으로 만들어보자.

모든 가족이 예배에 참여할 수 있도록 순서를 맡겨도 좋다. 장소 준비, 사회, 기도, 찬송, 말씀, 나눔, 축복기도 등 할 수 있는 대로 모두가 예배 순서에 참여할 수 있도록 하자.

5. 존중하기

예배를 밝고 편안한 분위기에서 드려야 하지만 그렇다고 가볍게 드려서는 안 된다. 옷을 편안하게 입지만, 속옷만 입고 드리지는 말자. 마음은 편안하게 하되 서로 존중하고 배려하는 마음을 가져야 한다. 가족은 가까운 사이다 보니 나눔을 하다 보면 감정적으로 표현하기 쉽고, 그러다 보면 자칫 나눔이 다툼으로 이어질 수 있다. 가까운 사이일수록 상대방을 존중하는 마음이 더욱더 필요하다. 대화를 나누다 자주 다툼이 일어난 가정이라면 예배 시간에는 존댓말을 쓰는 것도 도움이 된다.

6. 질문하기

가정예배는 잔소리하는 시간이 아니다. 특별히 자녀의 외모, 태도, 성적을 지적하거나 평소에 하고 싶었던 이야기를 하는 시간이 되지 않도록 주의해야 한다. 잘못하면 자녀에게 신앙의 유산이 아니라 상처를 물려줄 수 있다. 관계에서는 상대방이 좋아하는 것을 많이 하는 것보다 상대방이 싫어하는 것을 하지 않는 것이 더 중요하다.

지적하고 평가하는 잔소리를 멈추고, 질문하자. 가정예배는 정답을 가르치는 시간이 아니라 스스로 답을 찾아가도록 도와주는 시간이다. 인도자는 말을 많이 하는 것이 아니라 질문을 많이 해야 한다. "힘드니?"처럼 "예"나 "아니요"로 대답할 수 있는 닫힌 질문이 아니라 "힘들어 보이는데 뭐 때문에 힘들었는지 나눠줄래?"처럼 자기 생각을 이야기할 수 있는 열린 질문을 사용하자.

7. 경청하기

나눔에서 대화의 신호등을 잘 지켜야 한다. 빨간불에 지나가면 사고가 난다. 상대방이 빨간불인지 초록불인지 확인하고 나눔을 하자. 다른 사람의 나눔을 중간에 끊지 않도록 주의하자. 상대방의 말을 끝까지 공감하며 경청하자. 말하는 사람에게로 몸을 돌려 눈을 바라보고 고개를 끄덕이며 듣자. 나눔 시간은 자신의 의견을 관철시키는 시간이 아니라 서로의 생각과 마음을 알아가는 시간이라는 것을 기억하자.

8. 기다리기

나눔에서 침묵은 생각할 수 있는 소중한 시간이고 성령께서 역사하시는 시간이다. 바로 답변을 못 할 때 재촉하지 말고 기다려주자. 침묵의 시간을 견뎌내야 한다. 바로 답을 못하면 다른 사람을 먼저 나누게 하고 다음에 나누게 해도 좋다. 나눌 것이 없다면 넘어가도 된다. 모든 나눔에 다 대답할 것을 강요하지 말자. 나에게 답답해 보이는 시간이 상대방에게는 조급해 보이는 시간이 될 수 있다. 자녀들이 잘 따라오지 못해도 화를 내거나 짜증 내지 말자. 자신의 조급함을 훈련한다는 마음으로, 아무리 답답해도 화내지 말고 기다리자.

9. 격려하기

가정예배가 격려하고 축복하는 시간이 되게 하자. 자신의 실수를 이야기해도 지적하지 말고 격려하고 축복하자. 작은 변화가 위대하다. 작은 변화도 칭찬해주자. 칭찬해줄 일이 있다면 가정예배 시간에 하자. 공식적인 예배 시간에 칭찬받는 것은 받는 사람에게 또 다른 느낌을 준다. 자녀들에게 주는 용돈도 가정예배 시간에 주자. 가정예배가 모두에게 격려를 받는 시간이 되도록 노력하자.

10. 파티하기

매월 마지막 예배를 마치는 날은 가족 파티를 하자. 맛있는 음식도 먹고, 한 달 동안 예배한 서로를 격려하고 축하하면서 행복한 시간을 갖자. 이런 시간을 통해 성취감도 맛보고, 다시 시작할 힘을 얻게 된다.

PART

02

따라 하는
가정예배

01
January

좋으신 하나님

1주 하나님은 나를 사랑하신다

우리가 아직 죄인 되었을 때에 그리스도께서 우리를 위하여 죽으심으로
하나님께서 우리에 대한 자기의 사랑을 확증하셨느니라
로마서 5장 8절

따뜻한 햇살처럼 마음을 여는 기도

사랑하는 주님, 온 가족이 함께 모여 주님을 예배합니다. 지금 이곳에 임재하소서. 마음을 다해 예배하고, 십자가를 의지하며 예배합니다. 하나님의 사랑이 얼마나 놀라운지 생생하게 느껴지게 하옵소서.

나의 고백으로 찬양하기

찬송가 304장 그 크신 하나님의 사랑

하나님의 말씀 듣기

리 스트로벨 목사님의 《은혜, 은혜, 하나님의 은혜》(두란노, 2015)라는 책에 소개된 스테파니 패스트라는 여성의 이야기다.

스테파니는 자신의 아버지가 1950년 한국 전쟁에 참여한 미군이었다고 짐작할 뿐 자신이 어디서 태어났는지, 자기 이름이 무엇인지도 모른 채 살았다. 서너 살쯤 되었을 때 엄마가 스테파니를 안고 밤새 울더니 삼촌 집에 보내겠다고 기차에 태웠는데 삼촌은 기차역에 나타나지 않았고, 그 후로 엄마도 만날 수 없었다. 거리에 버려진 스테파니는 노숙을 하면서 메뚜기와 들쥐를 잡아먹고 남의 밭에서 먹을 것을 훔쳐 먹으며 살았다. 사람들이 스테파니의 몸에 나쁜 짓을 했지만, 그것이 나쁜 짓인 줄도 몰랐고, 어차피 자신은 더럽고 쓸모없는 사람

이라 생각했기 때문에 그래도 되는 줄 알았다.

한번은 먹을 것을 훔치다가 농부에게 잡혀서 버려진 우물에 던져졌다. 헤엄을 칠 줄 몰랐던 스테파니는 이렇게 죽는구나 생각했는데 저녁쯤 어떤 할머니가 두레박으로 건져주며 "이 사람들은 너를 해칠 거야. 하지만 단단히 명심해라. 너는 꼭 살아야 한단다"라고 말했다.

다시 먹을 것을 훔치다 붙잡혀 물레방아에 묶였다. 물밑을 지날 때 입과 코로 자갈과 모래가 들어가 물 밖으로 나오면 퉤퉤 뱉으며 악을 쓰고 욕을 하는데 어떤 할아버지가 구해주며 이전의 할머니와 똑같은 말을 했다. "이 사람들이 너를 해치려 할 거니 여기서 떠나거라. 하지만 애야, 너는 꼭 살아야 해. 내 말 깊이 명심하고 꼭 살아야 한다."

콜레라에 걸렸을 때 음식을 훔치다가 농부에게 잡혀 새까만 쥐가 우글거리는 하수구에 던져졌다. 그때 월드비전의 한 간호사가 스테파니를 발견했지만, 곧 죽을 것 같아 보여서 그냥 가려고 했는데 발길이 떨어지지 않았다. 그리고 음성이 한마디 들려왔다. **"그 아이는 내 것이다."** 그 음성을 듣고 간호사는 스테파니를 보육원으로 데려왔다.

하루는 미국인 부부가 와서 아이들을 만나보다가 스테파니를 입양하겠다고 하자 스테파니는 너무 놀라서 손을 뿌리치고 도망갔다. 머리에는 이가 득실거리고, 몸속 회충들이 목구멍으로 기어 나오고, 눈동자는 흐리멍덩하고 무표정에 온몸이 종기와 흉터투성이인 자기를 입양한다는 것이 도저히 믿어지지 않아서 그 후로도 두 번이나 찾아온 부부에게 계속 침을 뱉고 달아났다.

그들은 얼마든지 더 어리고 예쁜 아이를 데려갈 수 있었지만, 끝까지 "우리는 이 아이를 원한다"라면서 스테파니를 입양했다. 입양이 뭔지 몰랐던 스테파니는 그 집 식모가 되는 줄 알고 '열심히 일하면 밥은 먹고 살겠구나' 생각했다. 하지만 집에 갔더니 깨끗이 씻겨주고, 새 옷도 사주고, 약도 먹이고, 밤에는 잠자리에 뉘어주는데 일을 시키지 않았다. 늘 '튀기'(혼혈)라고 놀림 받던 자기를 마을 사람들이 공주처럼 대해주는 것도 이해되지 않았다.

너는 내 딸이야

어느 날 스테파니가 한 여자아이에게 "이 미국 사람들 정말 웃긴다. 아직도 나한테 일을 안 시켜. 나한테 정말 잘해준다니까" 했더니 그 아이가 놀라서 말했다. "스테파니, 너 그 집 딸인 거 몰라?" "무슨 소리야. 내가 무슨 그 집 딸이야? 아니야. 난 그 집 딸 아니야." "무슨 소리야. 넌 그 집 딸이라고."

충격을 받은 스테파니는 곧장 집으로 달려가서 엄마에게 외쳤다. "엄마! 내가 엄마 딸이에요? 내가 진짜 엄마 딸이에요?" 아직 한국말을 모르는 엄마가 통역을 듣고는 눈물을 주르륵 흘리고 고개를 끄덕이면서 스테파니를 꼭 안아주고 이렇게 말했다. "그래, 스테파니. 너는 내 딸이야. 내가 네 엄마야."

그 후 스테파니는 예수님을 만난다. 그동안 그녀는 '나는 강간당했으니까 그분이 사랑하실 수 없어! 나는 용서할 마음이 없는데 이렇게 분노가 많은 나를 어떻게 사랑하시겠어!'라고 생각해왔다. 그런데 예수님을 만나면서 '예수님이 나를 아신다, 그런데도 나를 사랑하신다!' 하고 깨닫게 되었다. 예수님이 자기의 모든 죄와 수치를 아시고, 모든 두려움과 외로움을 아시면서도 자기를 사랑하신다는 것을 깨닫고 그녀는 달라졌다.

그 사랑을 알게 된 스테파니는 이렇게 말한다. "솔직하게 고백하건대 제 삶에 없었더라면 더 좋았을 뻔한 사건은 단 하나도 없어요. 왜냐면 제 삶의 모든 일이 저를 예수님에게로 인도했기 때문이에요." 우리를 향한 하나님의 사랑을 가장 확실하게 보여주는 것은 예수님의 십자가다.

> 우리가 아직 죄인 되었을 때에 그리스도께서 우리를 위하여 죽으심으로 하나님께서 우리에 대한 자기의 사랑을 확증하셨느니라 **롬 5:8**

스스로 제물이 되어 나를 살리신 하나님

모든 종교는 가르침에 기반을 두고 가르침을 따르면 구원받는다고 믿는데 기독교는 가르침에 기반을 두고 있지 않다. 기독교는 예수님에 기반을 두고 있다. 우리는 예수님의 가르침을 잘 지켜서 구원받는 것이 아니라, 우리를 위해 십자가에 달려 돌아가신 예수님을 믿음으로 구원받는다.

죗값을 치르기 위해서는 죄가 없는 완전한 하나님이시면서 동시에 죄를 짊어져야 할 인간이어야 하는데, 우리는 죄가 있기 때문에 죄의 값을 치를 자격이 안 된다. 우리가 노력해서 될 수 있는 것이 아니다. 그래서 완전한 하나님이시면서 동시에 완전한 인간이신 예수님이 우리의 죗값을 대속하시기 위해서 십자가에 돌아가신 것이다.

세상 어떤 신이 인간을 위해서 죽임을 당할까. 우리가 아는 신은 늙은 아버지의 눈을 뜨게 하려고 어린 심청을 인당수에 바치게 하는 신이다. 세상에 인간을 제물 삼는 신은 있어도 신이 인간을 위해 제물이 된 경우는 없다. 그런데 하나님은 우리를 죄에서 건지려고 자신의 외아들을 대속의 제물로 내어주셨다. 아들을 포기하고 나를 선택하신 것이다. 나의 모습이 어떠하든 상관없이 나를 사랑하신 것이다. 이보다 더 크고 확실한 사랑은 없다.

내가 버려진 것만 같고, 누구도 나를 돌봐주지 않는다고 느껴질 때가 있다. 이러다 내가 죽을 수도 있겠구나 싶고, 모든 것이 다 끝난 것 같을 때가 있다. 그러나 포기하면 안 된다. 하나님의 사랑이 전혀 느껴지지 않을지라도 십자가를 통해 말씀하시는 하나님의 사랑을 믿어야 한다. 죄인 된 나를 건지시려고 자기 아들을 내어주신 십자가가 하나님께서 나를 사랑하신다는 가장 확실한 근거다. 하나님은 나를 사랑하신다. 이 사랑이 믿어질 때 우리도 이렇게 고백하게 될 것이다. "제 삶에서 없었더라면 좋았을 뻔한 일은 단 하나도 없습니다. 이 모든 일이 저를 하나님의 사랑으로 인도했기 때문입니다."

하나님은 당신을 사랑하신다.

은혜를 선포하기
"하나님은 아무 조건 없이 나를 사랑하십니다."

가슴으로 나눔 하기
1. 하나님을 생각할 때 가장 먼저 떠오르는 이미지가 무엇인가?
2. 내가 힘들었을 때 사랑의 손길을 내밀어 준 사람이 있다면 나눠보자.
3. 최근에 하나님께서 나를 사랑하신다는 것을 느꼈던 경험을 나눠보자.

정성을 다해 기도하고 축복하기
받은 은혜를 기억하며 기도한다.
부모님 중 한 분이 가족의 이름을 부르며 축복기도 한다.

예수님을 바라보는 침묵의 시간
1분간 조용히 침묵하며 지금 나를 안아주시는 하나님의 사랑을 느껴본다.

배운 대로 살아가는 생활 숙제

예수님에게 감사 편지 쓰기

2주 하나님이 나와 함께하신다

네 평생에 너를 능히 대적할 자가 없으리니 내가 모세와 함께 있었던 것같이
너와 함께 있을 것임이라 내가 너를 떠나지 아니하며 버리지 아니하리니
여호수아서 1장 5절

따뜻한 햇살처럼 마음을 여는 기도

사랑하는 주님, 지금 이곳에 임재해주셔서 감사합니다. 정성을 다해 드리는 예배를 받아
주시고, 말씀을 통해 하나님의 음성을 듣는 시간이 되게 하옵소서. 저희와 함께하시는 하
나님의 사랑이 깊이 느껴지게 하옵소서.

나의 고백으로 찬양하기

찬송가 310장 아 하나님의 은혜로

하나님의 말씀 듣기

토요일 저녁 밤 9시가 다 되어서야 목사님은 사역을 마치고 집에 돌아왔다. 방에 불이 환
하게 켜있고, 아들의 식판에 스파게티가 잔뜩 담겨있고, 아내의 핸드폰은 식탁 위에 있었다.
사람이 있던 흔적이 그대로 있는데 아내와 아들이 보이지 않았다. '저녁을 먹다가 내가 들어
오는 소리를 듣고 숨었구나' 생각한 목사님은 두 사람을 깜짝 놀라게 해주려고 조용히 집을
돌아보았다.

잠시 후 그는 주방 옆에 있는 작은 세탁실에 아내와 아들이 있는 것을 발견하고 두 사람
을 놀라게 해주려는데 뭔가 느낌이 이상했다. 아들은 수건과 옷으로 칭칭 감겨 있고, 아내는
초췌해 보였다. 세탁실 문을 열자 남편을 본 아내가 "여보, 왜 이제 와요" 하며 눈물을 글썽

였다.

사건의 전모는 이랬다. 아내가 아들의 점심을 먹이다 빨래가 다 돼서 빨래를 꺼내려고 세탁실로 왔는데, 어린 아들이 엄마가 있는 세탁실로 따라왔다가 자기도 모르게 문을 잠그고 닫는 바람에 둘이 그곳에 갇혀버린 것이다. 그날은 비도 조금 내리고 바람도 세게 부는 추운 날이었다. 아내가 창문을 열고 "여기요, 도와주세요. 104동이에요. 도와주세요!" 하고 소리 쳐봤지만 바람이 세게 불어서인지 아무도 도와주는 사람이 없었다.

시간이 지나자 그냥 체념하게 되었다고 한다. 너무 추워서 건조기에서 말린 옷을 꺼내 겹겹이 껴입고, 수건으로 둘러싸고, 졸린 아들을 안고 재우다가 계속 안고 있을 수 없어서 아내가 맨바닥에 눕고, 아이를 배에 엎어서 재웠다. 한 사람도 다리 뻗고 누울 수 없는 좁은 곳에서 둘이 그렇게 9시간을 갇혀 있었다.

그다음 날 아이는 집에 들르신 외할아버지에게 "할아버지, 나 어제 세탁실에 갇혀 있었어요"라고 했다. 그런데 할아버지가 "아이고, 우리 손자가 무서웠겠구나" 하시자 "아니에요. 엄마랑 같이 있어서 하나도 안 무서웠어요"라는 것이었다. 다섯 살짜리가 좁고 추운 세탁실에 갇혀 있었는데도 엄마와 같이 있으니 하나도 무섭지 않았다는 것이다. 지금 우리 삶이 좁고 추운 세탁실에 갇혀 있는 것 같을지라도, 우리가 두려워하지 않을 수 있는 이유는 전능하신 하나님께서 우리와 함께 계시기 때문이다.

내가 너와 함께할 거야

여호수아는 가나안 족속이 얼마나 엄청난 전력을 가지고 있는지 이미 40년 전에 직접 보았다. 그들은 체급 자체가 다른, 말 그대로 프로 싸움꾼이었다. 그에 반해 이스라엘 백성들은 조직력도 없고 싸움의 경험도 없었다. 40년 동안 군사 훈련을 받은 것이 아니라 구름기둥과 불기둥을 쫓아다니며 달리기 훈련만 했던 사람들이다. 그런데 하나님께서 여호수아에게 그들은 절대 너를 막을 수 없다고 말씀하셨다.

> 네 평생에 너를 능히 대적할 자가 없으리니 내가 모세와 함께 있었던 것같이 너와 함께 있을 것임이니라 내가 너를 떠나지 아니하며 버리지 아니하리니 **수 1:5**

하나님은 여호수아를 막아서고 있는 자가 이집트의 바로든 가나안의 일곱 족속이든, 그가 사는 날 동안 아무도 그의 앞길을 막지 못할 것이라고 말씀하신다.

"내가 모세와 함께했던 것처럼 너와 함께할 거야. 너를 떠나지 않고, 버리지 않을 거야."

불안해하는 여호수아에게 지금까지 모세와 함께했던 것처럼 여호수아와도 함께해주시겠다는 것이다. 그것을 3번이나 반복해서 말씀하신다.

"내가 너와 함께하며, 너를 떠나지 아니하며, 버리지 않겠다. 여호수아야, 내가 너와 함께할 거야. 내가 너를 떠나지 않을 거야. 내가 너를 버리지 않을 거야. 그러니 절대 두려워할 필요 없어."

여호수아가 얼마나 큰 위로를 받았을까. 여호수아는 모세 옆에 있으면서 하나님께서 함께하시면 이집트의 바로도 상대가 되지 않는다는 것을 생생하게 지켜봤다. 그래서 하나님께서 함께하신다는 것이 어떤 의미인지 누구보다 잘 알았다. 하나님은 이 말씀을 9절에서도 반복해서 말씀하신다.

내가 네게 명령한 것이 아니냐 강하고 담대하라 두려워하지 말며 놀라지 말라 네가 어디로 가든지 네 하나님 여호와가 너와 함께하느니라 하시니라 수 1:9

"여호수아야. 기억해. 네가 어디로 가든지, 너의 주, 나 하나님이 너와 함께할 거야. 너는 절대 혼자가 아니야."

우리는 결코 혼자가 아니다. 바다를 가르고 하늘을 여시는 전능하신 하나님께서 우리가 가는 모든 곳에 친히 함께하시겠다고 약속하신다.

나는 혼자가 아니다!

2010년 서울 도심에서 친구들과 함께 오토바이를 훔쳐 달아난 혐의로 구속된 소녀가 홀어머니가 지켜보는 가운데 재판을 받고 있었다. 중년의 여성 부장판사가 들어오더니 무거운 보호 처분을 기다리면서 잔뜩 움츠리고 있던 소녀에게 말했다. "자, 날 따라서 힘차게 외쳐 봐. 나는 세상에서 가장 멋지게 생겼다!"

예상치 못한 재판장의 요구에 잠시 머뭇거리던 소녀는 나지막하게 "나는 세상에서…"라고 따라 했다. 부장 판사는 다시 한번 더 크게 따라 하라면서 "나는 무엇이든지 할 수 있다. 나는 이 세상에 두려울 게 없다. 이 세상은 나 혼자가 아니다!" 하고 외쳤다. 소녀는 그 말을 따라 "이 세상은 나 혼자가 아니다"라고 외치다가 결국 참았던 울음을 터뜨리고 말았다. 법정에 있던 소녀의 어머니도 울고, 재판 진행을 돕던 참여관·실무관·법정 경위의 눈시울도 빨개졌다.

이 소녀는 지난해 가을부터 14건의 절도·폭행을 저질러 이미 한 차례 소년 법정에 섰던 전력이 있었다. 법대로 한다면 '소년보호시설 감호위탁' 같은 무거운 보호 처분을 받을 수 있는 상황이었다. 그런데 이날 부장판사가 내린 처분은 그런 것이 아니라 단지 '법정에서 일어나 외치기'가 전부였다. 재판장이 이런 결정을 내린 것은 소녀가 범행에 빠져든 사정을 감안했기 때문이다.

작년 초까지만 해도 반에서 상위권 성적을 유지하던 이 소녀는 간호사를 꿈꾸던 발랄한 학생이었다. 그러나 여러 명의 남학생에게 끌려가 집단폭행을 당하고 삶이 바뀌게 되었다. 후유증으로 병원 치료를 받았고, 홀어머니는 그 충격으로 신체 일부가 마비되어 버렸다. 죄책감에 시달리던 소녀는 학교에서 겉돌다 비행 청소년과 어울리면서 범행을 저지르기 시작했다.

불과 얼마 전까지만 해도 이런 삶을 살 거라고는 상상조차 하지 못했을 이 어린 소녀는 법정에 혼자 서서 얼마나 무섭고 두려웠을까. 그냥 모든 것을 포기하고 싶지 않았을까. 그런데 너는 혼자가 아니라는 그 외침이 이 소녀의 마음을 다시 회복시킨 것이다.

우리도 너무 힘들어서 세상에 나 혼자인 것 같은 때가 있다. 열심히 기도하고 마음을 다잡아 보다가도 문득 현실이 눈에 들어오면 다시 마음이 무너진다. 그런데 성경은 두려워하는 우리에게 너는 결코 혼자가 아니라고 말씀하신다. 전능하신 하나님께서 우리와 항상 함께하시고, 절대 우리를 떠나지 않고 버리지도 않는다고 약속하신다. 두려울 때, 걱정될 때 기억하라. 우리는 혼자가 아니다. 전능하신 하나님께서 우리와 함께하신다.

은혜를 선포하기

"전능하신 하나님께서 나와 함께하십니다."

가슴으로 나눔 하기

1. 내가 혼자라고 느꼈을 때가 있다면 나눠보자.

2. 하나님께서 나와 함께 계신다는 것을 생각하면 어떤 느낌이 드는가? 하나님께서 함께 하신다고 느꼈던 경험을 나눠보자.

3. 오늘 말씀을 통해 받은 은혜나 새롭게 결단하는 것을 나눠보자.

정성을 다해 기도하고 축복하기

한 사람씩 돌아가며 짧게 한 문장으로 기도한다.
부모님 중 한 분이 가족의 이름을 부르며 축복기도 한다.

예수님을 바라보는 침묵의 시간

1분간 조용히 침묵하며 지금 나와 함께 계시는 예수님을 바라본다.

배운 대로 살아가는 생활 숙제

하나님을 생각나게 하는 물건(십자가, 성경책, 말씀카드 등) 한 가지를 일주일 동안 손에 들고 다닌다.

*하나님의 보호를 받는 기도 ————————————

하나님의 보호

3주 하나님은 나를 형통케 하신다

자녀이면 또한 상속자 곧 하나님의 상속자요 그리스도와 함께한 상속자니
우리가 그와 함께 영광을 받기 위하여 고난도 함께 받아야 할 것이니라

로마서 8장 17절

따뜻한 햇살처럼 마음을 여는 기도

우리의 예배를 받으시기 합당하신 하나님, 이 시간 십자가의 보혈을 의지해 은혜의 보좌 앞에 담대히 나아갑니다. 말씀을 통해 하나님에 대한 오해를 풀어주시고 하나님의 선하심과 사랑을 바로 알게 하옵소서.

나의 고백으로 찬양하기

찬송가 384장 나의 갈길 다가도록

하나님의 말씀 듣기

한 청년이 운전면허를 따고 거칠게 차를 몰고 다니다가 3개월 동안 무려 5번이나 사고를 냈다. 결국 아버지가 아들의 면허증을 압수했다. 그런데 이런 일을 저질렀으면 혼내야 하는데 아버지가 혼내지 않았다. 다른 말은 하지 않고 "아들, 차는 바꿀 수 있지만, 너는 그럴 수 없잖아" 딱 한 마디만 했다. 그런데 그 후 아들은 다시 운전하다가 사고를 내고 말았다. 너무 부끄럽고 아버지를 만나는 것이 두려웠던 아들이 집을 나갔다가 늦게 돌아왔는데, 그때도 아버지는 아무 말씀이 없었다. 잔뜩 긴장하고 있는 아들에게 아버지가 건넨 한마디는 "아들, 같이 농구 하러 가자"였다.

이 아들은 그때 아버지가 무슨 말씀을 하려고 하는지 알았다고 한다. 이제 네가 더 이상

45

운전은 할 수 없을지 모르지만, 너와 나의 관계에는 아무 이상이 없다는 무언의 메시지였다는 것이다. 지금 이 아들은 아버지의 영향을 받아 거리의 노숙자들을 돌보는 빈민 사역자로 살아가고 있다.

많은 사람이 하나님을 오해하고 있다. 우리가 뭔가 잘못하면 찾아내서 바로 심판하고, 우리가 뭔가 열심히 노력해야 겨우 인정해주고, 실수하거나 넘어지면 기다렸다는 듯이 나타나 책망하고, 우리가 가난하게 살고 힘들게 살고 어렵게 살아야 기뻐하는 분이라고 생각한다. 넓은 집에 살고 좋은 차를 타면 하나님이 싫어한다고 생각한다. 신앙생활을 열심히 하는데 즐거움이 없고 시간이 갈수록 죄책감이 늘어간다. 하나님께 인정받기 위해 열심히 사는데 늘 부족한 사람처럼 느껴진다. 하나님을 오해했기 때문이다.

하나님은 나를 상속자로 삼으셨다

하나님이 어떤 분인지 알면 우리 삶은 달라질 수 있다. 하나님은 우리가 형통하기를 원하신다. 창세기 39장을 보면 하나님께서 감옥에 갇힌 요셉과 함께하시면서 그의 범사를 형통하게 하신다. 하나님은 우리가 뭔가 열심히 노력해서 뭐라도 더 얻어내야 하는 분이 아니다. 우리의 노력이나 능력, 자격과 상관없이 우리를 자녀로 선택해주시고, 상속자로 삼아주시는 선하신 분이다.

자녀이면 또한 상속자 곧 하나님의 상속자요 그리스도와 함께한 상속자니 우리가 그와 함께 영광을 받기 위하여 고난도 함께 받아야 할 것이니라 **롬 8:17**

상속자란 부모에게 유산을 물려받는 사람인데 성경은 우리를 "하나님의 상속자요 그리스도와 함께한 상속자"라고 한다. 하나님께서 예수님에게 주신 모든 것을 예수님 안에 있는 우리에게도 동일하게 주신다는 것이다. 우리는 하나님께 무엇을 상속받을까. "그와 함께 영광을 받기 위하여"라고 한다. 우리가 하나님께 받을 상속이 "영광"이라고 한다. 여기서 말하는 "영광"이란 하나님의 나라를 뜻한다.

투기와 술 취함과 방탕함과 또 그와 같은 것들이라 전에 너희에게 경계한 것같이 경계하노니 이런 일을 하는 자들은 하나님의 나라를 유업으로 받지 못할 것이요 **갈 5:21**

하나님의 자녀 된 우리가 하나님으로부터 상속받는 것은 하나님의 나라다. 하나님께서 거하시는 나라, 영광스러운 하나님께서 다스리시는 나라, 하나님께서 다스리시기에 억울한 사람, 상처받는 사람, 차별받는 사람이 없는 나라, 누구나 소중히 여김을 받는 영광스러운 하나님의 나라를 상속받는 것이다. 이것은 죽어서 가는 천국뿐만 아니라 지금 이곳에서 시작되는 나라다. 거기서 멈추지 않는다.

> 자기 아들을 아끼지 아니하시고 우리 모든 사람을 위하여 내주신 이가 어찌 그 아들과 함께 모든 것을 우리에게 주시지 아니하겠느냐 **롬 8:32**

하나님의 상속자가 된다는 것은 하나님께서 그분의 나라와 소유뿐만 아니라 그분 자신을 내어주신다는 것이다. 성경학자들은 "영광"을 "하나님의 나라나 하나님의 소유뿐만 아니라 하나님 그 자체"라 말한다. 하나님의 상속자가 된다는 것은 하나님의 것이 다 내 것이 되는 것을 넘어서 하나님이 내 것이 되시는 것이다. 우리가 하나님을 소유하게 된다는 뜻이다.

하나님이 나의 모든 것이듯 나도 하나님의 모든 것이 된다

하나님께서 온 우주 만물을 우리에게 상속하시고, 하나님의 나라를 상속하시고, 심지어 하나님 자신을 상속해주신다는 것이다. 다시 말하면, 내가 하나님의 모든 것이 된다는 것이다. 하나님의 사랑이 내 것이 되고, 하나님의 지혜가 내 것이 되고, 하나님의 능력이 내 것이 되는 것이다. 하나님은 내가 형통하길 원하지 않으시는데 내가 하나님을 설득해야 하는 것이 아니다. 요셉을 형통하게 하셨던 하나님께서 내가 형통하기를 원하시고, 나를 형통하게 하신다. 더 이상 공허할 수도, 외로울 수도, 무기력할 수도 없다.

이제부터 하나님의 상속자답게 당당하게 살자. 담대해지자. 용기를 내자. 쩨쩨하게 살지 말자. 주눅 들지 말자. 꿈을 크게 꾸자. 우리는 가난하지 않다. 나약하지도 않다. 부족하지도 않고 모자라지도 않다. 우리 아빠가 부요하시기 때문이다. 우리 아빠가 강하고, 풍성하고, 흘러넘치는 분이기 때문이다.

우리는 온 우주 만물을 창조하신 창조주 하나님을 상속받은 사람이다. 그 하나님께서 우리가 형통하길 원하시고 우리를 형통하게 하실 것이다. 이제 우리 앞에 있는 풍성한 삶을 바라보자.

은혜를 선포하기

"하나님은 내가 형통하길 원하십니다."

가슴으로 나눔 하기

1. 부모님에게 물려받은 것 중 기억에 남는 것, 혹은 자녀에게 남겨주고 싶은 유산은 어떤 것인가?

2. 하나님에 대해 오해했던 부분이 있다면 무엇인지 나눠보자.

3. 하나님은 내가 형통하길 원하신다는 것이 내 마음에 어떤 변화를 가져오는지 나눠보자.

정성을 다해 기도하고 축복하기

받은 은혜를 기억하며 기도한다.

부모님 중 한 분이 가족의 이름을 부르며 축복기도 한다.

예수님을 바라보는 침묵의 시간

1분간 조용히 침묵하며 내가 형통하길 원하시는 하나님을 바라본다.

배운 대로 살아가는 생활 숙제

하나님께 받은 것을 기록하기

_____

_____

_____

_____

다음 주는 가족 파티를 준비한다. ✨

* 형통한 삶을 위한 기도 _____

형통한 삶

하나님은 내가 행복하길 원하신다

이 내 아들은 죽었다가 다시 살아났으며
내가 잃었다가 다시 얻었노라 하니 그들이 즐거워하더라
누가복음 15장 24절

따뜻한 햇살처럼 마음을 여는 기도

사랑이 많으신 아버지 하나님, 아무런 조건 없이 있는 모습 그대로 받아주시는 하나님의 사랑이 저희를 이곳까지 인도했음을 고백합니다. 하나님의 사랑이 아니었다면 저희에게 희망은 없었습니다. 소망 되신 주님, 감사합니다.

나의 고백으로 찬양하기

찬송가 563장 예수 사랑하심을

하나님의 말씀 듣기

행복하게 살고 싶은가? 사람은 누구나 행복하기를 원한다. 불행하게 살기를 원하거나 "주님, 제 삶이 불행하게 해주세요"라고 기도하는 사람은 없다. 누구나 행복하기를 원하고 행복한 삶을 위해 노력한다. 그러나 사는 것이 행복하냐는 질문에 행복하다고 자신 있게 답할 수 있는 사람은 많지 않다. 왜 그럴까. 행복을 향한 열망이 부족해서도 아니고, 행복하기 위한 노력이 부족해서도 아니다. 행복의 방법이 잘못되었기 때문이다.

누가복음 15장에 탕자 이야기가 나온다. 아버지에게 두 아들이 있는데 작은아들이 아버지의 유산을 받아 집을 나간다. 행복하기 위해서다. 큰아들도 아버지 밑에서 열심히 일했다. 행복하기 위해서다. 그런데 두 아들 모두 행복하지 않았다. 왜냐면 아버지에 대해 오해했기 때문이다. 아버지가 자신들의 행복에 방해된다고 생각했다. 행복을 주는 것은 아버지가 아니라 아버지의 돈이라고 믿었다. 그래서 한 명은 아버지의 돈을 가지고 떠났고, 한 명은 아버지의 돈을 얻기 위해 열심히 노력했다.

팀 켈러 목사님은 두 아들이 행복하지 못한 이유가 아버지를 사랑한 것이 아니라 아버지를 이용해 자신의 이기적인 목표를 이루려고 했기 때문이라고 말한다. 아버지가 아니라 아버지의 돈이 자신을 행복하게 할 수 있다고 믿은 결과로 큰아들은 불안하게 살았고 작은아들은 불쌍하게 살았다. 모두 불행했다.

아버지의 사랑은 이미 두 탕자 모두를 용서하셨다

덴마크의 철학자 키에르케고르는 사람이 불안을 극복하는 3단계를 다음과 같이 이야기한다. 1단계 '심미적 삶'은 자신의 본능에 따라 사는 것이다. 감각적인 쾌락에 빠져서 기분 내키는 대로 사는 것인데 이렇게 살면 얼마 지나지 않아 권태감에 빠지고 무기력해져 불행해진다는 것이다. 둘째 아들의 유형이다.

2단계는 인간이 지켜야 하는 보편적 가치와 윤리를 지키며 살아가는 '윤리적 삶'이다. 이것도 결국 높은 기준을 지키지 못하는 자신의 한계를 직면하고, 주변을 보면서 '나 혼자 이렇게 살면 뭐 하나' 하는 생각으로 죄책감과 불안에 빠지게 된다. 첫째 아들의 유형이다.

내면의 불안을 떨쳐내게 하는 것은 3단계인 '신앙적 삶'을 사는 것인데 이것은 내가 행복하게 살기를 누구보다 하나님께서 원하신다는 것을 믿는 것이다. 하나님의 사랑과 하나님의 선하심을 진심으로 믿게 될 때 무력감과 허무감을 이겨낼 수 있다는 것이다.

작은아들만이 아니라 두 아들 모두 탕자다. 그런데 아버지는 두 아들 모두를 사랑하고, 그들 모두 행복하게 살기를 원하신다. 아버지는 작은아들이 회개하고 용서를 구했기 때문에 용서하신 것이 아니다. 아들이 회개하기 전에 이미 아들을 사랑하고 용서했다.

이에 일어나서 아버지께로 돌아가니라 아직도 거리가 먼데 아버지가 그를 보고 측은히 여겨 달려가 목을 안고 입을 맞추니 아들이 이르되 아버지 내가 하늘과 아버지께 죄를 지었사오니 지금부터는 아버지의 아들이라 일컬음을 감당하지 못하겠나이다 하나 **눅 15:20,21**

아들이 회개하기 전에 먼저 아버지께서 그를 보고, 측은히 여기고, 달려가서 그를 껴안고 입을 맞추셨다. 아들이 용서받은 것은 잘못했다고 용서를 구하고, 확실하게 개과천선해서가 아니다. 회개조차도 아버지의 사랑을 받는 근거가 될 수 없다. 아버지가 아들을 용서하신 근거는 무엇일까. "그를 보고 측은히 여겨", 즉 아들의 어떤 모습이나 행동이 아니라 아들을 측은히 여기시는 아버지의 사랑이 그 아들을 용서한 것이다.

또 아버지는 큰아들도 달래신다. 큰아들은 아버지의 마음을 전혀 모른다. 그저 자기 생각뿐이라서 동생이 돌아왔는데도 화를 내고, 집에 들어가지 않으려 한다. 그런데 아버지가 그런 아들을 달래면서 "내가 가진 모든 것이 다 네 것이다"(눅 15:31)라고 말한다. 성경을 자세히 읽어 보면 아버지는 재산을 둘째 아들에게만 나눠 준 것이 아니었다.

> 그 둘째가 아버지에게 말하되 아버지여 재산 중에서 내게 돌아올 분깃을 내게 주소서 하는지라 아버지가 그 살림을 각각 나눠 주었더니 **눅 15:12**

두 아들 모두에게 나눠 주었다. 이미 이 집에 있는 모든 재산이 큰아들의 것이다. 다 줬다. 그런데 그것을 믿지 못하고 화를 내고 있는 것이다. 그런데도 아버지는 그런 아들을 끝까지 사랑하신다. 아버지는 집 나간 작은아들도 환영해주고 화를 내는 큰아들도 달래준다. 아버지는 아들들에게서 사랑할 이유나 조건을 찾지 않는다. 그냥 사랑하신다. 이것이 하나님의 마음이다.

하나님은 우리를 사랑하시고, 우리가 행복하길 원하신다. 둘째처럼 아버지를 사랑하지 않고 세상을 사랑해서 세속에 물들어 있는 아들이든, 첫째처럼 아버지의 사랑을 믿지 못하고 자신의 노력을 의지하는 아들이든 모두 다 사랑하신다. 이 아버지의 사랑이 우리에게 진정한 행복을 준다.

행복은 세속적인 쾌락에서 오는 것도 아니고 도덕적으로 열심히 노력한다고 해서 얻는 것도 아니다. 진정한 행복은 누구보다 우리를 사랑하시고 우리가 행복하기를 원하시는 아버지에게서 나온다. 아버지는 돌아온 아들을 위해 큰 잔치를 연다. 억울한 것, 서운한 것, 잘못한 것을 생각하며 화내지 않고 아들이 돌아왔다는 이유 하나만으로 기뻐하고 좋아하고 행복해하신다. 아버지가 잔치를 베푸는 이유는 아들 때문이었다.

생각해보자. 하나님을 사랑하지도 않았고 하나님의 사랑을 믿지도 않은 나 같은 사람이 뭐라고 하나님께서 이렇게 사랑하실까. 탕자는 방탕하게 살면서 가진 돈을 다 써버렸기 때문에 탕자이지만 아버지는 아들을 위해서 자신의 사랑을 허비하다시피 다 써버렸다. 그래서 오늘 본문은 탕자의 이야기면서 또 탕부(蕩父)의 이야기다. 아들을 위해 자신의 사랑을 다 탕진해 버린 아버지, 탕부의 이야기. 하나님은 우리가 행복하기를 원하신다. 하나님의 조건 없는 사랑 안에서 우리는 진정한 행복을 누릴 수 있다.

은혜를 선포하기

"하나님은 내가 행복하길 원하십니다."

가슴으로 나눔 하기

1. 언제 행복을 느끼는지 나눠보자.

2. '하나님께서 내가 행복하기를 원하신다'라는 것을 듣고 어떤 느낌이 들었는가?

3. 하나님과 함께하기 위해 나에게 어떤 변화가 필요한지 나눠보자.

정성을 다해 기도하고 축복하기

받은 은혜를 기억하며 기도하고, 한 사람씩 돌아가며 한 문장으로 기도한다.

부모님 중 한 분이 가족의 이름을 부르며 축복기도 한다.

예수님을 바라보는 침묵의 시간

1분간 조용히 침묵하며 생각을 통해 말씀하시는 하나님의 음성을 듣는다.

배운 대로 살아가는 생활 숙제

하나님을 만나지 못한 사람이 있다면 그들의 이름을 쓰고 기도하기.

하나님의 음성

* 하나님의 음성을 듣는 기도 —————————

02
February

소중한 나

5주 나는 하나님의 은혜로 구원받았다

너희는 그 은혜에 의하여 믿음으로 말미암아 구원을 받았으니
이것은 너희에게서 난 것이 아니요 하나님의 선물이라

에베소서 2장 8절

따뜻한 햇살처럼 마음을 여는 기도

은혜로우신 주님, 죄인 된 저희를 사랑하셔서 아들을 내어주시고, 십자가에 달려 돌아가
셔서 저희 죄를 사하시고, 부활하셔서 오늘도 이곳에 함께하시는 주님께 감사드립니다.
갚을 길 없는 주님의 은혜를 마음 다해 찬양합니다.

나의 고백으로 찬양하기

찬송가 149장 주 달려 죽은 십자가

하나님의 말씀 듣기

필립 얀시의 《놀라운 하나님의 은혜?》(IVP, 2020)라는 책에 나온 이야기다.

영국에서 열린 비교종교학 회의에서 세계적인 석학들이 모여 토론하는데 그날 주제는 기
독교만이 가지고 있는 독특성이 무엇이냐는 것이었다. 한 사람이 성육신이라고 이야기하자
신이 인간의 모습으로 현현한 이야기는 다른 종교에도 있다고 한다. 또 한 사람이 부활이라
고 하자 환생 역시 타 종교에도 있다고 한다.

한참을 토론해도 결론이 나지 않는데 세계적인 기독교 변증가 C. S. 루이스가 방을 잘못
알고 들어왔다가 오늘 주제를 물어보았다. 전 세계 종교 중에 기독교만이 기여할 수 있는 것
이 무엇인지를 찾는 중이라고 하자 루이스가 이렇게 대답한다. "그거야 쉽죠. 은혜 아닙니

까.” 한참 동안 토론이 더 진행되었지만, 결론은 은혜였다.

그러면서 필립 얀시는 “하나님의 사랑이 값없이 조건 없이 우리를 찾아온다는 개념은 인간의 모든 본성과 상반된다. 불교의 고행, 힌두교의 업보, 유대교의 언약, 이슬람교의 법전, 모두 인간의 노력으로 인정받는 길을 제시한다. 감히 하나님의 사랑을 무조건적인 것으로 만드는 것은 기독교뿐이다”라고 말한다. 기독교의 핵심은 은혜다.

> 너희는 그 은혜에 의하여 믿음으로 말미암아 구원을 받았으니 이것은 너희에게서 난 것이 아니요 하나님의 선물이라 **엡 2:8**

은혜란 자격 없는 자들에게 베풀어주시는 하나님의 선물이다. 그런데 하나님께서 우리에게 은혜를 베푸시는 이유가 무엇일까. 우리가 사랑받을 만해서나 우리가 다른 사람보다 조금 더 쓸 만해서가 아니다.

> 우리가 아직 죄인 되었을 때에 그리스도께서 우리를 위하여 죽으심으로 하나님께서 우리에게 대한 자기의 사랑을 확증하셨느니라 **롬 5:8**

하나님은 우리가 여전히 죄인으로 있을 때, 나 자신조차도 나를 용납할 수 없고 나 자신조차도 나를 사랑할 수 없을 정도로 완전히 망가진 죄인임에도 불구하고, 그런 우리를 사랑하셨다. 하나님께서 우리를 사랑하시는 근거가 우리에게 있지 않다.

> 긍휼이 풍성하신 하나님이 우리를 사랑하신 그 큰 사랑을 인하여 **엡 2:4**

원어 성경에서는 4절이 ‘그러나’로 시작된다. 그래서 1-4절을 쉽게 풀면 “우리는 하나님을 하나님으로 인정하지 않고, 하나님을 거역한 죄로 말미암아 죽었습니다. 그러나 긍휼이 풍성하신 하나님이 우리를 사랑하신 그 큰 사랑을 인하여…” 이런 내용이 된다. 사랑의 근거가 죄인인 우리에게 있는 것이 아니라, 긍휼이 풍성하신 하나님께 있다는 것이다. 그리고 우리를 사랑하신 하나님께서는 우리를 구원하기 위해 아들을 십자가에 내어주셨다.

허물로 죽은 우리를 그리스도와 함께 살리셨고 (너희는 은혜로 구원을 받은 것이라) 또 함께 일으키사 그리스도 예수 안에서 함께 하늘에 앉히시니 엡 2:5,6

어떻게 창조자이신 하나님께서 망가진 피조물 하나 때문에 이렇게까지 하실 수 있을까. 이것은 말이 되지 않는다. 우리라면 싹 밀어버리고 우주를 새로 만들지 않았을까? 하나님께는 그럴 만한 능력이 얼마든지 있으시니 그 편이 더 쉽지 않겠는가. 그런데 하나님께서는 그렇게 하지 않으셨다.

기독교는 우리의 죄를 대속하기 위해 십자가에 달려 죽으시고, 부활하시고, 하늘에 오르신 예수 그리스도와 함께, 죄로 말미암아 죽었던 우리를 다시 살리고 일으키고 하늘에 앉히신 구속의 사건을 믿는 것이다. 구원을 받기 위해 우리가 할 수 있는 게 아무것도 없다는 것을 믿는 것이고, 하나님의 사랑을 받기 위해 우리가 할 수 있는 게 아무것도 없다는 것을 믿는 것이다. 예수 그리스도만이 우리의 죄 문제를 해결하실 수 있고, 예수 그리스도만이 영원한 지옥에서 영원한 생명으로 우리를 옮겨주셨다는 것을 믿는 것이다.

비행기표를 받았으면 어떻게 해야 할까?

구원은 철저하게 하나님의 은혜로 시작해서 하나님의 은혜로 끝난다. 그런데 우리는 은혜로 구원받았으면서도 뭔가 내 나름대로 더 노력해야 한다고 생각한다.

이런 경우를 생각해보자. 내가 프랑스 여행을 가고 싶지만 돈이 부족한데 아버지가 내게 프랑스행 비행기표를 선물로 주셨다. 너무 감사하지만 죄송하기도 해서 "아버지, 아니에요. 제가 어떻게 이걸 받아요. 제가 수영을 잘하니까 열심히 헤엄쳐서 갔다 올게요"라고 한다면 말이 될까. 프랑스는 헤엄쳐서 갈 수 있는 곳이 아니다. 프랑스에 가려면 프랑스행 비행기를 타면 된다.

그래서 표를 받긴 받았는데 그래도 죄송해서 "그러면 제가 비행기 타고 가는 동안 서서 갈게요. 아니, 비행기에서라도 계속 뛰어갈게요"라고 말한다면 어떨까? 내가 비행기에서 서서 가거나 뛰어다니는 것이 무슨 의미가 있을까.

구원도 마찬가지다. 구원은 우리 노력으로 되는 것이 아니다. 구원을 위해서 나도 뭔가 노력해야 한다고 생각하는 것은 마치 헤엄쳐서 프랑스를 가겠다고 하거나, 비행기에서 서서 가거나 뛰어가겠다고 하는 것과 같다. 구원은 전적으로 하나님의 은혜다. 그리고 그 은혜를 누리는 방법은 믿음이다.

> 너희가 그 은혜에 의하여 믿음으로 말미암아 구원을 받았으니 이것은 너희에게서 난 것이
> 아니요 하나님의 선물이라 **엡 2:8**

구원은 예수님의 십자가를 믿을 때 받게 되는 선물이다. 본 적도 없는 예수님을 어떻게 믿을 수 있냐고 말하는 사람들이 있다. 당신은 자신이 어떻게 태어났는지 그것을 보고 기억하는가? 그런 사람은 없다. "엄마가 너를 낳았어"라는 부모님의 이야기를 듣고 그 말을 믿는 것이다. 우리도 예수님을 본 적이 없지만, 성경을 통해서 "내가 너를 낳았다"라고 하시는 하나님의 말씀을 믿는 것이다. 그리고 그 말이 사실이라는 것을 살아가면서 경험하게 된다.

구원받은 우리가 죄에 무너질 때가 있다. 그때 마귀가 "그것 봐, 너는 죄인이야. 너는 그것밖에 안 돼. 해봐야 소용없어. 넌 이미 실패했잖아. 어차피 또 실패할 거야"라며 우리를 정죄하고 우리 죄를 고발한다. 그럴 때 우리는 실패하고 무너진 나 자신을 바라보지 말고 십자가에 달리신 예수님을 바라봐야 한다. 우리의 정체성은 내가 무엇을 했느냐가 아니라 예수님이 무엇을 하셨느냐에 달려 있다.

복음이란 내 노력으로는 할 수 없지만 예수님은 하실 수 있다는 것이다. 우리는 은혜로 구원받았고, 은혜로 살아야 한다. 하나님의 은혜의 눈으로 나를 바라보고 세상을 바라보는 것이 신앙이다. 하나님의 자녀가 된 우리는 더 이상 죄인이 아니라 의인이다. 하나님께 완전히 용납되었고, 인정받았다. 하나님의 은혜 안에 있는 자신을 더는 구제 불능의 죄인을 보듯하지 말자. 나는 하나님께 눈에 넣어도 아프지 않을 만큼 사랑스러운 존재다.

은혜를 선포하기

"나는 하나님의 은혜로 구원받았습니다."

가슴으로 나눔 하기

1. 은혜로 구원받았지만, 아직 부족하다는 생각에 스스로 노력했던 적이 있는가? 내 연약한 모습을 보면서 구원받은 것을 의심했던 적이 있다면 나눠보자.

2. 마귀가 다시 나를 정죄할 때 뭐라고 대답할 것인가?

3. 오늘 말씀을 통해 받은 은혜나 새롭게 결단하는 것을 나눠보자.

정성을 다해 기도하고 축복하기

예수님을 믿기 원한다면 이 기도를 따라 하자(인도자가 먼저 읽고 다른 사람들이 따라서 기도할 경우에는 / 부분에서 끊어 읽는다).

"하나님 아버지, / 저는 죄인입니다. / 저의 죄를 용서해주세요. /
예수님이 하나님의 아들이시며 / 저의 죄를 위해 십자가에서 죽으시고 /
부활하셨음을 믿습니다. /
이제 예수님을 / 제 삶의 구원자와 주님으로 믿고 따르기 원합니다. /
예수님의 이름으로 기도합니다. 아멘."

부모님 중 한 분이 가족의 이름을 부르며 축복기도 한다.

예수님을 바라보는 침묵의 시간

1분간 조용히 침묵하며 지금 나를 꼭 안아주시는 하나님의 사랑을 느껴본다.

배운 대로 살아가는 생활 숙제

은혜로 구원받은 자신의 이야기를 써보기

구원받기 전의 모습

_____

_____

_____

_____

어떻게 구원받았는지

_____

_____

_____

_____

구원받은 후의 모습

_____

_____

_____

_____

* 은혜로 감싸는 기도 ―――――――――――――――

시편 13

나는 하나님의 자녀다

너희는 다시 무서워하는 종의 영을 받지 아니하고
양자의 영을 받았으므로 우리가 아빠 아버지라고 부르짖느니라
로마서 8장 15절

따뜻한 햇살처럼 마음을 여는 기도

하나님, 저의 아빠가 되어주셔서 감사드립니다. 따뜻한 시선으로 저를 바라봐 주시는 아빠를 만나는 이 시간이 참 좋습니다. 사랑한다고 말씀해주시는 아빠의 음성을 다시 한번 들려주시고, 왕의 자녀답게 당당하게 살아가게 하옵소서.

나의 고백으로 찬양하기

찬송가 393장 오 신실하신 주

하나님의 말씀 듣기

페이스북의 창업자인 마크 저커버그가 자신의 전 재산 중 99퍼센트인 450억 달러(우리 돈으로 52조 1,000억 원)를 기부했다. 그렇게 기부한 이유는 자신의 딸이 살아갈 세상이 더 좋은 세상이 되게 하고 싶어서라고 한다.

부모들은 자녀를 만나기까지의 과정을 마치 어제 일인 듯 생생히 기억할 것이다. 임신하고 초음파 사진으로 조그만 곰돌이 젤리 같은 아이를 처음 보면서 눈물이 핑 돌던 순간, 배냇저고리와 젖병, 기저귀, 신발을 사면서 아기를 만날 준비를 하던 몇 달의 시간….

하나님의 마음도 똑같다. 사람은 흙으로 하루 만에 만드셨지만, 우리가 살아갈 세상은 6일 동안 지으셨다. 이것이 아버지의 마음이다. 세상에 자녀보다 더 귀하고 소중한 존재는 없

다. 하나님께서 우리를 자녀 삼아주셨다는 것은 그분께 우리보다 더 소중하고 귀한 것이 없다는 뜻이다.

> 너희는 다시 무서워하는 종의 영을 받지 아니하고 양자의 영을 받았으므로 우리가 아빠 아버지라고 부르짖느니라 **롬 8:15**

종의 특징은 주인에 대한 두려움을 가지고 산다는 것이다. 주인에게 잘 못 보이면 평생 고통받으면서 살아야 하므로 주인에게 잘 보이기 위해 늘 긴장하며 산다. 많은 사람이 두려움에 사로잡혀 노예처럼 세상을 살아간다. 늘 잘해야 하고 이겨야 한다는 강박에 사로잡혀 살아간다. 일터를 보면 얼마나 결과를 중요하게 여기는지 알 수 있다. 결과가 나쁘면 일터에서 쫓겨나게 되고, 결과만 좋으면 모든 것이 용서된다.

이런 세상에 살다 보니 우리도 잘해야 한다는 압박감과 성공해야 한다는 긴장감으로 노예처럼 살아간다. 그런데 하나님은 우리를 두려움으로 이끄시는 분이 아니며, 우리를 노예처럼 살라고 구원하신 것도 아니다. 하나님은 우리에게 그분을 "아빠"라고 부르라고 하신다. 우리를 종이 아니라 자녀로 부르신 것이다.

세상에서 가장 친밀한 관계

아빠라는 단어에서 무엇이 느껴지는가. 아빠는 어린 자녀가 자신을 무조건적으로 수용해주는 아버지를 부를 때 사용되는 단어다. 이 세상에서 나와 가장 가까운 사이가 법적으로는 배우자인 남편과 아내지만, 실제로는 내 자녀들이다.

아기들은 자기가 먹던 것을 엄마 입에 넣어주기도 하고 발을 아빠 얼굴에 올려놓고 잠을 청하면서도 전혀 미안해하지 않는다. 부부가 아무리 가까워도 남편 얼굴에 발을 올리지 않고, 맛이 없다고 먹던 것을 뱉어서 아내 입에 넣지도 않는다. 그런데 부모와 자녀 사이에는 이것이 가능하다. 자녀에게 아빠, 엄마는 이 세상에서 가장 가깝고 친밀한 사이다.

이 당시 유대인들에게 하나님을 아빠라고 부른다는 것은 상상할 수 없는 일이다. 유대인은 하나님을 하나님이라고 직접 부르지 못했다. 그것은 사형에 해당되는 죄다. 예수님이 유대인들에게 십자가 처형을 당하게 되는 결정적 죄목이 신성 모독죄였다. 하나님을 아버지라고 부른 것 때문이었다. 유대인들은 하나님을 "아도나이"(주님)라고 불렀다. 그런 문화에서 하나님을 하나님도 아니고 아빠 아버지라고 부른다는 것은 뒤로 나자빠질 일이다.

《행복의 조건》(프런티어, 2010)이라는 책에 보면 하버드대에서 행복에 대해 70년을 넘게 연구했는데 우리가 행복해지는 방법이 한 가지로 압축된다고 한다. 그것은 관계가 좋을 때 행복을 느낀다는 것이다. 그런데 복음은 하나님과 원수였던 우리를 하나님과 가장 친밀한 관계로 회복시켜준다.

우리는 언제 아빠와 가장 친밀함을 느낄까? 내가 완벽할 때가 아니라 나의 부족함과 연약함이 드러났을 때다. 아빠 앞에서 자녀는 완벽해야 사랑받는 것이 아니다. 부족해도 괜찮다. 상사에게는 실수하는 모습을 보여주면 안 된다. 일을 못하고 사고를 치면 혼나고 버림받고 쫓겨난다. 그런데 아빠에게는 어떤 모습도 다 괜찮다. 오히려 우리의 부족함이 아빠와 더 친밀해지는 기회가 된다. 이것이 자녀의 특권이다.

아무리 실수를 많이 하고, 할 수 있는 게 아무것도 없어도 아빠는 자녀를 버리지 않는다. 아무리 찾아도 보이지 않던 TV 리모컨이 쓰레기통에 들어있는 것을 발견했다. 네 살짜리 아들이 엄마가 청소하는 것을 돕겠다고 따라다니면서 리모컨을 쓰레기통에 버린 거였다. 이 어린 아들이 부모 일에 전혀 도움이 되지 않지만 그 부모는 한 번도 아들을 불필요하다고 생각해본 적이 없다. 좋은 도움이 되느냐 안 되느냐가 중요할지 모르지만, 아들은 그런 게 전혀 상관없다. 이것이 아들이다.

하나님이 나의 아빠다

관계에서는 더 사랑하는 쪽이 약자다. 아들 앞에서는 언제나 아빠가 약자다. 하나님께서 우리에게 하나님을 아빠라고 부르라고 하신 것은 온 우주 만물을 창조하신 그분이 나보다 약자가 되시겠다는 것이다. 자녀와 나, 둘 중 한 사람만 살 수 있다면 어떻게 하겠는가. 고민하는 아빠는 없을 것이다. 어떻게 하는 것이 하나님 뜻일까 기도도 하지 않는다. 아빠는 1초도 생각하지 않고 자녀 먼저 살린다. 무조건 자녀를 살린다. 그것이 아빠다. 예수님도 십자가를 통해 우리에게 이렇게 말씀하신다.

"너를 살릴 수만 있다면, 내가 죽어도 좋아. 너 없는 천국이 내게 무슨 의미가 있어. 너는 내가 반드시 살려."

우리는 하나님의 자녀다. 더 이상 사랑받기 위해 애쓰지 않아도 되고, 버림받을까 봐 걱정하지 않아도 된다. 능력이나 노력과 상관없이 우리는 하나님께 완전히 받아들여졌다. 사람들이 뭐라고 하든 상관없다. 더는 세상에서 인정받기 위해 애쓰고, 나를 증명하기 위해 노력하지 않아도 된다. 샤넬과 벤츠의 노예로 살지 않아도 된다. 더 괜찮은 사람이 되기 위해 비교하며 경쟁하지 않아도 된다. 나는 하나님의 자녀라는 복음적 자존감을 가지고 당당하고 힘차게 살아가자. 온 우주보다 더 크신 하나님이 나의 아빠다. 나는 왕의 자녀.

은혜를 선포하기

"나는 하나님의 특별한 사랑을 받은 자녀입니다."

가슴으로 나눔 하기

1. 하나님을 아빠라고 부를 수 있고, 내가 하나님의 자녀라는 사실이 어떤 위로를 주는가?

2. 아빠나 엄마와 친밀감을 느꼈던 경험을 나눠보자.

3. 오늘 말씀을 통해 받은 은혜나 새롭게 결단하는 것을 나눠보자.

정성을 다해 기도하고 축복하기

받은 은혜를 기억하며 기도한다.

부모님 중 한 분이 가족의 이름을 부르며 축복기도 한다.

예수님을 바라보는 침묵의 시간

1분간 조용히 침묵하며 나를 꼭 안아주시는 하나님 아빠의 품을 느껴본다.

배운 대로 살아가는 생활 숙제

오늘 말씀 본문(롬 8:15) 암송하기

"너희는 다시 무서워하는 종의 영을 받지 아니하고 양자의 영을 받았으므로

우리가 아빠 아버지라고 부르짖느니라"

영접 기도

*하나님의 자녀가 되는 기도

7주 나는 하나님의 걸작품이다

우리는 그가 만드신 바라 그리스도 예수 안에서 선한 일을 위하여 지으심을 받은
자니 이 일은 하나님이 전에 예비하사 우리로 그 가운데서 행하게 하려 하심이니라
에베소서 2장 10절

따뜻한 햇살처럼 마음을 여는 기도

만물의 창조주가 되시는 하나님, 하나님께서 지으신 놀라운 창조물을 가볍게 여겼던 죄를 회개합니다. 이 시간 예배할 때 저희 안에 있는 하나님의 놀라운 형상을 보게 하시고, 하나님의 시선과 마음을 회복하게 하옵소서.

나의 고백으로 찬양하기

찬송가 289장 주 예수 내 맘에 들어와

하나님의 말씀 듣기

2018년에 소개된 뮤지컬 〈루카스〉는 2001년 캐나다 토론토에서 있었던 실화를 바탕으로 제작된 작품이다. 결혼식을 앞두고 파혼당하고 실직까지 해서 자신의 처지를 비관하던 주인공 현우에게 친구가 캐나다에 있는 한 휴양지를 추천해준다. 도착해서 보니 그곳은 '데이 브레이크'라는 작은 장애인 공동체였다. 친구에게 속았다는 것을 알고 돌아가려 했지만 너무 늦어서 돌아갈 수가 없었던 현우는 그곳에서 머물며 정신연령이 일곱 살 수준인 발달장애인 앤디 부부를 만난다.

이 부부는 이미 두 아이를 유산했고 세 번째 아이를 임신했지만 이 아이마저 심각한 장애가 있어서 태어나 15분밖에 살 수 없다고 한다. 이 사실을 전하며 의사는 낙태 수술을 권하

지만 앤디 부부는 생명을 죽일 수 없다면서 아이를 낳겠다고 한다. 이 부부는 아이의 이름을 루카스라고 짓고 매일 찬양도 불러주고 기도도 해준다.

그런 앤디 부부를 보면서 현우는 "자기 자신조차도 돌보지 못하면서, 누구를 키울 수 있어요? 키울 능력도 없는데 아이를 낳아서 어떻게 하려고요. 왜 그런 장애가 있는 아이를 낳으려고 해요?"라며 앤디 부부에게 잔인한 말을 퍼붓고, 알파벳을 가르쳐줘도 잘 못하자 아이 이름도 쓸 줄 모르면서 무슨 아이를 낳냐고 면박을 준다. 그런 현우의 말을 들은 앤디가 이렇게 묻는다. "현우, 사랑해봤어? 사랑하는데 어떻게 아프다고 버려. 사랑하는데 아프다고 버릴 수 있어?"

루카스가 태어나자 일곱 살 지능을 가진 아빠 앤디가 하나님 앞에 무릎 꿇고 "하나님, 지금까지 제가 한 번도 조른 적 없었죠. 하나님, 조금만 더 시간을 주실 수 없나요?" 하고 기도한다. 그리고 그는 열심히 연습해서 출생신고서에 L. U. C. A. S. (루카스)라는 아들의 이름을 직접 쓴다.

부모의 피부가 접촉되면 조금이라도 더 생명을 연장할 수 있다는 말에 앤디 부부는 최대한 밀착해서 아이를 안아준다. 그 어린 핏덩이를 배 위에 올리고 보물처럼 껴안고 있는데 15분이 지나고 30분이 지나고 1시간이 지나도록 아이가 살아 있다. 3시간이 지나자 의사는 더는 병원에서 할 수 있는 것이 없으니 집으로 데리고 가서 마지막을 준비하라고 한다.

집으로 돌아와 하루가 지났는데 루카스가 여전히 가쁜 숨을 몰아쉬며 살아 있다. 그래서 그날 생일 파티를 한다. 그다음 날에도 살아 있어서 목사님을 모시고 세례를 받게 한다. 매일 새로운 추억을 만들어주기 위해서 이 부부가 최선을 다한다. 그렇게 하루, 또 하루, 15분밖에 살 수 없다던 루카스는 부모의 사랑을 받으면서 무려 17일을 살게 된다.

장례식에서 앤디는 루카스를 보면서 마지막으로 이렇게 말한다. "루카스, 고마워. 나 같은 사람을 아빠가 되게 해줘서. 난, 내가 너의 아빠가 된 것으로 충분해."

단 며칠밖에 살 수 없는 심각한 장애를 지닌 루카스를 애틋하게 사랑하고 보살피는 앤디의 모습에서 현우는 끝까지 포기하지 않으시는 하나님의 사랑을 느끼게 된다. 그러면서 냉소적이던 그가 회복되기 시작한다. 자신의 처지를 비관하며 죽음까지 생각했던 현우를 하나님께서는 작은 장애인 공동체에서 일곱 살 지능을 가진 한 아빠의 모습을 통해 회복시켜 주셨다.

우리는 상품이 아니라 하나님의 작품이다

우리는 그가 만드신 바라 그리스도 예수 안에서 선한 일을 위하여 지으심을 받은 자니 이 일은 하나님이 전에 예비하사 우리로 그 가운데서 행하게 하려 하심이니라 **엡 2:10**

"만드신 바"(포이에마)는 '작품'이라는 뜻이다. 이것은 구원받은 우리가 어떻게 지어진 존재인지를 기억하며 살라는 것이다. 세상은 우리를 상품 취급한다. 하지만 성경은 우리를 향해서 하나님께서 직접 창조하신 걸작품이라고 한다. 상품은 비교를 통해서 약한 것은 도태되고 더 좋은 것만 살아남는다. 사람들은 더 좋은 상품이 되기 위해 끊임없이 자신을 업그레이드한다. 그러나 작품은 비교할 수 있는 것이 아니다. 피카소의 작품과 반 고흐의 작품은 비교 대상이 아니다. 서로 다른 것이다.

하나님의 걸작품으로 지어진 우리는 다른 사람과 비교할 필요가 없다. "저 친구는 저렇게 키가 큰데 왜 나는 키가 작을까, 저 친구는 저렇게 머리가 좋은데 나는 왜 머리가 나쁠까, 저 친구는 저렇게 성격이 좋은데 내 성격은 왜 이럴까" 이렇게 비교하면서 친구의 복사본이 되려고 하는 순간 우리는 상품이 되는 것이다. 반 고흐의 천억 원짜리 '별이 빛나는 밤'이라는 작품도 노트북 가방이 되는 순간 3만 원짜리 상품이 된다. 비교하는 순간 우리는 자신을 상품 취급하는 것이다. 우리는 비교해도 되는 상품이 아니라 비교할 수 없는 작품이다.

작품의 가치

상품은 구매자가 그 가치를 결정한다. 구매하는 사람이 많으면 값이 올라가고 구매하는 사람이 적으면 값이 내려간다. 그러나 작품의 가치는 작가가 결정한다. 우리의 가치는 사람들이 결정하는 것이 아니라, 우리를 지으신 하나님께서 결정하신다. 하나님께서 우리의 가치를 얼마로 결정하셨는가. 우리는 얼마짜리일까. 하나님은 예수님을 주시고 우리를 사셨다. 우리는 '예수님짜리'다. 이제 사람들이 나를 어떻게 생각할까 고민하면서 눈치 볼 필요가 없다. 우리의 가치는 하나님께서 이미 결정하셨다. 우리는 예수님짜리다.

작품의 가치는 작품 자체보다 작가가 누구냐에 의해 결정된다. 작가가 유명하면 유명할수록 작품의 가치는 올라간다. 초등학생이 낙서한 것처럼 보이는 그림도 세계적인 화가인 장 미쉘 바스키아가 그렸기 때문에 천억 원에 판매된다. 이것은 우리의 가치가 우리가 어떻게 생겼느냐로 결정되는 것이 아니라 우리를 지으신 분이 누구냐에 의해서 결정된다는 것이다.

또한 작품의 가치는 희소성에 있다. 80억 인구 중에 나와 같은 사람은 나 한 사람뿐이다. 우리 눈에는 우리가 볼품없이 만들어진 것 같아도 우리는 대충 만들어진 것이 아니다. 뭔가는 다르게 만들기 위해서 하나님께서 얼마나 고민하면서 만드셨는지 모른다. 멋진 연예인들은 열심히 공들여서 만들고 우리는 공장에서 대충 찍어내듯이 만드신 것이 아니다. 동일한 집중력으로 우리를 지으셨다. 이제 더는 남들과 다르다고 기죽지 말라. 세상에 단 하나뿐인 다이아몬드가 있다면 그 값이 얼마일까. 부르는 것이 값이다. 이것이 우리의 가치다.

하나님의 작품을 싸구려 취급하지 말라

'내' 모습이 마음에 들지 않아도 나를 지으신 분이 만물의 창조자 되신 하나님이기 때문에 나의 가치는 내가 상상하는 것 이상이다. 이제 외모나 부족한 모습 때문에 스트레스 받을 필요 없다. 우리는 창조주 하나님께서 직접 창조하신 걸작품이다. 우리 각 사람은 세상에 단 하나뿐인 하나님의 걸작품이다. 당신은 하나님 앞에서 충분히 아름답다.

당신은 당신 자신을 얼마짜리라고 생각하는가. 지금까지 당신을 얼마짜리 취급하면서 살아왔는가. 혹시 자신을 스스로 너무 싸구려 취급하며 살지 않았는가. 당신을 귀하게 여기고 있는가. 당신을 사랑하는가. 우리는 하나님의 놀라운 걸작품이며 하나님의 자랑이다. 우리 안에 있는 모든 비교의식을 버리고 창조의식을 가지고 살아가자. '베스트'(best)가 되려 하지 말고 '유니크'(unique)해지자. 하나님께서는 오늘도 여러 가지 연약함을 가지고 힘겹게 살아가는 당신을 향해 이렇게 말씀하신다.

"너는 나의 루카스야. 나는 결코 너를 버리지 않아."

은혜를 선포하기

"나는 하나님의 놀라운 걸작품입니다."

가슴으로 나눔 하기

1. 나는 자신의 어떤 부분에 만족하지 못하고 다른 사람과 비교했었는가?

2. 나는 우연히 던져진 존재가 아니라 하나님의 걸작품이다. 이것을 인정하기 위해 내가
   받아들여야 할 성격이나 외모, 능력이 있다면 무엇인지 나눠보자.

3. 오늘 말씀을 통해 받은 은혜나 새롭게 결단하는 것을 나눠보자.

정성을 다해 기도하고 축복하기

나를 걸작품으로 만드신 하나님께 구체적인 감사의 기도를 드린다.
부모님 중 한 분이 가족의 이름을 부르며 축복기도 한다.

예수님을 바라보는 침묵의 시간

최선을 다해 나를 창조하시던 하나님의 모습을 1분간 조용히 상상해본다.

배운 대로 살아가는 생활 숙제

하나님께서 주신 나만의 장점이 무엇인지 3가지 이상 찾아보기

_____

_____

_____

다음 주는 가족 파티를 준비한다.

*능력을 얻는 기도 _____

잠언 3

그런즉 누구든지 그리스도 안에 있으면 새로운 피조물이라
이전 것은 지나갔으니 보라 새것이 되었도다

고린도후서 5장 17절

따뜻한 햇살처럼 마음을 여는 기도

저희의 모든 과거를 깨끗하게 지워주신 하나님, 날마다 새롭게 하시는 주님의 사랑이 저희의 삶을 바꿔 놓았고, 자격을 묻지 않는 주님의 은혜가 저희의 운명을 뒤바꿔 놓았습니다. 오늘도 예배를 통해 저희 각자를 변화시켜주옵소서.

나의 고백으로 찬양하기

찬송가 250장 구주의 십자가 보혈로

하나님의 말씀 듣기

'이생망'이라는 말이 있다. '이번 생은 망했다'의 줄임말이다. 해봐야 소용없고 어차피 다 끝났다는 것이다. 더 이상 어떤 희망도 찾아볼 수 없는 상태를 말한다. 극단적인 허무주의 같지만, 이것이 인간의 운명이다. 사람이 변할까? 변하지 않는다. 세상이 바뀔까? 바뀌지 않는다. 아무리 노력하고 몸부림쳐도 변하지 않는 것이 우리의 운명이고 세상이다.

그런데 반전이 있다. 절망스러운 우리의 운명을 바꿔주기 위해 예수님이 이 땅에 오셨다. 사람은 변하지 않지만, 예수님을 만나면 사람이 변화된다. 세상은 바뀌지 않지만, 예수님이 다스리시기 시작하면 세상은 변화된다.

A자매는 사춘기를 심하게 보내며 나쁜 짓을 많이 하고 다녀서 가족들도 힘들어했다. 한

번은 술을 많이 마시고 사람을 때렸는데 일이 너무 커졌다. 경찰서에 보호자가 와야 하는데 가족이 모두 외국에 나가 있었고, 친척들도 손가락질할 뿐 도와주는 사람이 없었다.

그때 언니가 소식을 듣고 아프리카에서 10시간 넘게 비행기를 타고 날아왔다. 유일하게 무서워하는 사람이 언니였던 이 자매는 언니를 보는 것이 너무 무서워서 잔뜩 겁에 질려 있었다. 그런데 언니가 문을 열고 들어오면서 하는 첫마디, "누구야! 누가 내 동생 이렇게 힘들게 했어!" 혼날 줄 알았는데 자기를 보자마자 그렇게 말하는 언니를 보고 눈물이 났다.

A자매가 그때 하나님께 '세상 사람들이 저를 손가락질하고 미워하는데, 하나님은 우리 언니처럼 저를 사랑하시나요?'라고 질문하는데 어릴 때 들은 성경 구절이 문득 떠올랐다.

우리가 아직 죄인 되었을 때에 그리스도께서 우리를 위하여 죽으심으로 하나님께서 우리에 대한 자기의 사랑을 확증하셨느니라 **롬 5:8**

이 말씀이 무슨 말인지 처음으로 이해가 되면서 이 자매는 '하나님께서 나 같은 죄인까지도 이렇게 사랑하시는구나'라는 마음이 들어서 자기가 살아온 삶을 회개하고 복음을 받아들였다. 그리고 삶이 완전히 변화되었다. 옛날에는 자기가 교회 다닌다고 하면 사람들이 상처받았는데 지금은 자기가 예전에 그렇게 놀았다고 하면 사람들이 신기해한다고 한다.

사람들에게 상처를 주던 사람이 이제는 '빨간약'이라는 CCM보컬 팀을 만들어 사람들의 상처를 치유하는 노래를 한다. "복음이 저를 살게 했어요. 복음이 저를 변화시켰어요." 그녀의 말처럼 예수님을 만나면 사람은 변화된다.

'개선' 정도가 아니라 '변화'

B자매는 A자매와는 정반대의 삶을 살았다. 그렇게 노는 친구들은 이해가 안 되는, 공부가 인생의 전부이고 항상 전교 1등만 하던 모범생이었다. 그런데 어느 날 우울증이 찾아와서 삶의 의욕을 잃고 관계의 어려움까지 겪으면서 극단적인 생각마저 하게 되었다. 인생의 바닥을 치던 그때 예수님이 이 자매를 찾아오셨다. 예수님의 사랑을 받아들이면서 자매의 삶이 변화되었다. 삶의 주인이 바뀌자 삶의 목표가 달라졌다. 전에는 인정받고 싶어서 공부했는데 이제는 사람들을 돕고 싶어서 공부한다.

그런즉 누구든지 그리스도 안에 있으면 새로운 피조물이라 이전 것은 지나갔으니 보라 새 것이 되었도다 **고후 5:17**

복음은 우리를 새롭게 한다. 조금 더 괜찮게 개선하는 것이 아니라 질적으로 전혀 다른 새로운 존재로 만든다. 예전에 좀 놀았든 공부 좀 했든, 무슨 짓을 하며 어떤 삶을 살아왔든 예수님 안에서는 중요하지 않다. 복음은 죄의 노예였던 우리를 하나님의 자녀로 변화시킨다. 영원한 지옥에 가야 하는 운명을 영원한 천국행으로 바꾼다. 창녀가 성녀 되고, 고기 낚는 어부가 사람 낚는 어부 되고, 살인자가 전도자로 변화된다. 이것이 복음의 능력이다.

사랑의 복음이 우리를 숨쉬게 한다

무엇이 내 인생을 이렇게 바꾸었을까 아무리 생각해봐도 다른 것이 없다. 복음이다. 죄가 죄인지도 모른 채 그냥 죄 가운데 나뒹굴고, 늘 죄책감과 불안과 두려움에 눌리고 악몽에 시달리면서 숨 한번 시원하게 쉴 수 없었다. 교회를 다녀도 죄책감과 답답함이 줄어들지 않고 신앙이 더 무거운 족쇄처럼 느껴졌다. 고통스럽게 살아가던 내게 예수님이 찾아오셔서 너를 사랑한다고, 그냥 사랑하는 것이 아니라 아들을 내어줄 만큼 사랑한다고 말씀해주셨다.

"괜찮아. 내가 다 알아. 너도 어쩔 수 없었다는 거 내가 다 알아. 네가 얼마나 두렵고 무섭고 외로운지 내가 알아. 그래서 내가 십자가를 진 거야. 너 때문에, 너 살리려고. 이제 너의 모든 죄는 용서됐어. 너는 새것이 되었어."

나 같은 죄인이 하나님의 사랑을 받는다는 사실을 알게 되면서 인생이 바뀌기 시작했다. 지옥에 떨어져도 뭐라 변명할 수조차 없는 죄인을 하나님께서 용납하고 영원한 생명을 주셨다는 것을 깨달았을 때, 내가 영원한 생명을 소유했음을 믿게 되었을 때, 이제 나는 더 이상 죄인도 아니고, 죽음이 끝이 아니고, 심판도 멸망도 없다는 것을 알게 되었을 때, 그래서 더 이상 죄책감과 수치심에 눌릴 필요도 없고 죽음을 두려워할 필요도 없다는 것을 깨달았을 때 나의 인생은 다시 시작되었다.

복음은 우리의 존재를 새롭게 하고, 삶의 목적을 새롭게 하고, 삶의 방식을 새롭게 한다. 우리가 전에는 죄의 노예로 살았지만, 이제는 하나님의 자녀가 되었다. 전에는 이기적인 욕심을 채우기 위해 살았지만, 이제는 사랑하는 주님을 위해 살게 되었다. 전에는 비교하고 경쟁하며 살았지만 이제는 나누고 베풀고 섬기며 살게 되었다. 우리를 향한 사단의 저주와 우리를 묶고 있던 죄악의 사슬은 모두 끊어졌다.

이제 과거에 매여 살 필요가 없다. 예수님 안에서 우리의 과거뿐만 아니라 미래까지 완전히 달라졌다. 그러니 사단이 정죄하고 과거가 우리를 끌어내리려 해도 낙심하지 말자. 포기하지 말자. 하나님은 우리의 과거를 깨끗하게 잊으셨다. 하나님은 매일 아침 우리를 새롭게 다시 창조하신다. 우리는 새로운 피조물이다.

은혜를 선포하기

"나는 새로운 피조물입니다."

가슴으로 나눔 하기

1. 지우고 싶은 과거의 경험이 있다면 무엇인지 나눠보자.

2. 예수님을 믿고 난 후 달라진 부분은 무엇인가?

3. 오늘 말씀을 통해 받은 은혜나 새롭게 결단하는 것을 나눠보자.

정성을 다해 기도하고 축복하기

나를 변화시켜주신 주님께 감사의 기도를 드리고, 한 사람씩 돌아가며 한 문장으로 기도한다. 부모님 중 한 분이 가족의 이름을 부르며 축복기도 한다.

예수님을 바라보는 침묵의 시간

1분간 조용히 침묵하며 우리를 완전히 새롭게 변화시키신 하나님을 상상한다.

배운 대로 살아가는 생활 숙제

지우고 싶은 과거의 경험과 기억을 종이에 쓰고, 찢어서 쓰레기통에 버리기

잠언 1

*성공한 삶을 위한 기도

03
March

하나님 사랑

마음 다해 예배하라

하나님은 영이시니 예배하는 자가 영과 진리로 예배할지니라
요한복음 4장 24절

따뜻한 햇살처럼 마음을 여는 기도

예배를 받으시기 합당하신 주님, 주님께 모든 영광을 올려드립니다. 마음을 다해 주님을 예배할 때 깊고 친밀한 사귐을 누리게 하시고, 정성을 다해 드리는 예배를 기쁨으로 받아주옵소서.

나의 고백으로 찬양하기

찬송가 314장 내 구주 예수를 더욱 사랑

하나님의 말씀 듣기

가인과 아벨이 하나님께 예배를 드린 후 인류 최초의 살인 사건이 일어난다(창 4:1-8). 아론의 두 아들인 나답과 아비후가 예배를 드리다가 불에 타 죽는다(레 10:1-9). 사울이 예배드린 후에 하나님의 저주를 받는다(삼상 13:8-14). 예배를 드렸는데 은혜를 받은 것이 아니라 재앙이 임한다.

지금 우리가 드리는 예배를 하나님께서 받으실까? 우리의 예배가 가인의 예배이거나, 나답과 아비후의 예배이거나, 사울의 예배는 아닐까? 하나님께서 내가 드리는 예배를 당연히 받으실 거라 생각하지는 않는가? 우리는 어떻게 하나님을 예배해야 할까?

사마리아 여인이 "우리 조상은 이 산에서 예배드렸고 선생님네 사람들은 예루살렘에서 예

배드려야 한다고 하는데 무엇이 맞나요? 어떻게 예배드려야 하나요?"라고 질문하자 예수님은 이렇게 대답해주신다.

"예배는 여기서 드리느냐 저기에서 드리느냐 그런 형식보다 더 중요한 것이 있어. 하나님은 참되게 예배드리는 사람을 찾으셔"(요 4:21-23).

'참되다'는 '순전하다'라는 뜻으로, 하나님께서 순전한 예배자를 찾고 계신다는 것이다.

> 하나님은 영이시니 예배하는 자가 영과 진리로 예배할지니라 **요 4:24**

하나님께서 찾으시는 순전한 예배자는 영으로 예배하는 사람이다. 하나님은 영이시기 때문이다. 릭 워렌 목사는 《목적이 이끄는 삶》(디모데, 2003)에서 "영으로 예배하라. 이때의 영은 성령을 의미하는 것이 아니다. 우리의 영을 뜻하는 것이다. 예배는 하나님의 영에 우리의 영이 반응하는 것이다"라고 말했다. 하나님의 영에 우리의 영으로 반응하는 것이 예배다.

영은 호흡이라는 뜻인데, 보이지 않지만 실재하는 것을 의미한다. 보이지 않는 하나님을 예배할 때, 너희도 보이지 않는 너희의 마음으로 예배하라시는 것이다. 형식도 중요하지만 형식보다 본질이 더 중요하다는 것이다. 마음 없이 말할 때 "넌 왜 이렇게 영혼 없이 말하니?"라고 한다. 영으로 예배하라는 것은 진짜 하나님을 만나고 싶어 하는 마음, 진심에서 우러나오는 마음으로 예배하라는 것이다.

하나님은 미신처럼 복채 얼마 내면 액운이 떠나가는 비인격적인 에너지나 기운이 아니다. 하나님은 지정의(知情意)로 이루어진 인격을 가진 영이다. 하나님께서 인간을 독특하게 창조하셨는데 하나님의 형상대로, 즉 하나님처럼 인격을 가진 존재로 지으신 것이다. 하나님은 우리의 진심과 전심으로 드리는 예배를 원하신다.

진심이 없으면 영혼 없는 형식만 남는다

사람은 진심이 없으면 겉으로 드러나는 형식을 강조하게 된다. 대표적인 사람이 바리새인들이다. 누가복음 18장에서 바리새인이 사람들 보는 앞에서 "주님, 저는 금식도 하고, 십일조도 내고, 봉사도 하고, 성경도 많이 압니다. 저는 저런 사람과는 질적으로 다릅니다"라며 자신이 얼마나 열심히 살았는지 다른 사람과 비교하면서 사람 앞에서 기도한다(눅 18:11,12).

그런데 외적으로 완벽해 보이는 이 기도를 하나님께서 받지 않으신다. 이것은 대단히 충격적인 일이다. 하나님께서 모든 사람에게 존경받는 목사님과 장로님의 예배를 받지 않겠다고 하시는 것과 비슷한 것이다. 더 충격적인 사실은, 하나님께서 세리의 예배를 받으셨다는 것이다. 세리는 나라를 팔아먹은 친일파처럼 악한 사람들인데 하나님께서 그런 사람의 예배를 받으셨다는 것이다. 왜 그랬을까. 왜 경건해 보이는 바리새인의 예배는 거절하시고, 나쁜 세리의 예배를 받으셨을까.

세리는 멀리 서서 감히 하나님을 향해 고개도 들지 못하고 가슴을 치면서 "주님, 저는 죄인입니다. 저를 불쌍히 여겨주세요"라며 간절히 부르짖는다(눅 18:13). 세리는 사람들에게 보이기 위해 기도하는 것이 아니라 하나님 앞에서 가장 정직하고 겸손하게 기도했다. 하나님은 우리의 진심을 원하신다.

사무엘하 6장에 보면 하나님의 궤가 다윗의 성으로 들어오자 다윗이 왕복 대신 베 에봇을 입고 몸이 드러날 정도로 춤을 추며 찬양한다. 그걸 보고 아내 미갈이 "왜 그렇게 체통도 없이 천하게 춤을 춥니까. 당신이 왕 맞아요? 길거리 춤꾼도 아니고, 왜 그렇게 저속한 춤을 춥니까"라고 하자 다윗은 "나는 하나님을 위해서라면 이보다 더 격하게도 출 수 있습니다. 사람들이 뭐라고 하든 나는 상관없습니다. 아무것도 아닌 나를 구원해주시고 여기까지 인도해주신 하나님을 위해서라면 이것보다 더한 것도 얼마든지 할 수 있습니다"라고 대답한다. 이 말을 듣고 하나님께서 어떻게 감동받지 않으시겠는가. 다윗의 진심이 하나님을 감동시킨 것이다.

하나님은 사랑으로 간절한 자를 기뻐하신다

한동안 아빠는 출근 때마다 곤혹스러웠다. 네 살 된 아들이 아빠가 출근하려고 옷만 입으면 아빠 옆에 딱 달라붙어서 떨어지려 하지 않았기 때문이었다. 안아주면 아빠에게 안겨 머리를 폭 기대고, 출근하기 위해 바닥에 내려놓으면 다시 안아달라고 떼를 쓰며 울었다. 그렇게 아빠는 아침마다 아들과 눈물의 이별을 하면서 서운했지만 한편으로는 기뻤다. 아들이 진심으로 아빠를 원하고 아빠와 함께 있고 싶어 하는 그 마음이 느껴졌기 때문이었다.

하루는 아빠가 피곤해서 누워 있는데 아들이 같이 놀자고 아빠 몸 위에 올라타서 흔들고 머리를 잡아당기며 깨웠다. 그래도 안 일어나니까 감긴 아빠 눈을 손으로 쥐어뜯었다. 빨리 눈 뜨고 일어나서 자기와 놀아달라는 거였다.

결국 아빠는 일어나 함께 놀아주다가 문득 이런 생각이 들었다. '내 아들이 나를 흔들어 깨우고, 머리를 잡아당기고, 눈을 쥐어뜯어서라도 같이 놀아달라고 한 것처럼 나는 이렇게 간절하게 떼를 쓰며 하나님을 원했을까? '하나님, 저 좀 만나주세요. 저랑 같이 시간 좀 보내주세요. 저랑 같이 놀아주세요. 저의 예배를 받아주세요' 언제 이렇게 간절하게 하나님께 매달려 봤을까….'

일요일 새벽 4시가 되면 영하 10도가 넘는 추운 새벽에 젊은이들이 길바닥에 한 줄로 앉아 공부를 한다. 일주일간 수강하게 될 강의실 자리를 잡기 위해 줄을 선 것이다. 좋은 자리에서 공부하려고 그 추운 새벽에 몇 시간을 떨면서 줄을 선다. 예배자들에게서 이런 열정을 볼 수는 없을까. 우리가 이러한 열정을 가지고 하나님을 예배한다면 하나님께서 얼마나 감동받으실까. 1분이라도 더 빨리 주님을 만나고 싶은 마음에, 예배당으로 걸어오는 것이 아니라 뛰어온다면 주님이 얼마나 기뻐하실까. 주님을 사랑하는 마음 때문에 땀과 눈물로 범벅이 된 예배를 드린다면 주님이 얼마나 좋아하실까. 주님을 사랑하는 마음 때문에 목이 터지도록 찬양하고, 주님의 은혜에 감사해서 주변 사람들을 의식하지 못한 채 있는 힘을 다해 예배한다면 주님께서 얼마나 감격하실까. 주님의 말씀을 한마디도 놓치고 싶지 않아서 맨 앞자리에 앉아 말씀을 듣는다면 주님께서 얼마나 행복해하실까.

예배당 밖 복도에서 예배드리는 자매가 있다. 어릴 때 병으로 귀를 다쳐 시끄러운 곳에 가지 못한다. 그래서 본당에 들어오지도 못하고 문 닫힌 복도에서 혼자 찬양하면서 예배를 드린다. 또 한 자매는 야간 근무 때문에 출근해야 하는데 10분이라도 예배드리다가 가고 싶어서 잠깐 찬양하다가 중간에 출근하러 나간다. 어떤 형제는 1시간 예배드리기 위해서 2시간 동안 대중교통을 타고 와서 예배드리고 또 2시간 걸려 돌아간다.

하나님께서 우리가 드리는 예배를 다 똑같이 받으실 거라고 생각하는가? 하나님은 형제가 함께 예배드려도 한 사람의 예배는 받으시고 한 사람의 예배는 받지 않으셨다. 시끄러운 곳에 갈 수 없어서 복도에서 홀로 드리는 자매의 예배, 바로 출근해도 되는데 10분이라도 예배하고 싶어서 예배당을 찾은 자매의 예배, 1시간 예배를 위해 4시간이나 지하철을 타고 다니는 형제의 예배를 보면서 하나님께서 얼마나 감동받으실까. 하나님은 마음을 다해 예배하는 자를 찾고 계신다.

은혜를 선포하기

"나는 마음을 다해 하나님을 예배합니다."

가슴으로 나눔 하기

1. 지금까지 드렸던 수많은 예배 중에 가장 감격스러웠던 예배가 있다면 나눠보자.

2. 오늘 말씀을 통해 받은 은혜나 새롭게 결단하는 것을 나눠보자.

3. 마음을 다하는 예배를 드리기 위해 이번 주에 실천할 것이 무엇인지 나눠보자.

정성을 다해 기도하고 축복하기

하나님을 찬양하는 기도를 드린다.

부모님 중 한 분이 가족의 이름을 부르며 축복기도 한다.

예수님을 바라보는 침묵의 시간

1분간 조용히 침묵하며 지금 나를 안아주시는 하나님의 사랑을 느껴본다.

배운 대로 살아가는 생활 숙제

주일 예배 시간에 10분 먼저 도착해서 기도로 예배를 준비하기

십자가로 예배하라

하나님은 영이시니 예배하는 자가 영과 진리로 예배할지니라
요한복음 4장 24절

따뜻한 햇살처럼 마음을 여는 기도

십자가의 주님, 제게는 아무 공로 없기에 주님을 의지하며 나아갑니다. 주님의 십자가 보혈이 저의 모든 죄를 가리셨고, 못 박힌 주님의 손이 저를 예배의 자리로 이끌었습니다. 오늘 이곳에서 영광스런 주님을 보게 하옵소서.

나의 고백으로 찬양하기

찬송가 96장 예수님은 누구신가

하나님의 말씀 듣기

하나님은 영이시니 예배하는 자가 영과 진리로 예배할지니라 **요 4:24**

하나님이 찾으시는 순전한 예배자는 진리로 예배하는 사람이다. 진리란 무엇일까? 진리는 공식 같은 것이다. 반지름을 r이라고 할 때, 원둘레 $\ell = 2\pi r$(2×반지름×3.14)이다. 이 수학 공식은 미국에서도 통하고 한국에서도 통한다. 미국에서는 통하는데 한국에서는 통하지 않거나, 한국에서는 통하는데 중국에서는 통하지 않는다면 공식이 아니다. 공식이 어디에서나 통하듯 진리는 언제, 어디서, 누구에게나 통하는 것이다.

언제 어디서나, 누구에게나 통하는 공식이 무엇일까. 예수 그리스도라는 '십자가 공식'이다. 어떤 죄인도 이 십자가에 대입하기만 하면 의인이 된다. 십자가는 어디에서나 통하고, 누구에게나 통하고, 언제나 통한다. 그래서 예수 그리스도는 진리다.

박정관 목사님은 《하나님이 찾으시는 참된 예배자》(생명의말씀사, 1999)라는 책에서 "진리를 안다는 것은 바로 예수 그리스도를 만났다는 것이며, 우리의 마음이 그분의 인격을 경험했다는 것"이라고 했다. 예수 그리스도의 십자가를 인격적으로 만나고 경험하고 의지하는 것이 진리로 예배하는 것이다.

십자가를 제대로 이해하려면 구약의 제사를 알아야 한다. 제사는 죄인들이 하나님의 용서를 받고 하나님과의 관계를 회복하기 위해 드리는 것이다. 그런데 제사를 드릴 때 반드시 필요한 것이 있다. 바로 제물이다. 제사마다 제물의 종류는 다양하지만, 모든 제사에는 제물이 있다.

중요한 것은 제물에는 흠이 없어야 한다는 것이다. 제사는 흠 없는 제물을 제사드리는 자의 손으로 직접 갈기갈기 찢고, 뜯고, 조각내고, 그 피를 제단에 뿌리는 것이다. 십자가는 죄가 없으신 완전한 하나님이신 동시에 완전한 인간이신 예수님이 우리를 위해 영원한 희생 제물이 되신 것이다.

이 뜻을 따라 예수 그리스도의 몸을 단번에 드리심으로 말미암아 우리가 거룩함을 얻었노라 제사장마다 매일 서서 섬기며 자주 같은 제사를 드리되 이 제사는 언제나 죄를 없게 하지 못하거니와 오직 그리스도는 죄를 위하여 한 영원한 제사를 드리시고 하나님 우편에 앉으사 그 후에 자기 원수들을 자기 발등상이 되게 하실 때까지 기다리시나니 그가 거룩하게 된 자들을 한 번의 제사로 영원히 온전하게 하셨느니라 히 10:10-14

예수께서 친히 제물이 되셔서 우리의 모든 죄를 완전히 사하셨다. 이제 우리는 하나님을 예배할 때 더 이상 제물을 잡지 않고, 예수님을 의지해서 하나님께 나갈 수 있게 되었다. 누가 이 예수님을 채찍질하고 그 머리에 가시관을 씌웠을까. 누가 죄 없는 예수님을 십자가에 못 박고 그 허리에 창을 찔렀을까.

제물은 제사장이 잡는 것이 아니라 제사드리는 당사자가 직접 잡는 것이다. 그분을 십자가에 못 박은 것은 바로 나다. 그리고 어린양 되신 예수님의 보배로운 피로 내가 거룩하게 되었다. 그래서 예수님이 없이는 결코 하나님을 예배할 수 없다. 하나님 앞에 나아가는 데 그리스도 외에 다른 누군가를 의지해야 한다고 가르치는 곳이 있지만, 성경은 단호하게 말씀한다. 예수님으로 말미암지 않고는 하나님께로 올 자가 없다고(요 14:6).

숨김없이, 있는 모습 그대로

예수 그리스도를 통하기만 하면 누구라도, 어떤 죄인이라도 하나님 앞에 나와 예배할 수 있다. 이 말씀이 은혜가 되지 않는가. 나 같은 죄인도 하나님 앞에 나아갈 수 있고 하나님 앞에 설 수 있다는 것이 얼마나 감격스러운지 모른다.

자격을 따진다면 누가 하나님 앞에 나아가 예배드릴 수 있겠는가. 그런데 십자가를 붙들기만 하면 나 같은 죄인도 거룩하신 하나님 앞에 설 수 있다. 당신은 예수님의 십자가 은혜를 정말 경험했는가. 예수님의 십자가를 의지하는가. 그렇다면 더는 죄책감을 갖거나 사람들 눈치를 볼 필요가 없다. 진리가 우리를 자유케 했기 때문이다.

많은 사람이 자기 자신을 감추고, 숨기면서 하나님을 예배한다. 혹시 내 약점을 들키면 어떻게 하나, 혹시 내 과거나 내 진짜 모습을 들키면 어떻게 하나 하는 마음으로 불안해하면서 예배한다. 그러나 하나님을 예배했던 수많은 성경의 사람들은 하나같이 부족하고 자격 미달이었다.

아브라함은 우상 숭배하는 집안 출신이고 야곱은 이기고 성공하기 위해서 온갖 거짓말을 일삼았던 사기꾼이었다. 다윗은 간음하고 살인을 저질렀고, 삭개오는 동족의 피를 빨아먹고 살았던 매국노였다. 사마리아 여인은 몸을 팔았던 여인이고, 사도 바울은 수많은 예배자들을 핍박하고 죽였던 살인자였다. 누구 하나 온전한 사람이 없다. 그런데 하나님께서 그런 사람들의 예배를 받으셨다. 이들은 철저하게 자신들의 연약함과 부족함을 인정하고 예수님을 의지한 사람들이었기 때문이다.

우리가 어떤 존재인지, 얼마나 추악한 죄인인지 다 아시는 하나님은 자격을 묻지 않고 있는 모습 그대로 우리를 받아주신다. 놀랍지 않은가. 이 세상에 누가 나 같은 사람을 있는 모습 그대로 받아줄 수 있을까. 부모도 못 하고, 아내도 남편도 못 한다. 사람은 다 자신이 원하는 모습을 요구하지, 누군가를 있는 모습 그대로 용납해주지 못한다. 아직 나를 제대로 몰라서 그렇지, 진짜 나를 다 안다면 어떻게 받아줄 수 있겠는가. 십자가에서 두 팔 벌리신 예수님만이 우리를 있는 모습 그대로 받아주신다.

진리로 드리는 예배란 "나는 아무것도 아닙니다. 나는 죄인입니다"라며 철저하게 자신을 인정하고, 있는 모습 그대로 예수 십자가를 의지하고 하나님 앞에 나아가는 것이다. 다른 것은 아무것도 없어도 그저 십자가 하나만으로 얼마든지 하나님을 예배할 수 있다. 이것이 진리로 드리는 예배다.

예배의 중심에 예수 그리스도의 십자가가 있는가

아브라함은 자신의 독자 이삭을 바치면서까지 예배했고, 야곱은 생명처럼 여겼던 자신의 모든 것을 포기하고 예배했다. 다윗은 생명의 위협을 받는 중에도 하나님을 예배했다. 삭개오는 자신의 전 재산을 내놓고 예배했고, 사마리아 여인은 자신의 모든 수치를 드러내고 예배했다. 사도 바울은 감옥에 갇혀 있으면서도 하나님을 기뻐하며 예배했다. 왜 그랬을까?

예수 그리스도의 십자가 때문이다. 지금 내 형편과 상황과 기분은 전혀 예배할 수 없는 상황이지만, 십자가 하나만으로 주님은 나의 예배를 받으시기 충분하다고 믿었기 때문에, 죽음의 위협 앞에서도 십자가를 바라보며 하나님을 예배한 것이다.

그렇다면 우리의 예배에는 진리 되신 예수 그리스도가 계실까. 예수님이 예배의 수단 정도가 아니라, 예배의 중심이 되고 있는가. 상황과 환경에 상관없이, 십자가에 대한 감사와 사랑과 신뢰가 있는가. 예배는 십자가가 있어야 하고, 십자가를 통과해야 하고, 십자가가 중심이어야 한다. 주님께서 십자가로 자신의 생명을 내어주셨던 것처럼, 이제 우리도 그 주님을 위해 생명 걸고 예배하자.

"주님, 제가 주님의 십자가를 의지합니다. 주님의 십자가만으로 충분합니다. 십자가가 나의 기쁨이고, 십자가가 나의 소망이고, 십자가만이 제가 노래할 이유입니다."

예배가 살아나야 한다. 예배에 생명력이 있어야 한다. 더 화려한 음악과 더 세련된 조명보다 한 사람의 순전한 예배자가 필요하다. 예수 그리스도의 십자가 사랑을 철저히 의지하며, 그 은혜에 감사하고 만족하며, 하나님 앞에 자신의 삶을 온전히 드리는 예배자. 그 사람이 바로 하나님이 찾으시는 순전한 예배자다. 하나님은 오늘도 십자가를 붙들고 예배하는 한 사람을 찾고 계신다.

은혜를 선포하기

"나는 십자가 사랑을 붙들고 예배합니다."

가슴으로 나눔 하기

1. 십자가 사랑을 의지하며 예배할 때와 그냥 예배에 참석했을 때 어떤 차이가 있을까?

2. 오늘 말씀을 통해 받은 은혜나 새롭게 결단하는 것을 나눠보자.

3. 가정예배에서 십자가 사랑을 의식하는 데 도움을 주기 위해 할 수 있는 것이 무엇이 있
   을지 나눠보자.

정성을 다해 기도하고 축복하기

받은 은혜를 기억하며 기도한다.

부모님 중 한 분이 가족의 이름을 부르며 축복기도 한다.

예수님을 바라보는 침묵의 시간

예수님이 우리를 위해 골고다 언덕을 오르고 십자가에 달리신 여정을 마음속으로 상상하
며 그때의 분위기, 느낌, 사람들의 소리, 예수님의 모습을 떠올려본다.

배운 대로 살아가는 생활 숙제

예배 10분 전에 도착해 나를 위해 십자가를 지신 예수님을 바라보는 시간 갖기

십자가의 능력

*십자가의 능력을 선포하는 기도 ─────────────

11주 말씀이 새롭게 한다

하늘을 우러러 탄식하시며 그에게 이르시되 에바다 하시니 이는 열리라는 뜻이라
마가복음 7장 34절

따뜻한 햇살처럼 마음을 여는 기도

말씀으로 역사하시는 주님, 오늘도 능력의 주님을 예배합니다. 주님을 예배할 때 하늘 문을 여시고, 선한 목자 되신 주님의 음성을 들려주옵소서. 목마른 영혼을 시원케 했던 말씀의 능력으로 이곳에 임재하소서.

나의 고백으로 찬양하기

찬송가 199장 나의 사랑하는 책

하나님의 말씀 듣기

개그우먼 조혜련 집사님의 간증이다. 이분은 원래 일본의 불교에서 나온 창가학회('남묘호렌게쿄'라는 주문을 외움)라는 종교를 믿고 있었는데 남편을 만나 처음으로 교회에 갔다가 거기서 찬송가 310장을 듣게 되었다. "아 하나님의 은혜로 이 쓸데없는 자 왜 구속하여 주는지 난 알 수 없도다." 예배당에 처음 가서 사람들이 부르는 찬송을 듣고 있다가 자기도 모르게 눈물이 났다.

그녀가 태어났을 때 어머니는 딸이라는 이유로, 빨리 죽으라고, 목도 못 가누는 아이를 엎어놓고 이불을 덮어놨다고 한다. 대학에 합격했다고 하니까 여자가 무슨 대학을 가냐고, 쓸데없이 돈 버리는 짓 했다며 때렸다.

또한 조혜련 씨는 일본어 공부하면서 그렇게 열심히 방송했는데 욕만 얻어먹었다. 그렇게 늘 버림받고 거절당하던 자기야말로 쓸데없는 사람이라는 생각이 들어서 그녀는 찬송을 듣는 내내 하염없이 눈물을 흘렸다.

하나님의 사랑을 경험하고 어느 날 성경을 읽기 시작하는데 너무 재미있었다. 그래서 예수님을 모르는 언니도 성경을 읽게 하려고 언니와 같이 하루에 성경 5장씩 핸드폰으로 녹음해서 카톡 방에 올리기로 했다. 언니는 무슨 말인지도 모르고 성경을 읽고 있었는데 시편을 읽기 시작하면서 성경 읽는 소리와 울음소리가 같이 녹음되고, 예레미야애가를 읽을 때는 성경을 읽다가 통곡을 했다. 아무것도 모르는 언니가 성경을 녹음하면서 은혜를 받은 것이다. 조혜련 집사님은 지금도 연예인 친구들과 성경을 녹음해서 올리는데 그룹 카톡이 수십 개라고 한다.

그렇게 말씀을 읽고 은혜를 받는데 하루는 자녀들이 생각났다. 자녀들과의 관계가 정말 안 좋았는데, 큰딸은 학교까지 자퇴하고 자기 방에서 나오지 않을 정도였다. 하루는 혼자 교회에 가서 십자가를 가만히 바라보는데 주르륵 눈물이 나고, "하나님, 하나님은 사랑이신데, 저는 하나님을 믿는다고 하면서도 제 딸 하나도 진심으로 사랑하지 못했습니다. 저같이 자격 없는 엄마 때문에 저렇게 아프게 된 아이를 주님, 고쳐주세요"라는 기도가 나왔다.

집에 돌아와 딸이 자기 방에서 천정을 보고 멍하니 누워 있는 모습을 보고 "엄마가 정말 미안하다. 엄마가 부모 공부를 하지 못하고 너를 키워서 너를 너무 아프게 했지. 미안해. 용서해줘"라며 딸을 부둥켜안고 울면서 그동안 하지 못했던 마음속의 이야기를 나눴다고 한다.

며칠이 지나서 주일에 교회 가려고 하는데 딸이 문을 똑똑 두드리고 한다는 말이 "엄마, 나도 교회 갈래." 그래서 왜 그런 생각을 했냐고 했더니 "내가 엄마를 아는데 엄마는 절대 바뀔 사람이 아니야. 그런데 엄마가 이렇게 달라진 걸 보니까 엄마가 믿는 하나님이 정말 대단한 분 같아서 나도 그 하나님이 알고 싶어졌어"라고 대답하는 것이었다.

어떻게 이렇게 변할 수 있었을까? 하나님의 말씀이 들어갔기 때문이다. 말씀이 들리기 시작하자 삶이 변화되고 기적 같은 일이 일어났다.

주님이 말씀하실 때 말씀의 능력이 나타난다

마가복음 7장에서 사람들이 귀가 들리지 않고 말을 잘하지 못하는 장애인을 예수님에게 데려온다. 예수님은 그를 사람들이 없는 조용한 곳에 데리고 가서 치유해주시는데 치유하며

"에바다"라고 말씀하신다.

하늘을 우러러 탄식하시며 그에게 이르시되 에바다 하시니 이는 열리라는 뜻이라 그의 귀
가 열리고 혀가 맺힌 것이 곧 풀려 말이 분명하여졌더라 **막 7:34,35**

'에바다'는 완전히 열리라는 뜻이다. 예수님이 그렇게 말씀하시자 이 사람의 귀가 완전히
열리고 혀가 풀렸다. 소리가 들리기 시작하고 말을 하게 되었다. 예수님의 말씀이 들리자 기
적이 일어났다. 여기서 "풀려"는 '묶인 것이 풀려서, 매임에서 풀려나서, 결박에서 풀려나서'라
는 뜻이다. 예수님이 말씀하시자 수십 년 동안 그를 묶고 있던 결박이 풀렸다. 이것이 말씀
의 능력이다.

하나님께서 천지를 창조하실 때 **"빛이 있으라"** 말씀하시자 빛이 생겨나고, 하늘과 바다
와 물고기와 새를 말씀하실 때마다 하늘과 바다와 물고기와 새가 생겨났다. 온 우주 만물
이 하나님의 말씀으로 창조되었다. 예수님이 이 사람을 향해 말씀하실 때, 천지를 창조하신
말씀의 능력이 그에게 나타난 것이다.

오늘 본문 말씀에는 나와 있지 않지만, 막혔던 귀가 뚫리고 굳어 있던 입이 열렸을 때 이
사람이 무엇을 했을까. 하나님을 찬양하지 않았을까. 노래하지 않았을까. "주님 감사합니
다. 주님 고맙습니다. 아무도 알아주지 않는 나 같은 사람을 만나주시고, 사람대접을 해주
시고, 어그러지고 깨어진 제 마음을 아시고, 저를 위해 탄식하며 기도해주시니 주님 감사합
니다. 말씀 한마디로 수십 년 묶여 있던 제 삶을 풀어주신 당신은 분명히 하나님이십니다.
하나님, 당신을 찬양합니다. 당신은 찬양받기에 합당하신 분이십니다"라고, 이 사람은 분명
히 기뻐하면서 하나님을 찬양했을 것이다.

당신의 닫혀 있는 삶에도 이런 열리는 은혜가 필요하지 않은가. 그렇다면 하나님의 말씀
으로 돌아가고 말씀을 붙들어야 한다. 하나님의 말씀이 선포될 때 기적이 일어나고 능력이
나타나며 역사가 일어난다. 하나님의 말씀이 닫혀 있는 우리 인생을 여신다.

하나님의 말씀은 살아 있고 활력이 있어 좌우에 날선 어떤 검보다도 예리하여 혼과 영과 및
관절과 골수를 찔러 쪼개기까지 하며 또 마음의 생각과 뜻을 판단하나니 지으신 것이 하나
도 그 앞에 나타나지 않음이 없고 우리의 결산을 받으실 이의 눈앞에 만물이 벌거벗은 것같

하나님의 말씀에 놀라운 능력이 있다. 영적인 방황을 하고 있다면 말씀으로 돌아가자. 주변에 영적 침체기를 보내는 사람이 있다면 말씀을 들려주자. "너는 그래서 안 되는 거야"라며 정죄하는 것이 아니라, 오늘 예수님처럼 말씀으로 도전하자. "지금은 네가 아무것도 들리지 않고 아무 말도 못 하면서 답답하게 살고 있지만, 네 인생은 반드시 열릴 거야. 하나님께서 반드시 네 삶을 열어주실 거야. 하나님이 여시면 닫을 자가 없고, 하나님이 닫으시면 열 자가 없어"라고.

하나님의 말씀이 들어가면 수십 년 동안 닫혀 있던 인생이 열린다. 묶여 있던 삶, 매여 있던 문제, 결박되어 있던 일들이 풀리게 된다. 예수님은 다 망가져 버린 우리 삶을 말씀으로 회복시켜주신다.

이제 말씀을 보자. 말씀을 공부하고, 말씀을 묵상하자. 우리의 연약함과 부족함을 묵상하지 말고 하나님의 말씀을 듣자. 하나님의 말씀이 들리기만 하면 사랑할 수 없는 사람도 사랑하게 되고, 용서할 수 없던 사람도 용서하게 되고, 꿈꿀 수 없었던 일들이 이루어진다. 닫혀 있던 삶의 문을 열고 막혀 있던 인생의 길을 뚫는 것은 하나님의 말씀이다. 말씀을 통해 하나님의 능력을 경험하고, 하나님의 마음을 알게 된다. 말씀이 우리를 새롭게 한다.

은혜를 선포하기

"하나님의 말씀이 내 삶을 새롭게 합니다."

가슴으로 나눔 하기

1. 성경 66권 중 가장 좋아하는 책은 무엇인가?

2. 나를 살렸던 말씀, 위로와 힘이 되었던 말씀이 있다면 나눠보자.

3. 오늘 하나님께서 내게 찾아오셔서 어떤 말씀을 해주시면 좋을지 나눠보자.

정성을 다해 기도하고 축복하기

받은 은혜를 기억하며 기도한다.

부모님 중 한 분이 가족의 이름을 부르며 축복기도 한다.

예수님을 바라보는 침묵의 시간
1분간 조용히 침묵하며 지금 나와 함께 계시는 예수님을 바라본다.

배운 대로 살아가는 생활 숙제
성경 목록 외우기

구약

창세기	출애굽기	레위기	민수기	신명기	여호수아	사사기
룻기	사무엘상	사무엘하	열왕기상	열왕기하	역대상	역대하
에스라	느헤미야	에스더	욥기	시편	잠언	전도서
아가	이사야	예레미야	예레미야애가	에스겔	다니엘	호세아
요엘	아모스	오바댜	요나	미가	나훔	하박국
스바냐	학개	스가랴	말라기			

신약

마태복음	마가복음	누가복음	요한복음	사도행전	로마서	고린도전서
고린도후서	갈라디아서	에베소서	빌립보서	골로새서	데살로니가전서	데살로니가후서
디모데전서	디모데후서	디도서	빌레몬서	히브리서	야고보서	베드로전서
베드로후서	요한1서	요한2서	요한3서	유다서	요한계시록	

영적 성장 기도

* 영적 성장을 위한 기도 ─────────────

기도가 기적을 만든다

너는 내게 부르짖으라 내가 네게 응답하겠고
네가 알지 못하는 크고 은밀한 일을 네게 보이리라
예레미야서 33장 3절

따뜻한 햇살처럼 마음을 여는 기도

전능하신 주님, 저희 안에 있는 분주함을 내려놓고 주님을 바라봅니다. 성령의 기름을 부어주시고, 주님의 음성을 들려주옵소서. 저희에게 허락하신 주님의 놀라운 능력으로 살아가는 지혜를 주옵소서.

나의 고백으로 찬양하기

찬송가 370장 주 안에 있는 나에게

하나님의 말씀 듣기

주중대사와 통일부 장관을 지낸 김하중 장로님이 《하나님의 대사 2》(규장, 2011)에서 소개한 일화다.

그가 주중대사로 있던 어느 해에 중국 정부의 아시아 지역경제 포럼인 '보아오 포럼' 사무국에서 대사관으로 초청장을 보내 한국의 국무총리가 참석해서 기조연설을 해줄 것을 요청했다. 2주쯤 지나 각국 정부의 주요 참석 예정자를 보고하라는 지시가 와서 하나님께 기도했다. "하나님, 이번 포럼에 총리가 온다고 하는데 그의 방중을 축복해주십시오. 그리고 본부에서 포럼 사무국에 통보하라고 지시했으니 통보하겠습니다."

그런데 하나님께서 통보하지 말라는 마음을 주셨다. 이게 뭔가 싶어 다시 기도했는데 계속 같은 마음을 주셨다. **"그는 못 올 것이다"**라고. 다음 날 아침에 기도할 때도 여전히 총리가 오지 못할 거라는 마음을 주셨다.

만약 중국 측에 통보하고 나서 기도대로 총리가 정말 오지 못하면 외교적으로 큰 결례가 되기 때문에 아직 통보하지 않겠다고 본부에 건의했는데 "아니다. 총리가 포럼에 참석하겠다고 하신다"라며 공식으로 통보하라는 지시가 내려왔다. 다시 하나님께 간절히 기도했다. "하나님, 총리가 꼭 오겠다는데 어떻게 하면 좋겠습니까? 이제 통보해야 하지 않겠습니까?"

이렇게 기도하는데도 하나님께서 통보하지 말라는 마음을 주셔서 총리 참석을 통보하지 말라고 지시했다. 본부에서 빨리 통보하라고 계속 지시가 왔지만 끝까지 통보하지 않았다. 자신보다 직급이 높은 총리의 일정을 막아야 하니 얼마나 부담이 되었겠는가. 그런데 열흘쯤 지났을 때 중국을 방문하겠다던 그 총리가 갑자기 사임했다는 소식을 듣게 되었고, 대사관 간부들과 직원들이 다 놀라고 말았다.

내가 못 오신다고 했잖아요

며칠 후 통상교섭본부에서 총리가 못 가게 되었으니 외교통상부 장관의 참석을 추진하고 있다는 연락이 왔다. 그날 밤 다시 하나님께 "하나님께서 말씀하신 대로 총리가 오지 못하게 되었습니다. 대신에 외교통상부 장관이 온다고 합니다. 그의 방중을 축복해주십시오" 하고 기도했는데 하나님은 "그도 못 올 것이다"라고 하셨다. 그래서 경제참사관과 경제과장을 불러 이번에 장관도 못 오실 것 같으니 본부에 다른 인사가 오시는 것이 어떻겠냐고 연락해보라는 지시를 내렸다.

그 후 본부와 대사관 간에 장관의 참석을 추진하라, 못 한다 하며 실랑이가 벌어졌다. 그러자 본부에서 국제경제국장이 전화해서 "대사님께서 왜 그러시는지 모르겠지만 이번에는 계획대로 장관이 꼭 중국을 방문하겠다고 말했으니 이제 통보하세요"라고 했다. 그래도 김하중 대사는 "그건 그 사람의 계획이고, 장관은 이번에 절대 중국에 못 오세요. 그러니 더 이상 쓸데없는 말 말고 내가 지시하는 대로 하세요"라며 통보하지 말라고 단호하게 말했다.

그럼에도 국장이 또 전화해서 "장관께서 오시겠다고 결정하셨습니다. 통보하세요"라고 하자 결국 "참 답답하군요. 알겠습니다. 그렇게 결정했다면 할 수 없지요. 중국 측에 장관이 오신다고 했다가 취소하면 외교적으로 결례가 아닙니까? 두고 보면 알겠지만 아마 결국 통보를 취소하게 될 겁니다"라고 말하고 경제과장을 불러서 "본부 의견이니 통보해주세요. 그러나 두고 보세요. 아마 며칠 지나지 않아 다시 연락이 올 거예요"라고 말했다.

그런데 통보하고 난 바로 다음 날, 김 대사가 말한 대로 되고 말았다. "대사님, 큰일 났습니다. 장관님이 못 오시게 됐습니다. 대통령께서 그날 청와대에서 내년도 예산 배분 관련 연찬회를 주재하신다고 전 장관들에게 참석하라고 하셔서 장관의 중국 방문이 취소되었답니다. 대사님, 도대체 어떻게 이런 일이 있습니까?" "내가 못 오신다고 했잖아요."

김하중 장로님도 자신보다 높은 지위에 있는 사람들의 일정이기 때문에 얼마나 조심스러웠겠는가. 그러나 더 높으신 하나님의 말씀에 귀 기울이고 그분의 말씀에 순종할 때 모든 것을 주관하시는 하나님께서 직접 역사하신다는 것을 하나님을 모르는 대사관 직원들까지도 다 지켜보게 하신 것이다.

김하중 장로님이 식사 교제하며 이렇게 말씀하셨다. "목사님, 저는 집회 요청이 와도 기도해서 하나님이 가라고 하시면 가고 가라고 말씀하지 않으시면 가지 않아요. 그런데 기도하고 하나님의 말씀대로 순종하면 하나님께서 역사하세요. 사역은 하나님께서 하셔야 돼요. 목사님, 기도하세요. 기도해야 놀라운 일이 일어나요." 그 말씀을 들으며 이분이 정말 하나님과 친하시다는 것이 느껴졌다.

너는 내게 부르짖으라

인생에 찾아오는 수없이 많은 문제와 두려운 순간에 우리가 해야 할 일은 하나님 앞에 바짝 엎드리는 것이다. 기도 가운데 우리의 모든 문제를 하나님께 맡기는 것이다. 그러면 하나님께서 우리의 모든 기도에 응답하신다. 그것도 우리가 상상할 수 없는 놀랍고 신비로운 방법으로 말이다.

너는 내게 부르짖으라 내가 네게 응답하겠고 네가 알지 못하는 크고 은밀한 일을 네게 보이리라 **렘 33:3**

마르틴 루터는 "너희 염려를 하나님께 맡겨라. 그리고 그분이 고민하게 하라"라고 말했다. 나의 염려를 부모님께 말하면 그 염려는 부모님의 염려가 된다. 우리의 문제를 하나님께 기도하면 그 문제는 하나님의 문제가 되고, 우리의 걱정은 하나님의 걱정이 된다.

아기들은 강아지를 보는 것은 좋아해도 만지는 것은 무서워하는 경우가 많다. 자기 몸집보다 큰 강아지가 혀로 핥으려고 들자 깜짝 놀란 아기가 두 손을 들고 "아빠, 아빠, 아빠" 하면서 아빠에게 울며 달려갔다. 아빠는 자기에게 달려오는 아이를 번쩍 들어 올려서 꼭 안아줬다. 아기는 아빠에게 안기는 순간, 자기보다 컸던 강아지가 이제 발밑에 있게 되었다. 아기에게는 그렇게 크고 무서운 강아지가 아빠에게는 귀여운 강아지일 뿐이었다.

삶이 두렵고 힘들 때, 힘들어하거나 걱정하지 말고 기도하라. 두 손을 들고 하나님께 달려가라. 아빠, 아빠, 아빠, 하면서 하나님을 부르자. 무서우면 울어도 괜찮다. 두렵지 않다고 하는 것이 용기가 아니라, 울면서라도 하나님 앞에 나가는 것이 진짜 용기다.

하나님께 부르짖기만 하면 하나님께서 무서워하는 우리를 번쩍 들어 안아주시고, 그러면 커 보였던 문제들은 발아래로 사라질 것이다. 그리고 우리는 하나님의 심장 가장 가까이 있게 될 것이다.

당신도 기적의 주인공이 될 수 있다. 기도가 당신의 삶에 기적을 만든다. 기도를 통해 하나님을 알게 되고, 하나님과 가장 가까워진다. 이제 기도의 습관을 들이자. 기도 시간을 정해보자. 아침에 기도하고, 자기 전에 기도하자. 작은 것부터 하나님께 여쭤보고 사소한 것부터 기도하고 응답을 받아보자.

기도하기 시작할 때, 우연처럼 보였던 일과 의미 없어 보였던 일들이 기적으로 다가오고 은혜로 다가올 것이다. 멀게 느껴졌던 하나님이 가까이 다가오실 것이다. 머리로 알았던 하나님을 삶으로 체험하게 될 것이다. 하나님과 동행하는 기쁨을 넘치게 누릴 것이다.

은혜를 선포하기

"나는 날마다 기도의 축복을 누립니다."

가슴으로 나눔 하기

1. 기도하고 응답받았던 경험이 있다면 나눠보자.

2. 기도를 통해 하나님이 어떤 분인지 알게 된 일이 있다면 나눠보자.

3. 오늘 말씀을 통해 받은 은혜나 새롭게 결단하는 것을 나눠보자.

정성을 다해 기도하고 축복하기

받은 은혜를 기억하며 기도하고, 한 사람씩 돌아가며 한 문장으로 기도한다.

부모님 중 한 분이 가족의 이름을 부르며 축복기도 한다.

예수님을 바라보는 침묵의 시간

1분간 조용히 침묵하며 생각을 통해 말씀하시는 하나님의 음성을 듣는다.

배운 대로 살아가는 생활 숙제

일주일 동안 기도 시간을 정해서 기도하기

다음 주는 가족 파티를 준비한다.

* 기도가 안 될 때 하는 기도 ——————————————

기도가 안 될 때

13주 찬양은 놀라운 능력이다

찬양으로 화답하며 여호와께 감사하여 이르되 주는 지극히 선하시므로 그의 인자하심이
이스라엘에게 영원하시도다 하니 모든 백성이 여호와의 성전 기초가 놓임을 보고
여호와를 찬송하며 큰 소리로 즐거이 부르며
에스라서 3장 11절

따뜻한 햇살처럼 마음을 여는 기도

우리의 찬양 중에 거하시는 주님, 거룩하신 주님을 찬양합니다. 주님은 선하시며 주님의
사랑은 끝이 없습니다. 주님은 모든 것 위에 계시며, 모든 삶을 다스리십니다. 놀라우신
주님을 영원히 찬양합니다.

나의 고백으로 찬양하기

찬송가 29장 성도여 다 함께

하나님의 말씀 듣기

오래전 한 대학부 단기선교팀이 동북아 J국으로 갔다. 그 나라는 복음을 전하거나 예배
하는 것이 금지되어 있었다. 주일에 예배드릴 곳이 없어서 노래방에서 예배드리기로 했다. 그
좁은 노래방에 선교팀이 빼곡히 들어가 반주기를 틀어놓고 반주와는 전혀 상관없는 멜로디
의 찬양을 부르며 예배드렸다. 소리가 새어 나갈까 봐 숨죽이며 찬양하는데도 얼마나 강력
한 하나님의 임재를 느꼈는지 모른다.

모든 선교팀원이 눈물을 흘리며 주님을 찬양했고, 한국에 돌아와서도 그때 드렸던 예배가
"내 인생의 최고의 예배"였다고 고백했으며, 지금도 그날의 예배를 잊지 못한다. 하나님의 임
재하심이 있다면 그곳이 어디든 상관없이, 천상의 예배를 경험할 수 있다.

아직 미완이어도 먼저 찬양하라

세 번에 걸쳐 바벨론에 포로로 끌려간 이스라엘 백성들은 바벨론을 점령한 바사(페르시아)의 관용 정책으로 70년 만에 예루살렘으로 귀환하고, 1차 귀환을 한 이스라엘 백성들이 성전을 재건하기 시작한다.

건축자가 여호와의 성전의 기초를 놓을 때에 제사장들은 예복을 입고 나팔을 들고 아삽 자손 레위 사람들은 제금을 들고 서서 이스라엘 왕 다윗의 규례대로 여호와를 찬송하되 찬양으로 화답하며 여호와께 감사하여 이르되 주는 지극히 선하시므로 그의 인자하심이 이스라엘에게 영원하시도다 하니 모든 백성이 여호와의 성전 기초가 놓임을 보고 여호와를 찬송하며 큰 소리로 즐거이 부르며 스 3:10,11

성전의 기초 공사를 할 때 예복을 입은 제사장들이 나팔을 들고 아삽 자손들이 제금을 들고 온다. 시편에 "아삽의 시"라고 적힌 시가 열두 편 있는데 아삽은 다윗과 솔로몬이 다스릴 때 찬양대를 이끌었던 사람이다. 그후로 아삽의 자손들이 성전에서 찬송을 부르는 직무를 맡았다. 아삽의 자손들이 주님을 찬양하려고 각자 자신에게 배치된 자리에 심벌즈를 들고 서로 화답하며 찬양한다.

이스라엘 백성들이 지금 아름답게 지어진 성전에서 찬양하는 것이 아니다. 이제 성전의 기초 공사를 시작했다. 아직 감사하고 찬양할 이유가 없는데도 그들은 마치 성전이 완공된 것처럼 하나님께 감사와 찬양을 올려드린다.

우리도 마찬가지다. 하는 일이 다 완성될 때까지 하나님을 찬양하는 것을 미뤄서는 안 된다. 상황과 환경을 보면 찬양할 것이 없고, 이제 시작에 불과해 보여도 주님께서 하실 일들을 믿음의 눈으로 바라보며 먼저 하나님을 찬양해야 한다.

자녀들이 아직 연약하고 이제 시작 단계에 있을지라도 그들을 통해 놀라운 일을 이루실 하나님을 찬양하라. 아직 진로 문제가 해결되지 않았고 시험 결과가 나오지 않았지만 그래도 먼저 찬양하라. 검진 결과가 나올 때까지 기다리지 말고, 집 문제가 해결될 때까지 기다리지 말고 지금 찬양하라.

하나님의 선하심을 믿고, 함께 찬양하라

이스라엘 백성들이 "주님은 선하시고 인자하심이 영원하시다. 언제나 한결같이 이스라엘을 사랑하신다"라고 찬양한다. 여기서 선하다는 말은 '가장 선하다, 최고로 선하다'라는 뜻이다. 하나님을 가장 선하신 분이라고 찬양하는 것이다. 인자하심도 단순한 사랑을 뜻하는 단어가 아니다. 우리가 부족하고 불성실하고 불순종해도 그것과 상관없이 사랑하시는 것을 나타낸다.

포로로 끌려갔다가 70년 만에 돌아와서 다 무너지고 부서진 성전을 바라보는 상황이다. 이제 성전의 기초밖에 놓지 않았다. 한숨밖에 나오지 않는 상황에서 그들은 "하나님은 가장 선하신 분이십니다. 그분의 사랑은 제한이 없으며 한계가 없습니다"라고 찬양하고 있다. 우리에게도 이러한 찬양의 고백이 필요하다. "어떤 상황에서도 가장 선한 길로 인도하시고, 변함없이 사랑하시는 주님을 찬양합니다"라고 말이다.

찬양대만 찬양하는 것이 아니라 모든 백성이 함께 찬양한다. 찬양은 찬양팀의 전유물이 아니다. 노래 잘하는 사람들만의 것이 아니다. 찬양은 모든 성도가 해야 한다. 그것도 적당히, 대충, 구경하면서 하는 것이 아니라 "큰 소리로 즐거이 부르며" 목청껏 소리를 높여서 주님을 찬양해야 한다. 이것이 우리가 드려야 할 찬양의 모습이다. 그때 찬양의 놀라운 능력이 나타난다.

바울과 실라가 점치는 여인에게서 귀신을 쫓아냈더니 그 여인을 통해 돈을 벌던 주인이 이들을 고발해 감옥에 갇히게 된다. 선한 일을 하고도 감옥에 갇혔으니 낙심하고 원망이 나올 상황인데 바울과 실라는 찬양을 시작한다. 그러자 감옥 문이 열리고 사슬이 풀린다(행 16장). 기적이 일어난 것이다.

억울한 일을 당하고 삶의 문이 닫힐 때 찬양을 시작하라. 찬양이 억울한 마음을 기쁨으로 바꾸고 상처받은 마음을 치유한다. 찬양이 굳게 닫힌 삶의 문을 활짝 열어준다.

찬양은 승리로 이끄는 강력한 무기

마귀가 가장 좋아하는 것은 우리가 자기 자신을 자랑하는 것이고, 마귀가 가장 싫어하는 것은 우리가 하나님을 찬양하는 것이다. 사울이 정신병에 걸리고 귀신에 들려 있을 때 다윗이 수금을 타자 사울을 괴롭히던 귀신이 쫓겨 나간다(삼상 16장). 찬양하면 악한 마귀가 떠나가고 어둠의 영이 힘을 잃는다. 우리를 훼방하는 마귀를 쓰러뜨리는 가장 강력한 무기가 찬양이다.

뭔가 모를 영적인 방해가 느껴진다면 찬양하라. 두려운 마음이 엄습한다면 찬양하라. 기도가 나오지 않을 때는 먼저 찬양하라. 찬양이 우리 주변을 어슬렁거리는 어둠의 영을 몰아낸다. 나는 홀로 기도를 시작하기 전에도 찬양을 부른다. 한 곡을 한 번만 부르는 게 아니라 반복해서 부르고, 찬양 한 곡으로 1시간을 부를 때도 있다. 그렇게 반복해서 찬양하고 나면 두려움이 사라지고 영적으로 환하게 열리는 느낌을 받는다. 한 시간을 반복해서 부르는 동안 찬양의 가사가 나를 지배하게 된 것이다.

암몬과 모압 자손 및 세일산 주민들이 모여 유다를 치러 왔을 때 유다는 군대보다 찬양대를 앞세워 찬양한다. 그때 하나님께서 복병을 두어 그들을 치시고, 그들이 자기들끼리 서로 죽여 유다는 싸우지도 않고 승리를 거둔다(대하 20장). 찬양할 때 우리의 전쟁이 하나님의 전쟁으로 바뀐다. 우리를 공격하는 원수들과 맞서 싸우기 전에 먼저 찬양하라. 일터와 학교에서 우리를 힘들게 하는 사람이 있고, 알지 못하는 사람들이 우리를 공격할 때 먼저 하나님을 찬양하라. 하나님을 찬양하는 동안 하나님께서 예비하신 복병이 적들을 자멸하게 할 것이다.

찬양은 성도의 강력한 무기다. 기도할 힘을 잃었을 때 찬양이 기도의 마중물이 된다. 찬양할 때 천국 문이 열리고 성령의 불이 임한다. 어둠의 영이 떠나가고 성령으로 충만해진다. 불안했던 마음이 평안해지고 눈물이 기쁨으로 변화된다. 찬양이 시작되면 우리 가정을 묶고 있던 어둠의 권세가 두려움에 떨게 된다. 악한 귀신과 우울의 영이 떠나가고 치유의 역사가 일어난다.

찬양하는 성도 앞에서 모든 장애물은 디딤돌로 변화된다. 찬양하는 가정에는 마귀가 역사할 틈이 없다. 찬양이 살아 있는 교회에는 영적인 뜨거움이 있다. 찬양은 예배의 문을 열고 기도의 문을 열고 하늘의 문을 여는 열쇠다. 찬양을 많이 듣고 외우고 부르자. 가사를 깊이 생각하면서 진심으로 고백하자. 찬양이 시작되면 하나님의 놀라운 능력이 나타난다.

은혜를 선포하기

"나는 날마다 하나님을 찬양합니다."

가슴으로 나눔 하기

1. 나의 찬양 BEST 5를 나눠보자.

2. 최근에 가장 은혜받은 찬양을 나눠보자.

3. 찬양으로 어려움을 극복해본 경험이 있다면 나눠보자.

정성을 다해 기도하고 축복하기

좋아하는 찬양 1곡씩 선택해서 함께 찬양하기

예수님을 바라보는 침묵의 시간

1분간 조용히 침묵하며 생각을 통해 말씀하시는 하나님의 음성을 듣는다.

배운 대로 살아가는 생활 숙제

좋아하는 찬양 1곡 가사를 외워 틈틈이 부르기

찬양 기도

*하나님을 찬양하는 기도

04
April

자기 사랑

14주 자신을 사랑하라

둘째도 그와 같으니 네 이웃을 네 자신같이 사랑하라 하셨으니
마태복음 22장 39절

따뜻한 햇살처럼 마음을 여는 기도

사랑하는 주님, 주님을 사랑합니다. 무엇을 하든 주님을 위해 살고 싶고, 무엇을 하든 주님과 함께하고 싶습니다. 사랑하는 주님을 마음을 다하고 정성을 다하고 힘을 다하고 뜻을 다해 예배하게 하옵소서.

나의 고백으로 찬양하기

찬송가 268장 죄에서 자유를 얻게 함은

하나님의 말씀 듣기

A형제에게 좋아하는 이성이 생겼다. 한참을 망설이다 용기를 내 고백을 했는데 그 자매도 형제가 좋다고 한다. 그런데 이게 웬일인가. 그 말을 듣는 순간 자매가 별 볼 일 없는 사람처럼 느껴진다. '나처럼 하찮은 사람을 좋아하다니, 너도 별것 없는 애구나'라는 생각이 든 것이다. 자기를 사랑하지 못하는 사람은 누군가를 사랑하기 어렵다.

B형제는 성실하고 공동체에서 많은 사람의 신뢰를 받는 형제였다. 친구의 신앙을 돕기 위해 분당에서 직접 차를 몰고 일산까지 가서 친구를 교회에 데려오고, 예배가 끝나면 다시 일산 집까지 데려다줬다. 경제적으로 어려운 친구의 생활비를 돕기 위해 고깃집에서 아르바이트를 했다. 그런데 이 형제가 대화하던 중 "목사님, 저는 행복하지 않아요"라고 말했다. 그 말에 깜짝 놀랐다. '이렇게 신실하게 섬기고 밝아 보이는 형제가 행복하지 않으면 도대체 누

가 행복하단 말인가?'

B형제의 이야기를 한참 듣다가 "그런데 너는 너를 사랑하니?"라고 물어봤다. 형제는 한참을 망설이다 "모르겠어요"라고 대답했다. "정말 모르겠니?"라고 다시 묻자 형제는 "솔직히, 저는 저를 사랑하지 않아요. 저를 사랑하지 못하겠어요"라고 대답했다.

혹시 당신의 이야기는 아닌가. 열심히 살고 있지만, 정작 자기 자신은 사랑하지 못하고 다른 사람을 부러워하며 살고 있지 않은가.

세상의 자기 사랑과 성경적인 자기 사랑

복음은 '하나님께서 죄인 된 우리를 아무 조건 없이 사랑하신 것'이다. 십자가를 통해 우리의 모든 죄를 용서해주시고, 우리를 있는 모습 그대로 용납해주신 것이다. 예수님을 믿는다는 것은 예수님의 생각에 동의하고 예수님의 뜻에 순종하는 것이다. 예수님이 사랑하시는 것을 나도 사랑하고 예수님이 귀하게 여기시는 것을 나도 귀하게 여기는 것이다.

하나님께서 가장 사랑하시는 것이 무엇일까. 바로 당신이다. 하나님께서 나를 사랑하시고, 나를 살리려고 이 땅에 오셔서 십자가를 지셨다. 연약하고 부족한 나를 아무 조건 없이 있는 모습 그대로 사랑하셨다. 예수님을 믿는다는 것은 예수님이 그렇게 사랑하셨던 나 자신을 나도 아무 조건 없이, 있는 모습 그대로 사랑하는 것이다. 나를 부인하라는 것은 나의 죄성을 부인하라는 뜻이지 나의 존재를 거부하라는 뜻이 아니다. 자신을 사랑하지 않는 것은 아직 예수님이 내 삶의 주인이 되지 못하셨다는 뜻이다.

어떤 사람이 나를 찾아와 친하게 지내고 싶다고 하더니 내 아들을 보고 "야, 너 되게 못생겼네. 성질도 참 못됐고, 왜 이렇게 무식한 거야. 나는 네가 정말 싫어"라고 말했다고 해보자. 내가 그 사람과 좋은 사이로 지낼 수 있을까? 나와 잘 지내려면 내가 사랑하는 것을 사랑하고 내가 좋아하는 것을 좋아해야 한다. 좋아하지는 못해도 최소한 존중해야 한다. 우리가 자기 자신을 사랑하는 이유는 우리 때문이 아니라 하나님 때문이다. 내 눈에 내가 사랑스럽지 못해도 하나님께서 나를 사랑하시기 때문에 사랑하는 것이다.

이것이 세상에서 말하는 자기 사랑과 성경이 말하는 자기 사랑의 차이다. 세상이 말하는 자기 사랑에는 근거가 없다. 그러니 사랑스럽지 않은 자신의 모습을 보았을 때 자기 사랑이 무너지는 것이다. 내가 나를 사랑하는 이유는 내가 사랑스러워서도 아니고 내가 괜찮아서도 아니다. 내가 좋은 결과를 냈기 때문도 아니다. 예수님이 나를 사랑하셨기 때문이다. 나는 죄인이지만 그런 나를 하나님께서 사랑하셨기 때문에 나도 나를 사랑하는 것이다. 그렇기에 사랑스럽지 않은 자신의 모습을 보았을 때도 여전히 사랑할 수 있는 것이다.

당신은 당신 자신을 사랑하는가? 어떤 사람은 자기를 사랑한다고 하는데 그 사랑이 조건적이다. 자신이 원하는 모습만 좋아하고 자기 기준에 부합하는 모습만 좋아한다. 그것은 예수님의 사랑이 아니다. 예수님의 사랑은 조건 없는 사랑이다. "부족해도 괜찮아. 잘하지 못해도 상관없어. 너의 모습과 상관없이 나는 여전히 너를 사랑해" 이렇게 조건 없이 사랑하는 것이다.

진정으로 나를 사랑해야 이웃도 사랑할 수 있다

사람은 자기를 대하듯 다른 사람을 대한다. 복음 안에서 자신을 있는 모습 그대로 인정하고 사랑할 줄 알 때 다른 사람도 인정하고 사랑할 수 있게 된다. 그러나 복음적인 자기 사랑이 안 되면 사랑하고 섬기는 행위를 통해 자신의 가치를 확인받으려 한다. 누구를 만나든 주목받고 싶어하고 자신이 괜찮은 사람이라는 것을 증명하려 애쓴다. 무엇을 하든 자신의 가치를 인정받고 자신의 성과를 드러내기 위해 애쓴다. 그러니 사람들에게 열심히 사랑을 베풀다가도 피드백이 없으면 의기소침해지고 상처받는 것이다. 자기 사랑이 안 되면 이웃사랑이 안 된다. 사랑하는 척은 할 수 있고 사랑받기 위해서 사랑할 수는 있어도 조건 없는 사랑은 하지 못한다.

역설적이게도, 자기 사랑이 안 되는 사람은 누구를 만나든 온통 자기 생각뿐이다. 자기를 사랑하게 될 때 자신에 대한 생각과 집착에서 자유로워진다. 그리고 내 앞에 있는 사람에게 온전히 시간을 내어줄 수 있게 된다.

둘째도 그와 같으니 네 이웃을 네 자신같이 사랑하라 하셨으니 **마 22:39**

하나님께서 나를 사랑하시듯 나 자신을 사랑하지 않으면 하나님의 사랑에 대해서 수없이 많은 이야기를 하면서도 여전히 메마르고 공허할 것이다. 나 자신을 조건적으로 사랑하면 이웃도 조건적으로 사랑할 수밖에 없다. 예수님이 나를 조건 없이 사랑하셨듯 나 자신을 있는 모습 그대로 사랑하자. 그때 이웃도 나 자신처럼 사랑할 수 있게 된다. 자신을 사랑하지 않고는 누구도 사랑할 수 없다. 이제 있는 그대로의 나 자신을 사랑하자. 이렇게 생겨 먹은 나를 좋아하자. 가식적인 모습을 내려놓고, 진짜 내가 되어 살자. 가장 솔직한 나의 모습을 사랑하자.

나를 사랑하는 방법

그렇다면 어떻게 나를 사랑할 수 있을까? 사랑하는 사람에게 해주고 싶었던 것을 생각해 보자. 그것을 나에게 해주면 된다. 사랑하면 선물도 사주고 시간도 함께 보낸다. 밥도 같이 먹고 차 마시면서 대화도 나눈다. 사랑한다고 고백해주고, 잘했다고 칭찬도 해준다. 좋은 일이 있을 때 함께 기뻐해주고, 슬픈 일이 있을 때 함께 울어준다. 속상한 일이 있을 때는 마음이 다 풀릴 때까지 이야기를 들어준다. 좋아하는 취미를 같이한다.

또 사랑하면 판단하지 않는다. 비난하거나 정죄하지 않는다. 비교하지 않고 무시하지 않는다. 참아주고 기다려준다. 무례하게 대하지 않는다. 친절하고 너그럽게 대한다. 누군가가 나에게 이런 사랑을 해주기를 기다리는 것이 아니라 내가 나 자신을 이렇게 사랑하자. 이 것들이 힘들다면 지금 자신에게 "괜찮아"라고 말해주자. 행동으로 사랑하기 시작할 때 머리로만 알고 있었던 하나님의 사랑이 마음에서 느껴지기 시작한다.

"목사님, 아무도 저를 사랑하지 않아요." 이렇게 말하는 C형제의 마음에는 사람들에 대한 분노와 미움이 꽉 차 있었다. 자기 자신을 너무 싫어하고, 그러다 보니 밤에 잠을 못 자서 한 잔 두 잔 술에 의지해 잠을 청하기 시작했는데 이제 중독이 되어버렸다. 알코올 중독을 끊으려고 약물 치료를 받고 있는데 약물로도 치료가 안 된다며 낙심해 있었다.

그 형제의 이야기를 한참 듣고 난 후 그에게 복음을 전하면서 이렇게 말해주었다. "형제, 예수님이 형제를 정말 사랑하셔. 형제의 모든 죄를 용서해주셨어. 이제 형제도 형제를 용서하고 사랑해야 하지 않을까?" 그 말에 덩치 큰 형제가 엉엉 소리 내어 울고 그 자리에서 예수님을 영접했다. 그를 안고 예수님이 이 형제를 사랑하시듯 이 형제도 자기 자신을 용서하고 사랑할 수 있게 해달라고 간절하게 기도해주었다.

그리고 얼마 후 형제에게서 전화가 왔다. "목사님, 그때 이후로 이제 저를 용서하고 사랑하기로 했더니 술맛이 없어졌어요. 그래서 술 끊은 지 한 달 넘었어요. 너무 신기해요. 정말 하나님이 저를 사랑하시는 것이 느껴져요. 감사해요." 그 전화를 받으며 얼마나 기뻤는지 모른다. 이것이 복음의 능력이다. 예수님의 사랑으로 이제 당신 자신부터 사랑하자. 예수님에게 당신은 매우 사랑스러운 존재니까.

은혜를 선포하기

"나는 나를 조건 없이 사랑합니다."

가슴으로 나눔 하기

1. 사랑받았다고 느꼈던 경험을 나눠보자.

2. 내 모습 중에 사랑하기 힘든 부분이 있다면 무엇인지 나눠보자.

3. 언제 사랑받는다고 느끼는지, 어떻게 사랑받고 싶은지 나눠보자.

정성을 다해 기도하고 축복하기

받은 은혜를 기억하며 기도한다.

부모님 중 한 분이 가족의 이름을 부르며 축복기도 한다.

예수님을 바라보는 침묵의 시간

1분간 조용히 침묵하며 하나님께서 나를 어떻게 사랑하셨는지 생각해본다.

배운 대로 살아가는 생활 숙제

내가 이렇게 사랑받고 싶다고 했던 것(나눔 3) 한 가지 실천하기.

시편 4

* 하나님의 사랑이 느껴지는 기도 ─────────

15주 자신을 소중히 여겨라

예수께서 그 사람을 따로 데리고 무리를 떠나사
손가락을 그의 양 귀에 넣고 침을 뱉어 그의 혀에 손을 대시며
마가복음 7장 33절

따뜻한 햇살처럼 마음을 여는 기도

살아계신 주님, 주님을 예배하기 위해 모였습니다. 하나님께서 찾으시는 진실한 예배자가
되기 원합니다. 하나님께서 소중히 여기시는 것을 저희도 소중히 여기고, 하나님께서 사랑
하시는 것을 저희도 사랑하게 하옵소서.

나의 고백으로 찬양하기

찬송가 288장 예수를 나의 구주 삼고

하나님의 말씀 듣기

요즘은 많이 나아졌지만, 여전히 장애인들은 차가운 시선을 받을 때가 많다. 중학교 때
같은 반에 소아마비에 걸린 친구가 있었다. 생각하고 말하는 것은 아무 문제가 없는데 몸이
비틀어져 있어서 걷는 모습이 부자연스럽고 말도 어눌했다. 성숙하지 못한 학생 중에 그 친
구의 모습을 따라 하며 놀리고 함부로 대하는 아이들도 있었다.

성경이 기록될 당시는 더 하지 않았을까. 듣지도 못하고 말이 어눌했던 사람은 동물원의
원숭이처럼 사람들에게 둘러싸여 놀림당하고 따가운 시선을 받으면서 살았을 것이다. 그러
니 사람들의 주목을 받는 것에 트라우마가 있었을 것이다. 마가복음 7장에서 사람들이 예수
님에게 "귀 먹고 말 더듬는 사람"(32절)을 데리고 와서 고쳐주시기를 구하자 주님은 무리를

떠나 그 사람을 따로 데려가서 개인적으로 만나주신다.

예수께서 그 사람을 따로 데리고 무리를 떠나사 손가락을 그의 양 귀에 넣고 침을 뱉어 그의 혀에 손을 대시며 **막 7:33**

주님이 따로 치료해주실 때 이 사람은 무슨 생각이 들었을까. '이분이 나를 사람으로 대해주시는구나, 이분이 내 마음을 아시는구나' 싶어 얼마나 감동을 받았을까. 주님은 누구나 무시할 만한 사람조차도 함부로 대하지 않고 귀하게 대해주셨다.

그리고 예수님이 이 사람을 매우 독특하게 치료하신다. 예수님은 기도 한 번만 하셔도 충분히 고치실 수 있는 분이다. 말씀 한마디만 하셔도 그 사람은 얼마든지 나을 수 있었다. 그런데 귀에 손을 넣고 혀에 침을 묻히신다. 왜 굳이 그렇게 하셨을까?

상상해보자. 이 사람은 귀가 들리지도 않고 말도 잘 못 하는 사람이다. 그러면 이 사람은 사람들과 어떻게 소통했을까? 시각과 촉각을 사용했을 것이다. 주님은 이 사람을 기계적으로 고쳐주신 게 아니라 먼저 이 사람과 소통하신 것이다. 이 사람의 언어인 시각과 촉각을 사용해서 그와 대화하신 것이다. 예수님이 그의 몸을 만지면서 이런 말씀을 전해주시지 않았을까?

"네가 살아온 세월이 참 힘들었겠구나. 고생 많았지? 수고 많았다. 사람들이 너를 어떻게 대했고 너 자신이 너를 어떻게 생각하든 상관없이, 너는 내게 소중한 사람이야. 내가 오늘 너를 반드시 고쳐줄 거야."

인격적인 치유, 따뜻한 응대

주님은 이 사람을 치료하기 전에 먼저 이 사람과 대화하며 그가 얼마나 소중한 존재인지 말씀해주시고 이 사람의 무너진 자존감을 회복해주셨다. "너는 절대 '아무나'가 아니야. 너는 소중한 사람이야. 반드시 그것을 기억해" 이렇게 말씀하신 것이다. 예수께서 이 사람의 귀를 만지고 혀를 만지실 때, 그 손길이 얼마나 따뜻하게 느껴졌을까.

한의원 원장으로 근무하는 집사님이 계신데, 환자 한 명 한 명 얼마나 정성을 다해 치료하는지 몇몇 사람은 그 분을 '허준 선생님'이라고 부른다. 집사님이 한번은 침을 맞다가 잠든 환자를 푹 자게 놔두었다. 2시간이 지나 잠이 깬 환자가 너무 죄송해서 "원장님, 깨우시지 왜 안 깨우셨어요" 했더니 "너무 피곤하신 것 같아서 그랬어요. 졸리면 잘 자는 것이 최고의 치료예요"라고 대답해서 환자가 감동을 받은 적도 있었다.

진료받으러 가면 이것저것 질문하고 싶은 것이 많은데 그 집사님은 손님이 많아도 그런 질문 하나하나에 정성을 다해 답해준다. 모든 환자를 그렇게 대해서 그곳에 다녀온 사람들이 하나같이 "치료받고 온 것이 아니라 사랑받고 온 것 같아요"라고 말한다. 얼마나 정성을 다해 치료해주는지 몸을 치료하는 것이 아니라 마음을 다해 사랑해주는 느낌을 받는다고 한다. 본문의 "귀 먹고 말 더듬는 사람"도 예수님이 치료하시는 동안 이것을 온몸으로 느꼈을 것이다. '이분이 내 몸을 고치시기 전에 나를 사랑해주시는구나'라고.

세상은 겉모습을 보고 사람을 평가하지만 주님은 외모로 사람을 판단하거나 함부로 대하지 않으신다. 하나님의 시선으로 바라보면 세상에 우리가 함부로 해도 되는 사람은 단 한 사람도 없다. 장애가 있든 없든, 부족함이 있든 없든, 어떤 연약함이 있든 상관없이 모든 사람은 존재 자체로 소중하다.

뭔가 잘해야 소중한 사람이 되는 것이 아니다. 좋은 결과를 내야 소중한 것이 아니다. 그러나 평생 사람들의 평가를 받으며 살다 보니 이제 누가 뭐라 하지 않아도 스스로 자신을 평가하고 '나는 몇 등급짜리'라고 생각하며 자신을 대한다. 등급이 낮은 사람에게는 함부로 해도 된다고 생각한다. "나는 별 볼 일 없는 상점 판매원에 불과해", "나는 평범한 회사원이야", "나는 아무것도 아닌 주부야." 그렇지 않다. 하나님은 우리를 특별하게 대하신다.

이제 자신을 바라볼 때, 세상이 대했던 방식이 아니라 하나님의 방식으로 자신을 대하자. 예수께서 이 사람을 대하시듯 나 자신을 소중하게 대하자. 나를 소중하게 여기라는 말은 이기적인 사람이 되라거나 자기중심적으로 살라는 말이 아니다. 하나님께서 지으신 나를 부드럽고 친절하게 대하라는 것이다.

자신을 소중하게 여길 때 내면이 사랑으로 채워지고 비로소 다른 사람을 소중하게 여길 준비가 된다. 사랑받은 사람만이 사랑할 수 있다. 자신을 소중히 여기는 사람은 다른 사람들도 자신을 소중하게 대하도록 도울 수 있다. 그렇게 자신을 소중히 여기고 이웃을 소중히 여기는 사람으로 가득한 곳이 하나님의 나라가 되는 것이다.

하나님의 방식으로 나를 소중히 대하기

그렇다면 어떻게 자신을 소중히 여길 수 있을까.

첫째, 내면의 소리를 들어야 한다. 예수님은 이 사람과 대화하시면서 그 마음의 소리를 읽어주셨다. 우리도 우리 자신의 마음을 읽어주어야 한다. 자존감을 높이는 가장 좋은 방법은 그 사람의 이야기를 귀 기울여 들어주는 것이다. 이것은 '당신은 나에게 소중한 사람'이라는 메시지를 전달한다. 지금 내 마음에 "지금 네 마음은 어떠니? 넌 무엇을 원하니?"라고 질문을 던져보라. 마음을 알아줄 때 스스로 소중한 사람이라고 느낀다.

둘째, 도움이 필요할 때 정중하게 도움을 요청하라. 이 '귀 먹고 말 더듬는 사람'은 도와 달라고 요청했기 때문에 도움을 받을 수 있었다. 도움을 청할 때 지나치게 미안해하지 않아도 된다. 폐를 끼치면 안 된다는 생각이 도움을 요청하기 어렵게 하는데, 도움을 요청한다는 것은 상대방에게 폐를 끼치는 것이 아니라 사랑할 기회를 주는 것이다.

설령 상대방이 도움을 주지 못해도 괜찮다. 도움을 받을 때 소중하다는 느낌을 받기도 하지만, 누군가 나를 위해 다른 누군가에게 도움을 요청했다는 것만으로도 우리는 충분히 내가 소중한 사람이라는 느낌을 받을 수 있다.

셋째, 할 수 없는 것을 할 수 없다고 말하라. 할 수 없는 것을 어쩔 수 없이 하게 될 때 무리하게 되고, 그러다 보면 마음에 짜증이 올라오며, 결국 사랑이 아니라 짜증과 원망을 품는 자신을 자책하고 미워하게 된다. 할 수 없을 때는 "죄송합니다. 저도 돕고 싶은데 도울 수가 없네요"라고 정중하게 거절하는 것이 자신을 소중히 여기고 상대방을 소중히 여기는 길이다.

그 외에도 자신을 소중히 여기는 방법은 많다. 아침에 일어나 산책하거나 멋지게 자신을 꾸며주는 것, 거울을 보며 한번 웃어주는 것도 좋고, "넌 소중한 사람이야"라고 말해줘도 좋다. 사람들의 칭찬에 "아니에요"라고 거부하지 말고 "감사합니다"라고 칭찬을 받아들이자. 같이 식사하고 싶은 사람에게 전화를 걸어 약속을 잡는 것도 좋다. 소중한 사람을 대하듯 자신을 대해보자.

은혜를 선포하기

"나는 소중한 사람입니다."

가슴으로 나눔 하기

1. 누군가 나를 귀하게 대해준 경험이 있다면 나눠보자.

2. 자신을 소중히 여기기 위해서 노력해야 할 것이 무엇인지 나눠보자.

3. 오늘 말씀을 통해 받은 은혜나 새롭게 결단하는 것을 나눠보자.

정성을 다해 기도하고 축복하기

받은 은혜를 기억하며 기도한다.

한 사람씩 돌아가면서 오른쪽에 있는 사람을 축복하는 기도를 해준다.

예수님을 바라보는 침묵의 시간

1분간 조용히 침묵하며 지금 나를 안아주시는 하나님의 사랑을 느껴본다.

배운 대로 살아가는 생활 숙제

일주일 동안 하루 한 사람에게 "당신은 소중한 사람입니다"라고 말해주기

자존감

16주 자신을 받아들여라

블레셋 사람이 일어나 다윗에게로 마주 가까이 올 때에
다윗이 블레셋 사람을 향하여 빨리 달리며
사무엘상 17장 48절

따뜻한 햇살처럼 마음을 여는 기도

내 모습 이대로 사랑하시고, 연약함 그대로 사용하시는 주님. 지나온 모든 시간과 모든 과정을 주님께서 인도하셨음을 고백하며 주님께서 허락하신 삶을 받아들이게 하옵소서. 주님께서 지으신 모습 그대로 살게 하옵소서.

나의 고백으로 찬양하기

찬송가 270장 변찮는 주님의 사랑과

하나님의 말씀 듣기

사무엘상 17장에서 사울은 골리앗과 싸우러 나가려는 다윗에게 자기 군복과 갑옷을 입혀주고 자신의 투구도 씌워준다. 그러나 그런 차림이 익숙치 않았던 다윗은 군복 위에 칼을 차고 시험적으로 걸어보다가 결국 갑옷을 벗어놓고 평소에 목자로 있으면서 사용했던 물매를 들고 골리앗 앞으로 나아간다. 다윗은 사울이 준 칼이 아니라 하나님께서 주신 돌을 들고 갔다.

블레셋 사람이 일어나 다윗에게로 마주 가까이 올 때에 다윗이 블레셋 사람을 향하여 빨리 달리며 손을 주머니에 넣어 돌을 가지고 물매로 던져 블레셋 사람의 이마를 치매 돌이 그의 소름 돋지 않는가. 거대한 골리앗이 다윗이 던진 돌을 맞고 한 방에 쓰러진다.

투견장의 개싸움에서 밑에 깔린 개를 언더독(underdog)이라고 하고 위에서 누르는 개를 탑독(topdog)이라고 한다. 언더독이 어떻게 탑독을 이길 수 있을 것인가를 다룬 책《다윗과 골리앗》(김영사, 2020)에서 저자인 말콤 글래드웰은 언더독이었던 다윗이 거대한 탑독인 골리앗을 이길 수 있었던 것은 바로 싸움의 방식 때문이라고 말한다.

그동안 이스라엘이 전쟁에서 패했던 이유는 사울과 이스라엘 군대가 골리앗의 방식으로 싸웠기 때문이라는 것이다. 갑옷을 입고 칼을 들고 일대일로 싸워서는 키가 2미터가 넘는 골리앗을 당연히 이길 수 없다. 그러나 다윗은 골리앗의 방식과 규칙이 아니라 자신의 방식과 자신만의 규칙으로 싸웠다.

진짜 내가 되어 진짜 나답게

토끼와 거북이가 있었다. 어느 날 토끼가 거북이에게 달리기 시합을 제안한다. 자존심이 상한 거북이는 질 것을 알았지만 토끼의 제안을 받아들인다. 결전의 날, 경기가 시작된다. 토끼는 한참을 달리다 거북이가 보이지 않자 잠깐 낮잠을 잔다. 거북이가 땀을 뻘뻘 흘리며 결승선을 향해 기어가다 보니 토끼가 잠을 자고 있다. 거북이는 그런 토끼를 보고 이때가 기회다 싶어서 최선을 다해 기어가고, 마침내 시합에서 이긴다.

거북이는 그때 한 번 이긴 것을 가지고 자기가 토끼를 이겼다고 수백 년을 우려먹으며, 자신이 이긴 것은 성실함 때문이라고 강연 활동까지 하고 다닌다. 이렇게 토끼가 실수해야만 이길 수 있는 거북이 같은 인생이 되고 싶은가. 토끼가 한 번 지지 두 번 지겠는가. 거북이는 앞으로 토끼와 100번을 경주하면 100번을 다 지게 되어 있다. 거북이가 성실해서 이긴 것이 아니라 토끼가 실수해서 이겼을 뿐이다.

거북이가 토끼를 진짜 이기려면 더 열심히 연습하는 것이 아니라 바다로 가야 한다. 바다에서 경주해야 정말 토끼를 이길 수 있다. 땅에서는 100번을 경주하면 100번 다 진다. 거북이는 자신의 정체성을 혼동했다. 사람들이 '느림보 거북이'라고 별명을 지어주자 '나는 느림보구나'라고 생각하면서 평생을 땅에서 기어 다니며 느림보 거북이로 산 것이다.

이렇게 살면 거북이는 비교의식과 열등감 때문에 우울증에 걸리고, 동화는 "그 후로 계속 시합에서 지게 된 거북이는 패배의식에 빠져 알코올 중독과 우울증에 시달리다 생을 마감했다"로 마무리될 것이다. 무조건 성실하면 이기고 열심히만 하면 되는 게 아니다. 진짜 내가 되어서 나만의 방식으로 나만의 자리에서 싸울 때 진짜 승리하는 삶을 살 수 있다.

골리앗이 크다는 강점이 관점에 따라서는 약점이 될 수 있다. 칼을 다룰 줄 모른다는 다윗의 약점이 칼로 싸우지 않아도 된다는 강점이 될 수 있다. 어린 목동이라는 약점이 골리앗을 방심하게 하는 강점이 될 수 있다. 언더독일수록 자신이 잘하는 것으로 싸워야 탑독을 이길 수 있다.

사람들이 볼 때 골리앗은 너무 크고 무서운 존재였지만, 다윗이 보기에는 골리앗만큼 돌로 던져서 맞히기 쉬운 사람이 없다. 골리앗의 머리는 엄청 크다. 다윗 정도면 눈 감고 던져도 맞힐 수 있다.

사람들이 이야기하는 보편적인 방법이 아니라 하나님께서 부여하신 나만의 강점으로 싸워야 한다. 사람들이 입혀준 맞지 않는 갑옷을 벗고, 하나님이 지으신 나만의 모습과 하나님께서 훈련시켜주신 나만의 방법으로 싸워야 한다. 다윗은 하나님이 주신 자기만의 방법, 자기만의 강점으로 싸웠다.

내 모습은 나를 향한 하나님의 뜻을 이루기에 충분하다

꽃이 화려한 나무가 있고 열매가 풍성한 나무가 있고 뿌리가 깊은 나무가 있다. 어떤 나무가 더 좋은 나무인가? 더 좋은 나무란 없다. 꽃이 화려한 나무는 꽃으로 쓰임 받고, 열매가 풍성한 나무는 열매로 쓰임 받고, 뿌리가 깊은 나무는 그 뿌리의 깊음으로 쓰임 받는다.

장미꽃을 선물 받으면 참 기분이 좋다. 그러나 장미꽃이 아무리 아름다워도 장례식장에서는 쓰임 받을 수 없다. 장례식장에서는 국화꽃이 가장 귀하게 쓰임 받는다. 그 사람이 가진 것이 장점이냐 단점이냐는 그 사람이 아니라 그 사람이 서 있는 무대에 의해서 결정된다. 어떤 무대에 서느냐에 따라 강점이 되기도 하고 약점이 되기도 한다. 그러므로 우리는 자신에 대해 부정적으로 생각할 것이 아니라 나의 모습을 인정하고, 나의 모습이 장점이 될 수 있는 무대를 찾으면 된다.

우리는 크고 화려한 것이 아름답다고 생각해 크고 화려하기를 바라는데 그렇지 않다. 첼로가 바이올린보다 더 아름답다고 할 수 없다. 바이올린은 바이올린에 어울리는 음역대가 있고, 첼로는 첼로에 어울리는 음역대가 있다. 바이올린은 바이올린이기 때문에 아름답고,

첼로는 첼로이기 때문에 아름답다. 바이올린이 첼로를 흉내 내기 시작할 때 바이올린의 아름다움은 사라진다.

하나님은 나를 가장 나답게 디자인하셨다. 우리가 주님 앞에 갔을 때 주님이 "너는 왜 바울처럼 살지 않았니?", "너는 왜 모세처럼 살지 않았어?"라고 묻지 않으실 것이다. 오히려 "너는 왜 너답게 살지 않았니? 너는 왜 내가 지어준 너 자신의 모습으로 살지 않았느냐"라고 물으실 것이다.

우리의 목적은 바울이 되고 모세가 되는 것이 아니다. 나 자신을 발견하고 나 자신이 되어서 나를 위한 무대에서 나만의 모습으로 하나님의 비전을 이루는 것이다. 그렇다면 우리가 할 일은 다른 사람과 비교하면서 낙심하고 절망하는 것이 아니라 하나님께서 지으신 나 자신을 인정하고 받아들이는 것이다. 내 모습이 이렇다는 것은 나를 이렇게 쓰기 원하신다는 하나님의 뜻이다.

나에게 이르시기를 내 은혜가 네게 족하도다… **고후 12:9**

이제 내게 없는 것을 생각하면서 주변 사람들을 부러워하지 마라. 주변 사람들 눈치 보지 마라. 사람들에게 잘 보이려고 노력하지 않아도 된다. 나를 바꾸려는 노력을 멈추고, 나를 감추려고 애쓰지 마라. 하나님이 보시기에 우리는 이미 충분하다. 하나님의 뜻을 이루기에 충분하고 하나님의 꿈을 이루기에 충분하다.

은혜를 선포하기

"가장 나다운 모습이 가장 아름답습니다."

가슴으로 나눔 하기

1. 자신의 성격적인 장점과 재능적인 장점을 3가지 나눠보자.

2. 자신을 받아들이는 데 가장 큰 장애물은 무엇인지 나눠보자.

3. 오늘 말씀을 통해 받은 은혜나 새롭게 결단하는 것을 나눠보자.

정성을 다해 기도하고 축복하기

받은 은혜를 기억하며 기도한다.

오른쪽으로 돌아가며 한 사람씩 장점을 칭찬하고 축복한다.

예수님을 바라보는 침묵의 시간

1분간 조용히 침묵하며 지금 나와 함께 계시는 예수님을 바라본다.

배운 대로 살아가는 생활 숙제

MBTI 검사

가족과 MBTI 검사하고 나누기

다음 주는 가족 파티를 준비한다. 🎆

이사야서 2

17주 자신을 격려하라

내 영혼아 네가 어찌하여 낙심하며 어찌하여 내 속에서 불안해하는가
너는 하나님께 소망을 두라 그가 나타나 도우심으로 말미암아
내가 여전히 찬송하리로다

시편 42편 5절

따뜻한 햇살처럼 마음을 여는 기도

사랑의 주님, 저희 가정에 예배의 은혜가 흘러넘치게 하시니 감사합니다. 이 시간 예배할 때 소망의 주님을 보게 하시고, 저희의 입술에 파수꾼을 세워주셔서 긍정적인 말로 자신을 살리고 주변을 세우는 복을 주옵소서.

나의 고백으로 찬양하기

찬송가 540장 주의 음성을 내가 들으니

하나님의 말씀 듣기

우리는 다른 사람 때문에 무너지지 않는다. 환경 때문에 무너지는 것이 아니며 돈이 없어서 무너지는 것도 아니다. 우리를 무너뜨리는 것은 나 자신이다. 우리의 삶은 내가 나를 어떻게 대하느냐로 결정된다.

조던 B. 피터슨 교수는 《12가지 인생의 법칙》(메이븐, 2018)에서 우리 자신을 도와줘야 할 사람처럼 대하라고 한다. 우리가 가장 먼저 책임지고 돌봐야 할 대상은 우리 자신이라는 것이다. 그는 "너희가 친히 원수를 갚지 말고 … 내가 갚으리라"(롬 12:19)라는 말씀을 근거로, 우리는 자기 자신의 주인이 아니며 우리에게는 자신을 고문하고 학대할 권리가 없다고 말한다. 또한 우리는 다른 사람들과 긴밀하게 연결되어 있어서 자신을 학대하면 이것이 다른 사

람에게 재앙으로 이어질 수 있으며, 나를 사랑하는 것이 이웃을 사랑하는 것과 연결되어 있다고 말한다. 그래서 어린아이를 건강한 어른으로 성장할 수 있도록 돕는 것처럼 먼저 나 자신을 그렇게 돌봐줘야 한다는 것이다.

자신을 향한 비난을 멈추고 따뜻이 격려하라

자신을 어떻게 돌봐줘야 할까. 먼저 자신을 비난하는 것을 멈춰야 한다. 당신은 무언가 실수하고 실패했을 때 당신 자신에게 어떤 말을 들려주는가. 일이 잘 풀리지 않고 계획대로 되지 않을 때 내가 나에게 어떤 말을 들려주는지는 매우 중요하다.

내가 나에게 습관적으로 하는 말, 나도 모르게 무한 반복하는 말이 있다. 많은 사람이 자신을 비난하고 정죄하는 말을 반복한다. 심하게는 자신을 저주하는 사람도 있다. "내가 그럴 줄 알았어. 내가 그러면 그렇지. 이그, 바보, 멍청이. 넌 성격이 왜 그러니. 넌 왜 이렇게 절제심이 없어. 너 때문에 다 망했어. 너는 실패작이야."

많은 사람이 자신의 실수를 바라보며 비난하고 저주하는 것이 습관이 되었다. 그것은 아마도 자녀의 작은 실수에도 민감하게 지적하는 부모의 이런 지적을 들어왔기 때문일 것이다. "내가 뭐랬니. 너 엄마 말 안 들어서 그렇게 된 거야. 너도 나랑 똑같은 자식 낳아봐. 너도 고생해봐야 알지. 넌 도대체 뭐가 되려고 그러니."

수없이 들었던 비난이 마음에 녹음되어 비슷한 상황이 되면 재생 버튼을 누른 것처럼 자동으로 재생, 반복된다. 이런 메시지를 들으면서 어떻게 자신을 사랑할 수 있겠는가. 자신을 돌보기 위해서는 먼저 자기 자신을 향한 비난을 멈춰야만 한다.

마귀는 늘 문제를 확대한다. 안 될 것을 생각하게 하고, 망할 것처럼 말하게 한다. 문제가 생겼을 때 우리 내면에서는 자동 반사적으로 이런 소리가 들려온다. "다 끝났어. 더는 방법이 없어. 할 수 있는 것이 아무것도 없어. 이제 끝이야." 그때 그 소리를 내버려 둬서는 안 된다. 자신에게 새로운 목소리를 들려주어야 한다. 자신을 따뜻하게 격려해야 한다.

"아니야, 괜찮아. 다 나쁜 것도 없고, 다 좋은 것도 없어. 언제나 나쁜 것에도 좋은 것이 있고, 나쁜 일에도 좋은 일이 있어. 조금만 기다리면 길이 보일 거야. 반드시 방법이 있을 거야. 지금 내가 할 수 있는 것이 무엇인지 찾아보자. 하나님께서 도와주실 거야. 넌 잘 해낼 거야. 너는 매력 있어. 사람들이 좋아할 거야. 네가 얼마나 최선을 다했는지 내가 알아. 지금도 충분해."

내 영혼아 하나님께 소망을 두라

시편 기자는 힘든 상황을 만나 낙심하고 불안해하는 자신을 생각이 이끄는 대로 끌려가게 두지 않는다. 오히려 낙심의 길로 들어서는 자신의 영혼을 불러서 멈춰 세운다. "내 영혼아, 어찌하여 낙심하며 불안해하느냐. 내 영혼아, 멈춰. 괜찮아. 불안해할 것 없어. 걱정할 것 없어." 자신을 비난하고 낙심시키는 목소리가 들려올 때 멈춰 세우고 자신을 격려한다. "하나님께 소망을 둬. 하나님께서 함께하시기 때문에 아직 소망이 있어. 하나님께서 너를 도와주실 거야. 괜찮아, 걱정하지 마. 다 잘될 거야. 좋은 일이 있을 거야."

내 영혼아 네가 어찌하여 낙심하며 어찌하여 내 속에서 불안해하는가 너는 하나님께 소망을 두라 그가 나타나 도우심으로 말미암아 내가 여전히 찬송하리로다 시 42:5

자신을 격려하는 가장 좋은 방법은 하나님을 바라보게 하는 것이다. 문제를 바라보고 상황을 바라보면 언제나 낙심할 수밖에 없다. 자신을 바라보면 한숨만 나온다. 그때 하나님을 생각나게 하고, 하나님을 바라보게 하는 것만큼 큰 힘이 되는 격려가 없다.

"하나님께서 너와 함께하셔. 하나님께서 너를 돕고 계셔. 걱정하지 마. 하나님께서 네 길을 인도하시기 때문에 반드시 잘될 거야. 하나님께서 좋은 소식을 들려주실 거야. 우리가 모르는 뭔가 좋은 계획이 있을 거야. 너는 은혜받은 사람이잖아. 하나님께서 역전시켜주실 거야. 하나님은 반전의 하나님이시잖아."

당신은 자신을 격려하는 일에 능숙한가? 자신을 격려하는 것이 자연스러워질 때까지 반복하고 훈련하자. 하루아침에 되지 않는다. 인내심을 가지고 연습하자. 아침에 일어나 하루를 시작하기 전 잠깐이라도 자신을 향해 격려와 축복의 말을 들려주자. 누군가 격려해줄 때까지 기다리지 말자. 듣고 싶은 말이 있다면 내가 해주면 된다. 자신을 향한 비난을 멈추고, 격려의 말을 들려주자. 마음에서 믿어질 때까지 반복해서 말해주자. 당신의 격려가 예언이 되어 당신의 삶에 그대로 이루어질 것이다. 당신은 어떤 말로 자신을 격려할 것인가. 어떤 말이 가장 힘이 되는가.

은혜를 선포하기

"나는 나를 격려합니다."

가슴으로 나눔 하기

1. 내가 가장 자랑스럽게 느껴졌던 때는 언제인가?

2. 내가 나에게 가장 많이 했던 비난이나 저주는 무엇이었는가?

3. 지금까지 들었던 칭찬 중 가장 기분 좋았던 칭찬은 무엇인가?

정성을 다해 기도하고 축복하기

받은 은혜를 기억하며 기도하고, 한 사람씩 돌아가며 한 문장으로 기도한다.
부모님 중 한 분이 가족의 이름을 부르며 축복기도 한다.

예수님을 바라보는 침묵의 시간

1분간 조용히 침묵하며 예수님이 나를 보며 뭐라고 격려하실지 생각한다.

배운 대로 살아가는 생활 숙제

일주일 동안 아침에 자신을 격려하는 3문장 말하고 하루를 시작하기

자신감

* 자신감을 얻는 기도 ————————————

05
May

가정의 축복

18주 결혼은 축복이다

모든 사람은 결혼을 귀히 여기고 침소를 더럽히지 않게 하라
음행하는 자들과 간음하는 자들을 하나님이 심판하시리라
히브리서 13장 4절

따뜻한 햇살처럼 마음을 여는 기도

우리 가정의 주인 되신 하나님. 해야 할 일이 많이 있지만, 주님을 예배하는 것보다 더 중요한 일은 없습니다. 오늘도 예배를 통해 기쁨으로 감당해야 할 소명을 허락하시고, 주님의 뜻을 이루는 가정으로 헌신하게 하옵소서.

나의 고백으로 찬양하기

찬송가 569장 선한 목자 되신 우리 주

하나님의 말씀 듣기

결혼이란 남자가 부모를 떠나 아내와 연합하여 한 몸을 이루는 것이다. 한 몸을 이룬다는 것은 벌거벗었어도 부끄러움과 수치심을 느끼지 않는 사이를 말한다. 결혼의 목적은 서로를 있는 모습 그대로 인정하고 수용해줌으로 하나 되는 것이다. 이것이 가정이다.

하나님나라를 이 땅에 세우기 위해 하나님께서 직접 만드신 공동체가 가정과 교회다. 그러나 가정이 심각한 공격을 받고 있다. 마귀는 가정을 무너뜨리기 위해 수단과 방법을 가리지 않고 공격한다. 이미 많은 가정이 깨어졌고, 가정의 가치가 많이 무너졌다. 이때 그리스도인이 앞장서서 가정을 지키고 회복시켜야 한다. 그래야 우리에게 미래가 있다.

자녀에게 결혼과 가정의 소중함을 보여줄 책임

이 시대에 가정의 가치를 무너뜨리는 것은 자신이 우상 되어 '내가 가장 중요하고, 나는 절대 희생해서는 안 된다'라고 생각하는 사상이다. 이들에게 결혼은 피곤하고 구속받는 일이다. 그래서 결혼은 해도 되고 안 해도 되는 것을 넘어, 안 하는 것이 더 좋다고 생각한다.

어떤 사람들은 행복한 가정을 꾸리고 싶어 하지만, 어떻게 해야 하는지를 모른다. 행복한 가정을 경험해본 적이 없기 때문이다. 한 청년부 자매가 자기는 결혼하지 않고 혼자 살 거라고 했다. 부모님의 결혼 생활을 보니 결혼해야 할 이유도 모르겠고 결혼할 필요도 못 느끼겠다며 "저는 엄마처럼 살지 않을 거예요"라고 말했다. 안타까운 일이다. 물론 완벽한 가정은 없지만, 부모는 자녀에게 가정의 가치와 축복을 보여줄 수 있어야 한다.

예수님이 교회를 위해 죽으신 것처럼 남편은 아내를 위해 자신을 희생하는 사랑을 몸으로 실천해야 한다. 교회가 예수님을 사랑하고 높여주었듯 아내는 남편을 높여주고 기를 살려주어야 한다. 물론 아내도 남편을 위해 희생해야 하고 남편도 아내를 높여줘야 한다. 다 해야 하지만 더 필요하기 때문에 강조하는 것이다.

부모는 자녀에게 억울한 마음이 들지 않도록, 화를 내지 말고 인격적으로 존중해야 한다. 부모의 역할은 화를 내는 것이 아니라 반복해서 가르쳐주는 것이다. 자녀들은 부모님을 마음으로부터 공경하고 부모님의 말씀에 기쁨으로 순종해야 한다. 이런 성경적인 가정이 세워질 때 우리 자녀들이 '아, 나도 저렇게 가정을 꾸리면 되겠구나. 나도 저렇게 결혼 생활을 하면 되겠구나. 나도 저런 가정을 세우고 싶다' 이런 꿈을 꾸지 않겠는가.

모든 부모가 하나님께서 창조하신 가정의 원리를 지키며 아름다운 가정을 세우는 데 힘쓰기를 주님의 이름으로 축복한다. 적어도 예수 믿는 가정의 자녀들은 "목사님, 저는 우리 엄마 같은 여자 만나고 싶어요", "저는 우리 아빠 같은 남자 만나고 싶어요", "저도 빨리 결혼해서 우리 부모님처럼 살고 싶어요" 이런 말을 할 수 있어야 하지 않겠는가. 부모는 자녀에게 가정의 소중함을 가르치는 것과 함께 결혼의 소중함을 보여줘야 한다.

> 모든 사람은 결혼을 귀히 여기고 침소를 더럽히지 않게 하라 음행하는 자들과 간음하는 자들을 하나님이 심판하시리라 히 13:4

이 당시 교회 안에 금욕주의자들과 쾌락주의자들이 있었다. 금욕주의자들은 모든 성생활을 속되다 여기고 결혼 자체를 금지했다. 그런 자들에게 하나님께서 설계하신 결혼과 가정을 가치 있게 여기라고 말하는 것이다. 쾌락주의자들은 결혼하고도 배우자 아닌 사람들과 성적 쾌락을 즐겼다. 성경은 그들에게 침대를 더럽히지 말라고 경고한다. 음행은 결혼 전에, 간음은 결혼 후에 성적인 죄를 범하는 것이다. 성경은 부부관계 밖에서 이루어지는 모든 성행위를 금한다. 이것이 가정을 무너뜨리는 데 치명적인 역할을 하기 때문이다.

성경은 낯선 창녀들과 난잡한 싸구려 쾌락을 구하지 말고, 결혼한 배우자와의 친밀한 사랑을 소중하게 여기라고 한다(잠 5장). 부부가 각방을 써 마귀에게 틈을 주지 말라고 한다(고전 7:5). 우리는 즐거운 부부 생활을 위해 적극적으로 노력해야 한다. 성적인 것은 영적인 것이다. 성적 문제는 가정을 깨뜨릴 뿐만 아니라 하나님과의 관계까지 깨뜨린다. 다윗이 성적으로 무너지자 구원의 기쁨을 잃어 주님과 함께하는 기쁨이 사라졌다.

주의 구원의 즐거움을 내게 회복시켜주시고 자원하는 심령을 주사 나를 붙드소서 **시 51:12**

최초의 가정이 무너진 이유는 아담과 하와가 하나님을 떠나고 하나님의 말씀을 떠났기 때문이다. 하나님과 틈이 생기자 가정에 틈이 생겼다. "내 뼈 중의 뼈요 살 중의 살"(창 2:23)이라고 고백했던 배우자를 "그 여자"(창 3:12 새번역)라고 부른다. 결혼 전에는 하늘의 별도 따주겠다고 했는데 하나님과 멀어지자 모든 문제를 저 사람 때문이라고 탓하기 시작한다.

가정예배를 통해 하나님이 우리 가정의 주인이심을 인정하자

어떻게 가정을 지켜야 할까. 가정을 지키는 길은 다시 하나님께 돌아키고 하나님의 말씀으로 돌아가는 것이다. 하나님께서 우리 가정의 주인이심을 인정하는 것이다. 아무리 좋은 가정을 만들려고 노력해도 하나님께서 세워주지 않으시면 모든 수고가 헛된 노력이 된다.

여호와께서 집을 세우지 아니하시면 세우는 자의 수고가 헛되며 **시 127:1**

가정의 주인은 남편도 아내도 자녀도 아니다. 가정의 주인은 하나님이시다. 하나님께서 우리 가정의 주인이심을 인정하고, 그분이 우리 가정을 세워가시도록 하는 것이 가정예배다. 가정예배를 통해 우리 가정의 주인이 하나님이심을 인정하자. 가정을 향한 하나님의 말씀이 선포되고, 가족이 받은 말씀을 붙들고 한마음으로 함께 기도하고 순종할 때 하나님께서 우리 가정을 건강한 공동체로 세워가실 것이다.

하나님을 우리 가정의 주인으로 인정했다면 이제 가족을 향한 원망을 멈춰라. 우리는 결코 우연히 만난 것이 아니다. 부모님, 배우자, 자녀 모두 하나님의 특별한 사랑과 섭리 안에서, 하나님께서 허락하시고 인도하셔서 운명적으로 만난 것이다. 하나님께서 보내주신 사람이라는 믿음으로 서로를 바라보고, 손님을 대하듯 친절하게 대하자. 하나님께서 우리 가정을 다스리기 시작하실 때 놀라운 축복을 누리게 될 것이다. 결혼은 축복이다.

은혜를 선포하기
"우리 가정의 주인은 하나님이십니다."

가슴으로 나눔 하기
1. 어린 시절 부모님과 함께 보낸 시간 중 가장 행복했던 추억을 나눠보자.

2. 내가 생각하는 천국(과 같은) 가정은 어떤 모습인가?

3. 우리 가정을 천국 가정으로 만들기 위해 나는 어떤 노력을 해야 할지 나눠보자.

정성을 다해 기도하고 축복하기
우리 가정이 천국 가정이 되도록, 이 땅에 가정의 가치가 회복되도록 기도한다.

부모님 중 한 분이 가족의 이름을 부르며 축복기도 한다.

예수님을 바라보는 침묵의 시간
1분간 조용히 침묵하며 지금 나를 안아주시는 하나님의 사랑을 느껴본다.

배운 대로 살아가는 생활 숙제
천국 가정을 만들기 위해 노력할 것(나눔 3) 1가지씩 실천하기

배우자를 구하는 기도

*배우자를 구하는 기도

123

📅 19주 가정은 천국이다 1

그는 근본 하나님의 본체시나 하나님과 동등됨을 취할 것으로 여기지 아니하시고

빌립보서 2장 6절

따뜻한 햇살처럼 마음을 여는 기도

우리에게 천국 가정을 꿈꾸게 하신 주님, 주님께서 허락하신 꿈을 소중히 여기며 어떤 어려움 속에서도 주님의 꿈을 이루는 가정이 되게 하옵소서. 우리의 가정을 아름다운 천국이 되게 하옵소서.

나의 고백으로 찬양하기

찬송가 570장 주는 나를 기르시는 목자

하나님의 말씀 듣기

결혼은 수사자와 암사자의 만남이 아니라 수사자와 암소의 만남이라고 한다. 어느 날 수사자와 암소가 만나 사랑에 빠져 결혼한다. 둘은 얼마나 사랑했는지 서로를 위해서 최선을 다한다. 암소는 사랑하는 수사자를 위해 아침 일찍 일어나서 새벽이슬을 맞은 신선한 풀을 뜯어다 준다. 수사자는 행여나 암소가 무안해할까 봐 아무 말도 하지 않고 풀을 먹는다. 수사자도 사랑하는 암소를 위해 들판에 나가 사냥해서 신선하고 맛있는 고기를 가져다준다. 암소도 수사자가 미안해할까 봐 차마 아무 말 하지 못하고 꾹 참는다.

사랑하는 마음 때문에 꾹 참던 수사자와 암소가 어느 날 그만 폭발하고 만다. "나는 내가 할 수 있는 최선을 다했어. 내가 도대체 얼마나 더 많이 참아야 해?" "무슨 소리야. 당신

은 내 맘을 너무 몰라." "아니야, 항상 불만을 가진 당신이 문제야." 그러다 결국 헤어졌다고 한다. 과연 이렇게 다른 수사자와 암소가 행복하게 살 수 있을까? 그런데 성경은 수사자와 암소가 행복하게 사는 것이 가능하다고 말씀한다.

> 그때에 이리가 어린 양과 함께 살며 표범이 어린 염소와 함께 누우며 송아지와 어린 사자와 살진 짐승이 함께 있어 어린아이에게 끌리며 암소와 곰이 함께 먹으며 그것들의 새끼가 함께 엎드리며 사자가 소처럼 풀을 먹을 것이며 사 11:6,7

이 말씀은 하나님의 나라, 천국에 관한 것인데 너무도 명확하게 사자와 소가 행복하게 함께 살 수 있다고 말씀하고 있다. 그리고 우리는 예수님을 통해 이 천국을 누리게 되었다.

상대방의 입장이 되어 서로를 이해하자

결혼 생활을 하면서 싸우는 이유는 내 방식대로 상대방을 사랑하려고 하기 때문이다. 그런데 예수님은 우리에게 천국을 주시기 위해서 우리에게 천국으로 올라오라고 하신 것이 아니라 그분이 직접 이 땅에 내려오셨다. 이것을 성육신이라고 한다.

> 그는 근본 하나님의 본체시나 하나님과 동등됨을 취할 것으로 여기지 아니하시고 오히려 자기를 비워 종의 형체를 가지사 사람들과 같이 되셨고 사람의 모양으로 나타나사 자기를 낮추시고… 빌 2:6-8

하나님은 인간과 깨어진 관계를 회복하기 위해서 인간에게 하나님의 수준으로 올라오라고 요구하시는 대신 그분이 인간의 수준으로 낮아지셨다. 우리의 가정이 천국 같은 가정이 되려면 우리도 상대방의 자리까지 낮아져서 상대방을 이해하고 존중할 수 있어야 한다.

행복한 가정생활은 내 입장에서 최선을 다하는 것이 아니라 상대방의 입장에서 최선을 다하는 것이 중요하다. 수사자와 암소가 헤어진 것은 사랑하는 마음이 없어서가 아니고 노력이 부족해서도 아니었다. 상대방에 대한 이해가 부족했기 때문이다.

우리는 흔히 "이게 당연한 거 아냐?"라고 말한다. 그런데 그렇지 않다. 세상에 당연한 것은 없다. '내가 좋아하니까 당연히 상대방도 좋아하겠지'라는 생각이 서로를 힘들게 할 수 있다. 피가 뚝뚝 떨어지는 사슴 고기를 보고 사자는 군침이 돌지만 암소는 공포를 느낀다. 상대방에 대한 이해가 없으면 사랑도 폭력이 될 수 있다. 그러므로 행복한 가정생활을 하기 위해서는 최선을 다하기 전에 먼저 상대방이 무엇을 원하는지, 무엇을 힘들어하고 무엇을 기뻐하는지, 상대방이 언제 사랑받는다고 느끼는지 알아야 한다.

당신은 배우자나 가족이 무엇을 좋아하는지 써보라고 하면 몇 가지를 쓸 수 있겠는가. 요즘 배우자가 무엇 때문에 힘들어하는지 들어보았는가. 자녀가 언제 사랑받는다고 느끼는지 아는가. 부모님이 언제 행복해하는지 아는가.

《5가지 사랑의 언어》(생명의말씀사, 2010)라는 책은 사람마다 사랑을 느끼는 언어가 있다며 이를 인정하는 말, 함께하는 시간, 선물, 봉사, 스킨십의 5가지로 소개한다. 사람마다 사랑받는다고 느끼는 언어와 사랑을 표현하는 언어가 다르다. 우리 가족의 사랑의 언어가 무엇인지 알고 있는가. 상대방의 언어로 사랑을 표현해야 사랑이 사랑으로 전해진다.

상대방을 바꾸려 하지 말고 더욱 그 사람다워지게 격려하자

천국 가정을 위해서는 서로를 존중해야 한다. 소를 사자로 바꾸려 한다고 바뀌겠는가. 사자가 소가 되려고 노력한다고 그렇게 되겠는가. 바뀔 수도 없고 바꿀 수도 없다. "왜 치약을 중간부터 짜냐", "치약을 어떻게 짜든 그게 뭐가 중요하냐" 이런 문제로 수십 년째 싸우고 있지 않은가. 이 말에 내포된 의미는 '내가 옳고 당신이 틀렸다'라는 것이다.

사자가 옳을까, 소가 옳을까. 둘 다 옳다. 소가 틀려야 사자가 옳은 게 아니다. 소는 소대로 옳고 사자는 사자대로 옳다. 틀린 것이 아니라 다른 것이다. 스타일과 취향의 문제를 진리의 문제 대하듯 하면 안 된다. 상대방을 존중한다는 것은 그를 내가 원하는 스타일로 바꾸려는 노력을 멈추는 것이다. 우리는 상대방을 바꿀 수도 없고, 바꾸려 해서도 안 된다. 취향은 옳고 그름이 없다. 다 옳다. 우리의 역할은 바꾸는 게 아니라 받아들이는 것이다.

지금 내 옆에 있는 배우자는 하나님께서 직접 창조하신 걸작품이다. 저 사람을 내가 원하는 스타일로 바꾸려고 하는 순간 하나님의 작품을 망치는 것이다. 작품은 있는 그대로 감상해야 한다. 나와 다른 모습의 가족을 보면서 "저 사람은 왜 저러지?" 하면서 비난하고 한숨 쉬는 것이 아니라 "와, 정말 놀랍다. 정말 신기하다. 어떻게 저런 생각을 할 수 있을까" 이렇게 감탄하며 바라봐야 한다.

소의 기준으로 사자를 평가하면 사자는 뭘 해도 늘 부족한 존재다. 그러면 사자는 행복하지 않다. 사자가 행복해지려면 최대한 소를 닮아야 하는 것이 아니라 더 사자다워져야 한다. 진짜 좋은 만남은 사자는 더 사자다워지고 소는 더 소다워지는 것이다. 시간이 지날수록 자신이 어떤 사람인지 발견하고 더 자신다워져야 한다. 같이 있으면 자존감이 올라가고, 내가 더 나다워져야 한다. 이렇게 서로 이해하고 존중할 때 우리 가정은 천국이 된다.

은혜를 선포하기

"나는 가족을 이해하고 존중하겠습니다."

가슴으로 나눔 하기

1. 가족들의 모습 중에 전에는 이해되지 않았지만 지금은 이해되는 부분을 나눠보자.

2. 가족들의 사랑의 언어가 무엇인지 맞춰보고, 자신의 사랑의 언어를 나눠보자.

3. 사람들이 당신을 어떻게 대할 때 존중받는다고 느끼는지 나눠보자.

정성을 다해 기도하고 축복하기

받은 은혜를 기억하며 기도한다.

부모님 중 한 분이 가족의 이름을 부르며 축복기도 한다.

예수님을 바라보는 침묵의 시간

1분간 조용히 침묵하며 하나님의 사랑을 느껴본다.

배운 대로 살아가는 생활 숙제

세족식하기

(대야, 수건, 의자, 따뜻한 물을 준비하고, 한 사람씩 돌아가면서 서로의 발을 씻겨준다.

발을 다 씻긴 후 씻겨준 사람이 기도해주고 축복한다.)

부부를 위한 기도

* 부부를 위한 기도

20주 가정은 천국이다 2

… 죽기까지 복종하셨으니 곧 십자가에 죽으심이라

빌립보서 2장 8절

따뜻한 햇살처럼 마음을 여는 기도

사랑하는 주님, 주께서 저희를 사랑하셔서 십자가를 지셨듯 저희도 사랑하는 가족을 위해 십자가를 지게 하옵소서. 남편과 아내, 부모와 자녀 사이에 십자가가 있게 하시고, 십자가의 마음으로 서로를 바라보게 하옵소서.

나의 고백으로 찬양하기

찬송가 486장 이 세상에 근심된 일이 많고

하나님의 말씀 듣기

한 형제가 교제하던 자매를 부모님께 인사시켰는데 어머니가 반대하자 그 자매와 헤어지고 다른 자매를 만났다. 그러나 어머니는 새로 만난 자매도 반대했다. 그래서 형제는 최대한 자기 엄마와 비슷한 타입의 자매를 만나 부모님께 소개했다. 그제야 어머니가 좋아했는데 이번에는 아버지가 절대 안 된다고 반대했다.

우리는 어떻게 천국 가정을 만들 수 있을까. 결혼 생활을 하면서 싸우는 이유는 상대방을 이용해서 내가 행복해지려고 하기 때문이다. 그래서 주도권 싸움을 한다. 그런데 예수님은 천국을 주시기 위해 우리에게 조건을 요구하지 않으시고 그분이 직접 우리의 조건을 채워주셨다. 그것이 십자가다.

십자가를 지는 것이 기쁘고 즐겁고 행복할까. 그렇지 않다. 고통스럽고 힘들고 어렵다. 그런데 예수님은 아무런 죄가 없으신데도 우리를 용서하기 위해서 그 고통스러운 십자가를 지셨다. 십자가는 상대방을 바꾸고 희생시켜서 내가 행복해지는 것이 아니라, 나를 바꾸고 희생해서 상대방을 행복하게 하는 것이다. 우리 가정이 천국 같은 가정이 되려면 이해득실을 따지는 것이 아니라 십자가를 지는 희생과 용서가 있어야 한다.

어떤 분야에 탁월한 사람을 볼 때 저 사람은 타고났다고 말한다. 과연 김연아 선수나 손흥민 선수가 타고난 것만으로 세계적인 선수가 되었을까. 타고난 재능도 있었지만, 그보다 많은 노력과 땀과 수고와 희생이 있었기 때문에 가능한 것이다.

사람들은 완벽한 짝을 만나면 저절로 사랑이 되고, 사랑하는 사람과 결혼하면 저절로 행복한 가정이 이루어지는 줄 안다. 그래서 지금 내가 행복하지 못한 이유는 사람을 잘못 만났기 때문이라고 여긴다. 그러나 행복한 가정을 만들기 위해서는 잘 맞는 사람을 만나는 것보다 함께 인내하고 수고하고 노력하고 희생하는 것이 훨씬 더 중요하다.

시간, 재정, 에너지를 효율적으로 사용하라

이혼 전문 변호사 최유나 씨가 한 강연에서 "이혼은 성별과 성격을 넘어서 시간, 돈, 노동력의 분배와 소통의 문제 때문"이라고 말했다. 부부 사이에 어려움이 있는 것은 성별이나 성격 차이뿐 아니라, 시간과 돈과 에너지를 어떻게 사용할지 원칙 없이 그냥 되는 대로 살기 때문이라는 것이다. 건강한 가정을 세우기 위한 노력이 부족했다는 지적이다.

결혼하고 6년 동안 한 번도 싸운 적이 없던 부부가 아이를 낳고부터 갈등이 시작되었다. 잠을 충분히 못 자고 아이를 키우다 보니 피곤하고 예민해졌고, 제한된 에너지로 일과 육아를 병행하다 보니 체력적인 부담이 컸다. 그러다 보니 갈등이 생기기 시작했다.

어느 날 거울 앞에 전혀 다른 사람이 되어 있는 자신을 보며 좌절감이 든 남편은 담임목사님을 만나서 "결혼 생활이 이렇게 어려운지 몰랐어요"라며 육아의 어려움을 토로했다. 목사님은 그 이야기를 다 듣고는 그를 위로하며 말했다. "지금 너무 힘들죠. 맞아요. 육아가 참 힘들어요. 그런데 사모님은 지금 집사님보다 2배는 더 힘들 거예요."

그 말을 듣던 남편은 뒤통수를 한 대 맞은 것 같았다. 자기가 아내보다 더 힘들다고 생각한 건 아니었지만, 최소한 둘이 똑같이 힘들다고 생각했는데 그게 아니었다. 아내는 자기보다 2배 더 힘든데도 참고 있었던 것이다. '아내는 나보다 2배 더 힘들다.' 따지고 계산하지 마라. 이해하려 하지도 말고 믿음으로 받아들여라. '아내는 나보다 더 힘들다.'

남편은 자녀를 양육하는 데 에너지를 다 쓰면 안 된다. 육아를 하면서 아내가 힘든 이유는 육아가 힘든 것보다 자신을 돌봐줄 사람이 없기 때문이다. 남편의 역할에서 우선순위는 아이를 돌보는 것보다 아내를 돌보는 것이다. 물론 자녀를 돌보고 부모님도 섬겨야 한다. 그러나 하나님께서 남편에게 맡긴 첫 번째 목양의 대상은 아내라는 것을 기억해야 한다.

맞는 말보다 예쁜 말

또한 말이 중요하다. 남편들이 "뭘 도와줄까? 내가 도와줄게"라는 말을 하는데 이런 말은 하면 안 된다. "뭘 도와줄까"가 아니라 "뭘 하면 될까?"로, "내가 도와줄게"가 아니라 "내가 할게"로 바꿔라. 아내가 설거지하다가 쨍그랑 접시를 깨면 누구 책임일까? 남편 책임이다. 남편은 가장이기 때문이다. '우리 가정에서 일어나는 모든 일은 다 내 책임이다' 이 마음으로 사는 것이 십자가를 지는 것이다.

아내가 할 일은 잔소리를 멈추는 것이다. "왜 컵을 거기에 놓냐? 설거지를 했으면 뒷마무리 좀 잘해라. 행주를 썼으면 빨아라. 변기 뚜껑 내려라. 분리수거 똑바로 해라. 욕실 청소 꼼꼼하게 해라. 양말을 왜 뒤집어 벗어놓냐. 옷은 옷걸이에 걸어라" 이것이 무한 반복된다.

아내의 잔소리 중에 틀린 말은 없다. 아내 말은 다 맞다. 그러나 아무리 맞는 말이고 의도가 좋아도 잔소리는 사이를 멀어지게 한다. 아내의 잔소리를 들으면서 '그래, 맞아. 내가 그렇게 해야지' 이렇게 생각하는 남편은 없다. 사이가 좋아지게 하는 것도 중요하지만 사이를 더 나빠지지 않게 하는 것이 더 중요하다. 잔소리는 사이를 나빠지게 만든다.

한 대학에서 중년 남성 1만 명을 대상으로 10년을 추적 조사했는데 놀랍게도 아내의 잔소리를 지속적으로 듣는 남성 그룹은 그렇지 않은 그룹보다 사망률이 2배나 높았다. 아내의 잔소리가 남편의 수명을 단축시킨다는 것을 기억하고, 꼭 해야 할 말이 있다면 기분 좋을 때 짧게 한 번만 이야기하라.

잔소리를 멈추고 뭘 해야 할까. 남편을 매일 아침저녁으로 칭찬하고 격려해주어라. "당신은 세상에서 가장 멋진 남편이에요." 아내도 사실 여부를 따지면 안 된다. 그냥 믿음으로 고백하라. 남자는 예쁜 여자를 좋아한다고 한다. 맞는 말이다. 그러나 남자는 얼굴이 예쁜 사람보다 말이 예쁜 사람과 함께 있을 때 훨씬 더 행복해한다는 것을 기억하자.

십자가의 은혜 안에서 용서를 배우자

가정은 우리가 행복을 누려야 할 곳이면서 동시에 성화의 훈련을 받는 최고의 장소다. 가정을 통해 배워야 할 것들 가운데 반드시 배워야 할 한 가지는 용서다. 배우자, 부모, 자녀 때문에 심장이 십자가에 못 박힌 것 같은 아픔을 느낄 때가 있다. 배신감을 느끼기도 하고, 잊히지 않는 상처를 받기도 한다. 그런 가족의 잘못을 생각하면 결코 용서할 수 없다.

그러나 예수님은 우리 죄를 보고 우리에게 책임을 묻지 않으셨다. 스스로 십자가를 지고 우리를 용서해주셨다. 이것이 우리가 가족을 용서해야 하는 이유다. 가족을 용서할 이유는 가족에게 있지 않고 우리 자신에게 있지도 않다. 우리가 용서해야 할 이유는 예수님에게 있다. 예수님이 우리를 용서하셨기 때문에 우리도 용서해야 하는 것이다.

부모님을 용서하지 못하고 사는 자녀들이 많다. 억울한 것이 있을 것이다. 그러나 부모님도 나와 똑같은 사람이라는 것을 기억하자. 엄마 아빠로 태어난 것이 아니라 살다 보니 엄마 아빠가 되었고, 부족함이 있지만 그래도 할 수 있는 최선을 다해 자녀를 사랑했다. 더 좋은 방법을 알았다면 그렇게 했을 것이다. 엄마는 꾸밀 줄 모르는 것이 아니라 자녀를 꾸미느라 자신을 돌볼 시간이 없었고, 아빠는 눈물이 없는 것이 아니라 자녀 없는 곳에서 우신 것이다. 엄마도 예뻐지고 싶은 여자고 아빠도 울고 싶을 때가 있는 누군가의 아들이다. 완벽하지 못한 부모님을 탓하지 말고, 최선을 다한 부모님께 감사하자.

우리는 결코 완벽하지 않다. 끊임없이 넘어지고 쓰러지는 연약한 존재라서 관계를 깨뜨릴 만한 이유를 찾으려 들면 얼마든지 찾을 수 있다. 사랑이 없으면 핑계를 찾지만 사랑하면 방법을 찾는다. 주님은 우리와 헤어질 핑계를 찾지 않으시고 우리와 함께할 방법을 찾으셨다. 그것이 십자가다.

솔직히, 우리 힘과 노력으로 이렇게 사는 것이 가능할까. 한두 번은 할 수 있겠지만, 평생 이렇게 사는 것은 불가능하다. 이것은 우리가 할 수 있는 것이 아니고 하나님께서 도와주셔야 한다. 그래서 우리가 해야 할 일은 날마다 예수님을 바라보고 그분의 다스림을 받는 것이다. 부활하신 주님이 우리 가정을 다스리시고, 주님의 은혜가 우리 삶을 붙들고 있을 때 우리는 비로소 서로를 이해하고 존중하며 희생하고 용서하는 성육신과 십자가의 삶을 살 수 있게 된다.

이제 우리 가정에서 가장 많이 들려야 할 말은 "여보, 우리 같이 기도해요", "애들아, 우리 예수님 바라보자", "아빠 엄마, 예수님이 도와주실 거예요" 이런 말이 되어야 할 것이다. 그럴 때 사랑하는 우리 자녀들이 어느 날 교회에서 천국에 관해 듣고 "아빠 엄마, 우리 집이 천국이에요. 우리 집이 바로 그 천국이에요"라고 말하게 될 것이다.

은혜를 선포하기

"나는 가족을 위해 희생하고 용서하겠습니다."

가슴으로 나눔 하기

1. 당신이 생각하는 천국은 어떤 모습인가?

2. 가족을 위해 내가 희생해야 할 것은 무엇인지 나눠보자.

3. 가족에게 미안한 것이 생각난다면 구체적으로 미안하다고 사과하고, 용서를 구하자.

정성을 다해 기도하고 축복하기

말씀을 기억하며 자신의 부족함을 돌아보고 회개의 기도를 한다.

부모님 중 한 분이 가족의 이름을 부르며 축복기도 한다.

예수님을 바라보는 침묵의 시간

1분간 조용히 침묵하며 지금 나와 함께 계시는 예수님을 바라본다.

배운 대로 살아가는 생활 숙제

가족에게 감사편지 쓰기

다음 주는 가족 파티를 준비한다. ✨

가정을 위한 기도

* 행복한 가정을 위한 기도 ──────

21주 좋게 봐주는 것이 사랑이다

●

예수께서 이르시되 가만 두라 너희가 어찌하여 그를 괴롭게 하느냐

그가 내게 좋은 일을 하였느니라

마가복음 14장 6절

따뜻한 햇살처럼 마음을 여는 기도

죄인 된 저희를 정죄하지 않으시고 사랑스런 눈빛으로 바라봐 주시는 주님, 주님의 따뜻한 시선이 메마른 저희의 영혼을 풍성하게 합니다. 언제나 저희를 좋게 봐주시는 주님처럼 저희도 따뜻한 눈으로 서로를 보게 하옵소서.

나의 고백으로 찬양하기

찬송가 301장 지금까지 지내온 것

하나님의 말씀 듣기

아내가 결혼하고 몇 년째 미역국을 한 번도 못 먹었다는 이야기를 들은 남편은, 태어나서 한 번도 미역국을 끓여본 적이 없지만, 이번 아내 생일에 아내가 좋아하는 잡채와 미역국을 준비하기로 했다. 장을 보고 레시피에 나온 대로 열심히 해보았으나 미역국은 맛이 없었다. 음식이 레시피만 가지고는 되지 않는다는 것을 알았다.

미역국을 한입 맛본 아내가 눈물을 흘렸다. 옆에서 지켜보던 남편은 그 정도로 맛이 없나 싶어 당황했다. 그런데 아내가 눈물을 흘린 이유는 미역국이 맛이 없어서가 아니었다. 남편의 사랑에 감동받았기 때문이었다. 아내는 "재료비가 얼마인데 비싼 한우로 이렇게 만들어 놓으면 어떡해요"라고 계산하고 화내는 것이 아니라 한 번도 해본 적 없는 요리를 몇 시간

133

동안 준비한 남편의 사랑과 정성을 본 것이다. 사랑하면 맛없는 미역국에도 감동받는다. 사랑은 좋게 봐주는 것이다.

> 예수께서 이르시되 가만두라 너희가 어찌하여 그를 괴롭게 하느냐 그가 내게 좋은 일을 하였느니라 가난한 자들은 항상 너희와 함께 있으니 아무 때라도 원하는 대로 도울 수 있거니와 나는 너희와 항상 함께 있지 아니하리라 그는 힘을 다하여 내 몸에 향유를 부어 내 장례를 미리 준비하였느니라 **막 14:6-8**

옥합을 깨뜨린 여인에게 사람들이 뭐라고 하자 예수님이 "왜 이 사람을 속상하게 하니. 이 사람은 나를 위해 이렇게 한 거야. 꼭 필요한 일을 한 거야"라며 이 여인의 편이 되어주시는데 예수님의 변호가 조금 어색하다. 어떻게 보면 마치 주님께서 급하게 말을 만들어 내시는 것처럼 느껴지기도 한다.

주님이 얼마나 가난한 자들을 사랑하시는가. 그런데 저렇게 말씀하시는 것은 가난한 자들을 염두에 두고 말씀하신 것이 아닌 것처럼 보인다. 이 여인이 장례를 준비해주지 않으면 주님이 십자가를 지지 못하실까? 그렇지 않을 것이다. 그저 이 여인을 지켜주기 위해 그렇게 말씀하신 것처럼 느껴진다.

주님은 우리가 한 어떤 헌신도 결과만 보고 나쁘게 해석하지 않으신다. 주님은 항상 좋게 봐주시고 좋게 해석해주신다. 사랑이란 좋게 봐주는 것이다. 아무리 못생긴 아이도 부모 눈에는 예뻐 보인다. 예수님은 우리의 사랑과 충성을 합리적으로 해석하거나 경제 논리로 계산하지 않으시고, 그저 사랑의 눈으로 바라봐 주신다. 예쁘게 봐주고 좋게 봐주신다. "그는 힘을 다하여"라고 하신다. 이 여인이 넉넉한 가운데 일부를 바친 것이 아니라 그가 할 수 있는 최선을 다한 것이라고 칭찬하신다.

한마디를 해도 덮어주고 살리는 말을 하자
말 한마디를 해도 사람을 살리는 사람이 있고 죽이는 사람이 있다. 맞는 말, 옳은 말이라고 다 좋은 것이 아니다. 사람을 살리는 말인지 죽이는 말인지가 더 중요하다. 우리의 말이 사람을 죽이고 있는지 살리고 있는지 돌아보자.

때로는 부족한 점이 보여도 덮어주는 것이 필요하다. "나는 틀린 말은 안 해"라고 하면서 사랑하는 사람에게 상처를 주고 있지는 않은가. 주님은 그렇게 하지 않으셨다. 일의 결과보다 그 사람을 더 중요하게 여기셨고, 결과가 부족해도 어떤 마음으로 어떤 과정을 거쳤는지를 보셨다. 사랑은 부분만 보고 판단하는 것이 아니라 전체를 보고 좋게 해석해주는 것이다. 주님은 항상 좋게 봐주신다.

운동 경기를 볼 때 사람들은 경기 결과에 집착하지만, 선수가 준비하는 모든 과정을 함께 보아온 선수의 가족은 결과만 보지 않는다. 경기가 안 풀려도 비난하지 않고, 결과가 안 좋아도 악플을 달지 않는다. 그동안 땀 흘리고 수고했던 모습을 다 지켜보았고, 경기가 안 풀릴 때 가장 속상한 사람이 선수 자신이라는 것을 알기 때문에 비난할 수 없다.

살다 보면 사람들에게 비난받을 때가 있다. 사람들은 우리 보고 낭비한다고 비난하지만, 예수님은 거룩한 낭비라고 칭찬해주신다. 신앙이란 사람들의 많은 비난보다 주님의 한마디 칭찬을 더 귀하게 여기는 것이다. 사람들이 알아주지 않고 사람들이 뭐라 해도, 주님이 알아주시면 족하다고 말할 수 있는 것이 신앙이다.

놀랍게도 복음이 전파되는 곳마다 이 여인의 이야기도 반드시 함께 전해지게 되리라 하신다. 이 여인의 모습이 기독교의 핵심이라는 것이다. 기독교는 교리도 중요하고, 예식도 중요하지만, 가장 중요한 것은 사랑이라는 것이다. 1년 치의 연봉을 그렇게 사용하는 것이 한심하거나 무모해 보이는 낭비일 수 있다. 그러나 주님은 그분을 사랑하는 사람들의 무모한 낭비를 영원히 기억하겠다고 하신다. 주님은 사랑으로 한 우리의 헌신을 "수고했어"라고 인정해주시는 정도가 아니라 "네가 꼭 필요한 일을 했구나. 참 잘했어. 나는 네가 너무 자랑스러워"라고 최고의 칭찬을 하신다.

좋게 봐주고 열정적으로 격려하자

지구촌교회에는 우리나라 최고의 찬양 사역자들이 많이 있다. 마커스워십, 예수전도단, 머스트워십의 찬양인도자, 컨티넨탈 싱어즈 출신의 찬양인도자, 그 외에도 일반 음악을 전공한 탁월한 찬양인도자가 많이 있었다. 그곳에서 청년부 찬양을 섬기던 나는 유명한 워십팀 출신도 아니고 음악을 전공한 것도 아닌, 족보 없는 찬양인도자였다.

그런데 그때 부서 담당 목사님은 내가 찬양 인도를 하고 내려오면 항상 "와, 나는 전도사님 찬양이 너무 좋아. 전도사님이 찬양을 인도하면 가슴이 뛰고, 밖에서 듣고 있으면 나도 빨리 가서 찬양하고 싶어져"라며 칭찬했다. 실수가 많은 날은 칭찬의 강도가 더해졌다. 왜 나에게 해주고 싶은 말이 없었겠는가. 그런데 늘 좋게 봐주고 좋게 이야기해주었고, 그 격려와 칭찬이 나로 하여금 오랫동안 찬양 사역을 할 수 있게 하는 힘이 되었다.

이제 가족을 좋게 봐주자. 그들이 옳아서도 아니고 완벽해서도 아니다. 부족한 것이 있고 연약함이 있다. 실패도 하고 실수도 한다. 이때 필요한 것은 잘못된 부분을 콕 집어 이야기해주는 것이 아니다. 무엇이 잘못되었는지는 본인이 가장 잘 안다. 이때 필요한 것은 좋게 봐주는 것이고, 마음을 알아주고 이야기를 들어주고 진심으로 격려해줄 사람이다.

남편을 내 편으로 만드는 것은 간단하다. 부족할수록 더 열정적으로 격려해주면 된다. 좋게 봐주고 좋게 해석해주자. 수고했다는 말로는 부족하다. "너무 잘했어. 꼭 필요한 일을 했어. 정말 자랑스러워"라고 말해주자. 아내를 향해서도 "당신 정말 사랑스러워. 너무 아름다워. 참 지혜로워"라고 말해주자. 부모가 원하는 수준에 도달할 때까지 자녀에게 칭찬을 아껴두지 마라. 모든 것을 다 잘해서 칭찬하는 것이 아니다.

예수님은 은혜받을 만한 사람에게 은혜를 베풀지 않으셨다. 자격 없는 자들에게 은혜를 베푸셨다. 자격을 따지지 말고 하나님의 시선으로 바라보자. "아빠는 네가 너무 자랑스러워", "엄마는 네가 너무 기대돼", "어떻게 이런 걸 다했어? 정말 놀랍다. 참 잘했어" 이렇게 마음껏 칭찬해주자.

사랑하는 가족을 격려하고 축복하는 데 힘을 아끼지 말자. 할 수 있는 최고의 축복과 힘이 나는 말을 들려주자. 지적하고 바꾸려는 노력을 멈추고 좋게 봐주고 좋게 말해줄 때 가정은 천국이 된다. "주님, 제게 좋게 보는 눈을 주시고, 더 많이 사랑하게 해주세요"라고 기도하자.

은혜를 선포하기

"나는 당신이 참 좋습니다."

가슴으로 나눔 하기

1. 결과로만 판단하고 나쁘게 말했던 경험이 있다면 나눠보자.

2. 한 사람씩 돌아가면서 2분간 쉬지 말고 칭찬해주자.

3. 오늘 말씀을 통해 받은 은혜나 새롭게 결단하는 것을 나눠보자.

정성을 다해 기도하고 축복하기

받은 은혜를 기억하며 기도하고, 한 사람씩 돌아가며 한 문장으로 기도한다.
부모님 중 한 분이 가족의 이름을 부르며 축복기도 한다.

예수님을 바라보는 침묵의 시간

1분간 조용히 침묵하며 생각을 통해 말씀하시는 하나님의 음성을 듣는다.

배운 대로 살아가는 생활 숙제

가족끼리 마니또를 뽑고 마니또에게 선물하기

자녀 축복기도 1

06
June

마음의 회복

22주 상처를 치유하라

그의 영광의 풍성함을 따라 그의 성령으로 말미암아
너희 속사람을 능력으로 강건하게 하시오며
에베소서 3장 16절

따뜻한 햇살처럼 마음을 여는 기도

치료자 되시는 주님, 저희의 상한 마음을 주님께 드립니다. 예배하는 동안 오랫동안 묶여
있던 마음의 사슬을 끊어주시고, 상처 난 마음에 새살이 돋게 하옵소서. 더 나아가 상처
받은 치유자로 살아가게 하옵소서.

나의 고백으로 찬양하기

찬송가 183장 빈 들에 마른 풀같이

하나님의 말씀 듣기

"저는 하나님이 선하신 분이라는 것도 알겠고, 또 예수님이 나를 사랑하셔서 나를 위해 십
자가를 지신 것도 머리로는 알겠는데, 솔직히 그 이야기가 제 마음에 와닿지 않아요." 많은
이들이 "머리로는 알겠는데 마음에 느껴지지 않는다"라고 말한다. 왜 그럴까? 왜 이 놀라운
복음이 우리 마음에 전혀 와닿지 않는 것일까.

그의 영광의 풍성함을 따라 그의 성령으로 말미암아 너희 속사람을 능력으로 강건하게 하
시오며 **엡 3:16**

139

행복한 삶을 살기 위해서는 속사람이 강건해야 한다. 내면이 건강해야 한다는 뜻이다. 행복하게 살지 못하고 하나님의 사랑을 느끼지 못하는 이유는 내면이 상처받고 깨져 있기 때문이다.

사람은 너무 큰 상처를 받았거나 오랫동안 상처를 받다 보면 고통에서 벗어나기 위해 스스로 마음에 진통제를 놓는데 그것이 중독이다. 중독이라는 진통제는 고통을 느끼지 못하게 하지만 동시에 기쁨도 감사도 느끼지 못하게 한다. 그래서 마음의 상처가 깊은 사람에게 "요즘 기분이 어떠세요?"라고 물어보면 자기 기분을 모른다. 마음에 감각이 없어진 것이다. 사랑받는다는 것이 어떤 느낌인지 모르기 때문에 십자가 사랑을 이야기해도 막연하게만 느껴진다.

아무리 넓은 바다 한가운데 있어도, 병뚜껑을 닫아 놓은 병에는 단 한 방울의 물도 담을 수 없다. 지금 내 마음에 주님의 사랑을 담지 못하는 것은 주님의 사랑이 부족하거나 주님의 사랑이 작아서가 아니다. 상처가 내 마음의 뚜껑을 닫아 놓았기 때문에 하나님의 사랑이 마음에 와닿지 않는 것이다.

보편적으로 가장 많은 상처를 주고받는 관계가 부모와 자녀 사이일 것이다. 가장 사랑하면서도 가장 상처를 많이 주고받는다. 아버지에 대한 상처를 안고 살아가는 사람들이 많다. A라는 친구는 "저는 지금까지 아버지에게 한 번도 칭찬을 들어본 적이 없어요. 아버지하고 즐겁게 놀아본 추억이 없어요"라며 눈물을 흘렸다. B라는 친구는 스무 살이 넘었는데도 여전히 아버지에게 폭언과 폭행을 당하고 있다. 아버지를 생각하면 어떤 느낌이 드냐고 그에게 물어보면 아무 말도 못 하고 울기만 한다.

상처가 많은 사람의 부모님에 관해 들어보면 지나치게 권위적이고, 자녀들에게 완벽을 요구하고, 하나부터 열까지 자녀의 삶을 통제하려고 하는 경우가 많다. 자녀들이 잘되기를 바라는 마음으로 한 것이지만 잘못된 방법으로 표현된 사랑이 자녀들에게는 상처가 되었다.

안타깝게도 우리 마음은 육신의 아버지와 하나님 아버지를 구분하지 못한다. 아버지에게 상처받은 자녀는 하나님 아버지를 부를 때 육신의 아버지에 대한 감정이 올라와서 하나님이 멀고 불편하게 느껴지고 하나님의 사랑이 마음에 와닿지 않는다.

상한 마음을 가지고 성령 하나님 앞으로 나아가자

내면의 상처를 어떻게 치유할 수 있을까? "성령으로 말미암아"라고 되어 있다. 성령의 능력을 통해서 속사람이 건강하게 된다. 성경은 성령님을 소개할 때 "보혜사"라고 한다. 보혜사는 헬라어로 '파라클레토스'라고 하는데 위로자, 돕는 자, 상담자라는 뜻이다. 우리를 가장 잘 도우시며, 최고의 위로자요 가장 탁월한 상담가이신 성령께서 우리의 깨어진 마음을 치유하시고 회복시켜주신다는 것이다.

상한 마음을 가지고 성령님께 나아가자. 아프면 아프다고, 힘들면 힘들다고 솔직하게 이야기하자. 성령님을 통해 상한 마음이 치유될 때 마음에 평안이 느껴지고, 사랑받는다는 것이 어떤 기분인지 알게 되고, 행복이 무엇인지 경험하게 된다.

마음의 상처는 바이러스와 같다. 바이러스는 완전히 없앨 수 있는 것이 아니고 다만 우리 몸을 건강하게 해서 활동하지 못하게 막는 것이다. 마음의 상처도 완전히 없앨 수는 없다. 마음을 건강하게 해서 상처가 삶을 망치지 못하도록 하는 것이다.

마음의 상처로 하나님을 오해하던 사역자가 있었다. 하나님이 자신을 사랑하신다는 것을 머리로는 알았지만, 왠지 열심히 하고 잘해야 하나님이 좋아한다는 생각이 있어서 정말 열심히 신앙생활을 하고 헌신했다. 그런데 사람이다 보니 어느 순간 마음이 지쳐버렸다.

하루는 약속이 있어 시내에 나갔다가 돌아오는 길에 마음이 답답해서 가까운 교회에 들어갔다. 기도하려고 해도 기도가 나오지 않아 한참을 우두커니 앉아 있는데 갑자기 억울하고 분한 마음이 느껴지더니 자기도 모르게 이런 기도가 나왔다. "하나님, 이제 그만 좀 하세요. 저도 이제 지쳤어요. 이만하면 됐지, 얼마나 더 해요. 제발, 이제 그만 좀 하세요. 더 이상은 못 하겠어요."

기도라기보다는 항변이었다. 그렇게 말하고 나니 서러움이 복받쳐 눈물이 났다. 한참을 울고 났는데 성령께서 그의 마음에 음성을 들려주셨다.

"얘야, 그렇게 애쓰지 않아도 괜찮아."

그 말에 속에서 뭔가 모를 뜨거움이 느껴지고, 무거웠던 마음이 깃털처럼 가벼워지는 것 같았다.

얼마 후 한 권사님이 "형제, 하나님은 형제가 기뻐하는 것을 기뻐하셔"라고 말씀해주셨는데 그 말을 듣고 눈물이 났다. 그는 그런 생각을 해본 적이 없었다. 오히려 몸이 부서지도록 열심히 해야 하나님께서 기뻐하신다고 생각했는데 그게 아니었다. '하나님은 내가 기뻐할 때 기뻐하시는구나. 내가 행복해하는 모습을 보면서 하나님도 행복해하시는 거구나!' 하고 깨달아지면서 그 말이 그동안 마음을 묶고 있던 커다란 사슬을 끊어내는 것처럼 느껴졌다.

그 일 이후로 그는 머릿속으로만 알고 있었던 예수님의 사랑이 마음에서 느껴지고 예수님이 좋으신 분이라는 것이 믿어졌다. 외로움과 공허함과 절망감이 사라지고 뭔가 모를 소망이 생기기 시작했다. 의무처럼 느껴졌던 기도 시간이 그렇게 좋을 수가 없었다. 마음속 이야기를 솔직하게 기도하기 시작하자 기도 시간이 너무 기다려졌다. 마음의 상처가 완전히 치료된 것은 아니지만, 성령께서 자신의 마음을 빚어가시는 것이 느껴졌다. 점점 상처에 지배받는 시간이 줄어들고, 예수 믿는 것이 행복해졌다.

상한 마음을 성령 하나님께 내어 맡기자. 가정에서 받은 상처, 일터에서 받은 상처, 친구에게 받았던 상처, 오랫동안 해결되지 않은 법적 소송으로 받은 상처, 가난으로 인한 상처, 심지어 하나님께 받았던 상처까지 성령 하나님께 솔직하게 고백하고 그 마음을 치유하시도록 맡겨드리자. 하나님께서 치유하시기 시작할 때 우리 마음에도 그분의 사랑이 느껴지고, 진정한 행복을 누리기 시작할 것이다.

은혜를 선포하기
"내가 기뻐할 때 예수님도 기뻐하십니다."

가슴으로 나눔 하기
1. 마음의 상처를 치유받은 경험이 있다면 나눠보자.

2. 아직 남아 있는 마음의 상처를 치유하기 위해 무엇을 할지 나눠보자.

3. 오늘 말씀을 통해 받은 은혜나 새롭게 결단하는 것을 나눠보자.

정성을 다해 기도하고 축복하기
치유의 성령님께 우리의 마음을 맡겨드리는 기도를 한다.

부모님 중 한 분이 가족의 이름을 부르며 축복기도 한다.

예수님을 바라보는 침묵의 시간

1분간 조용히 침묵하며 하나님의 사랑을 느껴보고, 상처받은 나에게 뭐라고 말씀하실지 귀 기울여 본다.

배운 대로 살아가는 생활 숙제

상처받은 자신에게 위로의 편지 쓰기

상처 치유 기도

솔직하게 기도하라

이르시되 아버지여 만일 아버지의 뜻이거든 이 잔을 내게서 옮기시옵소서
그러나 내 원대로 마시옵고 아버지의 원대로 되기를 원하나이다 하시니
누가복음 22장 42절

따뜻한 햇살처럼 마음을 여는 기도

우리의 기도를 들으시는 주님, 예배 가운데 깨지고 상한 마음이 회복되고 구원의 기쁨이
회복되게 하옵소서. 진실한 기도를 통해 모든 근심과 걱정은 사라지고 마음 깊은 곳에서
우러나는 감사와 평안이 가득하게 하옵소서.

나의 고백으로 찬양하기

찬송가 539장 너 예수께 조용히 나가

하나님의 말씀 듣기

중장년 세대에게 학창 시절에서 가장 힘든 시간은 시험 보는 시간이 아니라 시험이 끝난
후 첫 수업 시간이었다. 80점 이하의 점수를 받은 학생들이 모두 교실 앞으로 나와서 줄을
선다. 1점당 1대씩이다. 먼저 맞는 것이 좋을까 늦게 맞는 것이 좋을까.

선생님의 체력이 한계가 있으니 먼저 맞을수록 훨씬 세게 맞는다. 그런데도 모두 먼저 맞
으려고 한다. 먼저 맞는 것이 더 아프지만, 뒤에 맞으면 기다리는 동안 먼저 맞는 친구들을
보면서 두려움에 말라 죽는다. 매를 먼저 맞는 것도 힘들지만 매를 맞기 위해 기다리는 시간
은 더 고통스럽다.

예수님의 마음이 가장 힘드셨던 시간은 아마도 십자가를 지기 하루 전날이었을 것이다.

내일이면 십자가를 지게 된다. 그날은 잠도 오지 않는다. 내일 죽는 것을 아는데 잠이 오겠는가. 가장 고통스러운 시간에 예수님은 어떤 기도를 하셨을까.

> 이르시되 아버지여 만일 아버지의 뜻이거든 이 잔을 내게서 옮기시옵소서 그러나 내 원대로 마시옵고 아버지의 원대로 되기를 원하나이다 하시니 **눅 22:42**

예수님은 아버지의 원대로 되기를 원한다고 순종의 기도를 드리셨지만 그 전에 '아버지, 저 못하겠어요. 할 수만 있으면 피하고 싶어요'라는 자신의 마음을 먼저 솔직하게 고백하셨다.

기도는 좋은 친구와 마음을 나누는 만남이다

기도는 하나님과의 인격적인 만남이다. 만남에서 가장 중요한 것은 솔직함이다. 하나님은 솔직함을 원하신다. 누가복음 18장에 나오는 세리는 말도 제대로 못 했다. 기도가 매우 짧고 투박했다. 그런데 예수님이 세리의 기도를 칭찬하신다. 솔직함 때문이다. 바리새인의 기도에 다른 것은 다 있었지만 진심이 빠져 있었고, 세리의 기도에는 다른 것은 부족했지만 진심이 담겨 있었다. 주님은 진심으로 드리는 솔직한 기도를 원하신다(눅 18:10-14).

TV 뉴스에 G20 정상 회의라든지 두 나라의 정상 회담 소식이 나오곤 한다. 그 자리에서 솔직하게 말할 수 있을까? 그 자리는 생각을 많이 해야 하는 자리다. 모든 것이 잘 준비되어 있어야 한다. 만나는 시간도 정해져 있고, 무슨 말을 해야 할지도 정해져 있다. 미리 짜인 각본대로 만나야 한다. 양국 정상이 앉아 대화하는 모습이 어딘가 매우 불편해 보이곤 한다.

반면, 오랜만에 만났는데도 시간 가는 줄 모르고 이야기하게 되는 친구들이 있다. 어떻게 지내는지, 어떤 어려움이 있는지, 어떤 기도 제목이 있는지 나누는데 시간이 너무 빨리 가서 헤어지면서 "야, 나중에 또 전화하자" 한다.

누구나 그런 친구가 있을 것이다. 오랜만에 만났어도 어제 만나고 오늘 만나는 것처럼 편한 친구 말이다. 기도는 국가 원수들이 만나서 뭔가를 더 얻어내기 위해 머리를 굴리는 정치적인 만남이 아니라 오래된 친구와 마음속 깊은 이야기를 솔직하게 나누는 만남이다.

우리가 천지를 창조하신 창조주 하나님께 솔직하게 말할 수 있는 이유는 하나님이 우리 아버지이시기 때문이다. 예수님이 기도하실 때 하나님을 "아빠 아버지"라고 부르셨다. 예수님을 믿는 우리는 하나님의 자녀가 되었다. 우리의 모든 죄를 용서하시고 우리를 있는 모습 그대로 사랑해주시는 아버지에게 숨길 것이 없다. "아버지, 저 힘들어요. 아버지, 이제 그만하고 싶어요. 아버지, 아버지가 필요해요. 아버지, 이 잔을 거두어주세요." 솔직하게 말하면 된다.

솔직하고 진실한 기도에 주님의 위로가 온다

성경에서 가장 솔직하게 기도한 사람이 있다면 바로 다윗일 것이다. 다윗의 시편을 보면 그가 얼마나 솔직하게 기도하는지 모른다.

악인을 보내셔서 나를 고소한 법관을 고소하게 하소서. 사탄을 급파하셔서 그를 기소하게 하소서. 그가 유죄 판결을 받게 하시고 그가 드리는 기도는 모두 죄가 되게 하소서. 그의 수명을 줄이시고 그의 일자리를 다른 사람에게 주소서. 그의 자식은 고아가 되게 하시고 그의 아내는 미망인의 상복을 입게 하소서. 그 자식들이 거리에서 구걸하는 신세가 되고 제 집에서 내쫓겨 노숙하게 하소서. 은행이 재산을 차압하여 다 털어가고 모르는 자들이 독수리처럼 덮쳐 남은 것 하나 없게 하소서. 주위에 그를 도와줄 자 없게 하시고 고아가 된 자식들의 처지를 살피는 자도 없게 하소서. 그의 족보가 끊어져 아무도 그의 이름을 기억하지 못하게 하소서. 그 아비의 죄악 기념비를 세우시고 그 어미의 이름도 거기에 기록되게 하소서. 그들의 죄는 하나님 앞에 영구히 기록되지만 그들은 완전히 잊히게 하소서.

시편 109:6-15 메시지성경

다윗이 자신을 괴롭히는 사람들에 관해서 이렇게 기도한 것이다. 기도처럼 보이는가. 자신을 죽이려 하는 사울을 용서하고 자신을 반역한 압살롬까지 용서한 다윗이 어떻게 이런 기도를 할 수 있을까 싶을 정도다.

그러나 다윗은 하나님께 가장 솔직한 기도를 드렸고, 하나님은 그런 다윗에 대해 "나는 다윗이 정말 마음에 들어. 다윗과 있으면 마음이 편해. 다윗과는 마음이 통해"라고 말씀하셨다. 하나님은 진실하게 기도하는 다윗을 좋아하셨다. 다윗이 그렇게 괴로운 시간을 보내면서도 마음이 병들지 않을 수 있었던 것은 솔직하게 기도했기 때문이다.

성경은 마음이 힘든 시간을 보내는 우리에게 이렇게 권면한다.

아무것도 염려하지 말고 다만 모든 일에 기도와 간구로, 너희 구할 것을 감사함으로 하나님께 아뢰라 그리하면 모든 지각에 뛰어난 하나님의 평강이 그리스도 예수 안에서 너희 마음과 생각을 지키시리라 **빌 4:6,7**

당신에게도 마음속에 꼭꼭 숨겨놓았던 이야기, 창피를 당할까 봐 누구에게도 말하지 못했던 이야기, 죄책감과 두려움 때문에 깊이 묻어둔 이야기들이 있지 않은가. 그것이 부모님과 관계된 문제든, 친구와 관계된 문제든, 반복되는 죄의 문제든, 내면의 깊은 상처든, 어떤 것이든 상관없다. 주님은 솔직한 기도를 듣고 싶어 하신다. 예수님은 가장 힘들 때 가장 솔직한 기도를 드렸다. 마음의 위로는 위로부터 온다. 하나님께 솔직하게 기도하자.

은혜를 선포하기
"나는 하나님 앞에서 가장 솔직합니다."

가슴으로 나눔 하기
1. 속에 담아만 두었던 이야기를 누군가와 솔직히 나눠본 적이 있다면 그때 기분이 어땠는지 나눠보자.
2. 하나님께 솔직하게 기도하지 못했던 이유가 무엇인가? 만일 그 이야기를 하면 어떻게 반응하실 거라고 생각했는지 나눠보자.
3. 예수님이 내게 찾아오셔서 "너의 소원이 뭐니?"라고 물어보신다면 솔직하게 뭐라고 대답하고 싶은가?

정성을 다해 기도하고 축복하기
지금 나를 힘들게 하는 것이 무엇이든 솔직하게 기도한다.
부모님 중 한 분이 가족의 이름을 부르며 축복기도 한다.

예수님을 바라보는 침묵의 시간

1분간 조용히 침묵하며 지금 나를 안아주시는 하나님의 사랑을 느껴본다.

배운 대로 살아가는 생활 숙제

지금까지 한 번도 하지 못했던 솔직한 기도를 해보기

마음의 평안을 위한 기도 ——————————————

평안의 기도

불안한 마음을 다스리는 기도 ——————————————

불안한 마음

24주 주어진 것에 감사하라

이와 같이 나중 된 자로서 먼저 되고 먼저 된 자로서 나중 되리라

마태복음 20장 16절

따뜻한 햇살처럼 마음을 여는 기도

살아계신 주님, 작은 숫자가 모여 드리는 가정예배지만 살아계신 주님께서 함께하시기에 그 어떤 예배보다 역동적이고 살아있는 예배가 되게 하옵소서. 찬양과 말씀과 기도를 통해 저희의 몸과 영혼이 새로워지게 하옵소서.

나의 고백으로 찬양하기

찬송가 365장 마음속에 근심 있는 사람

하나님의 말씀 듣기

예수님은 천국을 비유로 말씀하신다.

한 주인이 아침 6시에 인력시장에서 일당 10만 원을 주기로 하고 일꾼을 데려온다. 그리고 9시에도 일을 구하지 못해 길거리를 배회하는 사람들을 농장으로 데려온다. 거기서 멈추지 않고 12시, 3시, 그리고 오후 5시에도 일꾼을 데려온다.

이제 하루 일을 마치고 일당을 받는 시간이다. 먼저 오후 5시에 온 사람들에게 약속대로 10만 원을 준다. 아침 6시에 온 사람이 그것을 보고 어떤 생각을 했을까. 당연히 '100만 원까지는 아니라도 저 사람보다는 더 주겠지' 이런 생각을 했을 것이다. 그런데 주인이 아침에 온 사람에게도 똑같이 10만 원을 주었다.

먼저 온 자들이 와서 더 받을 줄 알았더니 그들도 한 데나리온씩 받은지라 받은 후 집 주인을 원망하여 이르되 나중 온 이 사람들은 한 시간밖에 일하지 아니하였거늘 그들을 종일 수고하며 더위를 견딘 우리와 같게 하였나이다 **마 20:10-12**

그러자 이 사람이 주인에게 투덜거린다. "아니, 나는 아침 6시부터 10시간을 고생했는데, 어떻게 1시간 일한 저 사람과 똑같은 수당을 줄 수가 있습니까. 이건 옳지 않습니다. 공평하지 않아요." 불평하고 원망하면서 주인에게 따진다.

이 사람이 아침 6시에도 불평했을까? 그렇지 않았을 것이다. 아침에 일꾼으로 뽑혔을 때는 정말 좋아했을 것이다. "역시 이 주인은 사람 보는 눈이 있어. 그렇지, 내가 얼마나 일을 잘하는데." 다른 사람들보다 먼저 선택받았다고 얼마나 좋아했겠는가. 그런데 일당을 받는 순간 갑자기 억울한 마음이 든다. 이유는 비교 때문이다. 비교하기 시작하자 감사가 사라진다. 비교는 우리 마음을 한순간에 지옥으로 만든다.

이 사람이 오후 5시에 일한 사람과 비교하는 것이 아니라 주인과의 약속을 기억했다면 어떻게 달라졌을까. '이 주인은 나와 한 약속을 지킨 좋은 분이구나. 내게 일할 기회를 준 좋은 분이야' 이렇게 생각하며 행복했을 것이다. 그러나 주변과 비교하기 시작하자 감사가 사라져버렸다. 그런 일꾼을 향해 주인은 이렇게 말한다.

주인이 그중의 한 사람에게 대답하여 이르되 친구여 내가 네게 잘못한 것이 없노라 네가 나와 한 데나리온의 약속을 하지 아니하였느냐 네 것이나 가지고 가라 나중 온 이 사람에게 너와 같이 주는 것이 내 뜻이니라 내 것을 가지고 내 뜻대로 할 것이 아니냐 내가 선하므로 네가 악하게 보느냐 이와 같이 나중 된 자로서 먼저 되고 먼저 된 자로서 나중 되리라

마 20:13-16

먼저 된 자가 먼저 되고 나중 된 자가 나중 되어야 합리적이고 상식적인데 하나님의 나라는 먼저 된 자가 나중 될 수 있다고 한다. 하나님의 은혜를 망각하고 사람들과 비교하면서 자신을 주장하고 자신의 공로를 주장하고 자신의 노력을 주장하면 하나님과 함께 있으면서도 지옥 같은 삶이 된다.

감옥과 수도원의 공통점은 세상과 단절되어 있다는 것이다. 그러나 감옥과 수도원의 큰

차이점은 감옥에는 불평이 있고 수도원에는 감사가 있다는 것이다. 감옥에 있어도 감사할 수 있으면 수도원이 되고, 수도원에 있어도 불평하면 감옥이 된다.

오전 6시에 온 사람은 자기가 손해를 봤다고 불평하는데 그렇지 않다. 손해는 주인이 본 것이다. 그런데 그는 자기가 손해 봤다고 생각했다. 왜 좋은 주인을 보면서도 불의한 분이라고 생각했을까. 오후 5시에 온 사람을 보면서 왜 '아, 이 주인은 내가 혹시 저런 일을 당하면 내게도 저렇게 은혜를 베풀어주시겠구나' 이런 생각을 못 했을까. 시선이 자기 자신에게만 향할 때 이렇게 된다. 이 종은 주인이 아니라 자기만 봤다. 자기가 무엇을 했는지만 보았기 때문에 주인이 무엇을 했는지 보지 못했고, 그러니 감사가 사라지게 되었다.

생각해보면 누구나 감사할 것이 있다

영어로 '감사하다'(thank)라는 단어는 '생각하다'(think)와 뿌리가 같다. 감사하려면 생각해야 한다. 하나님의 은혜를 생각할 때 감사할 수 있다.

사람들은 모두 자기가 아침 6시부터 일한 사람이라고 착각한다. 우리 중에 누구도 아침 6시에 선택받은 사람은 없다. 우리는 모두 오후 5시에 선택받은 사람들이다. 하나님의 은혜로 구원받은 것이다. 그러나 하나님의 은혜를 잊어버리고, 내가 누리고 있는 것을 당연하게 생각하고, 내가 이렇게 된 것이 내가 노력했기 때문이라고 생각하는 순간, 우리는 나중 된 자가 된다. 자신의 공로를 주장하는 순간 천국에 있으면서도 지옥 같은 삶을 산다.

한 형제가 허리 디스크 시술을 받았다. 허리가 아파서 누워 있자니 밥 먹는 것도 힘들고 화장실 가는 것도 힘들지만 더 힘든 것이 있었다. 계속 미안해야 하는 것이다. 집안일을 도와주지 못하니 아내에게 미안하고, 안아달라는 아들을 안아주지 못하니 아들에게 미안하고, 자신의 빈자리를 채우기 위해 고생하는 동료들에게 미안했다. 몸이 아픈 것도 힘들지만 주변 사람에게 미안해서 힘들었다.

아무도 뭐라 하지 않는데도 집에 있다는 것만으로 눈치가 보이고 미안해졌다. 그러다 보니 '나는 왜 이럴까. 왜 나는 관리를 잘하지 못했나…. 나는 왜 이렇게 약하게 만들어졌나…' 하고 마음속에서 이런저런 원망이 올라왔다. 아무것도 못 하고 누워서 원망하고 있는 그에게 주님이 음성을 들려주셨다.

"얘야, 이제 그런 생각 그만하고 그냥 감사해."

누워서 꼼짝도 못 하고 있는데 무엇을 감사할 수 있겠는가. 감사할 수 있는 상황이 아니다. 그래도 주님이 감사하라고 하시니 마지못해 억지로 감사했다. "주님, 감사합니다." 한 마디를 하고 나니 뭘 감사해야 할지 아무 생각이 나지 않아 멍하니 있는데 아내 생각이 났다. "본인도 힘든데 내색도 하지 않고 돌봐주는 아내를 만나게 해주셔서 감사합니다." 또 한참을 생각하다가 온몸이 아픈 것이 아니라 허리 한 곳만 아픈 것도 다행이라는 생각이 들어서 그것도 감사하고, 치료받을 수 없으면 더 힘들었을 텐데 그래도 치료받을 수 있어 다행이라는 생각이 들어서 감사하다고 했다. 그렇게 감사할 거리를 하나씩 찾다 보니 원망으로 가득 찼던 마음이 어느 순간에 평안해졌다.

이 형제보다 훨씬 더 힘든 일로 고난을 겪고 있는 분들도 많다. 그들에 비하면 이 형제가 겪은 고난은 고난도 아닐 것이다. 그러나 천국을 맛보는 원리는 같다. 천국은 감사하는 자에게 주어지는 선물이다. 생각만 하면 누구나 감사할 것이 있다. 경제적으로 어려움이 있어도 건강을 감사할 수 있고, 아픈 곳이 있지만 사랑받고 있음을 감사할 수 있으며, 자녀가 속을 썩여도 출근할 직장이 있음에 감사할 수 있다. 아무리 힘든 일을 겪고 있어도 생각해보면 감사할 것은 훨씬 더 많다. 삶이 지옥이 되는 것은 감사를 잃어버렸기 때문이다. 먼저 된 자가 나중 되지 않는 비결은 어떤 상황에서도 감사를 잃지 않는 것이다.

이제 불평하지 말고, 감사하자. 없는 것을 생각하지 말고 있는 것을 감사하자. 할 수 없는 것을 생각하지 말고 할 수 있는 것에 감사하자. 어느 가정은 저녁 식사를 할 때 돌아가면서 감사 릴레이를 하는데 감사한 것을 생각하다 보면 바쁘게 살았던 하루가 의미 있는 날로 바뀌게 된다고 한다. 하루를 마감하는 시간, 감사기도를 드려도 좋고 감사일기를 써도 좋다. 굳게 닫힌 천국 문을 여는 열쇠가 감사다. 감사로 천국 문을 열게 되기를 축복한다.

은혜를 선포하기

"나는 감사할 것이 참 많습니다."

가슴으로 나눔 하기

1. 내 삶의 축복이라 생각하는 것 하나를 들고 그 이유를 나눠보자.

2. 지난 1년간 나의 감사 베스트 5를 나눠보자.

3. 가족에게 고마운 것 1가지씩 나눠보자.

정성을 다해 기도하고 축복하기

받은 은혜를 기억하며 기도한다.

부모님 중 한 분이 가족의 이름을 부르며 축복기도 한다.

예수님을 바라보는 침묵의 시간

1분간 조용히 침묵하며 지금 나와 함께 계시는 예수님을 바라본다.

배운 대로 살아가는 생활 숙제

일주일 동안 저녁 식사 시간에 감사한 것 3가지씩 나누기

감사 기도

25주 패배의식을 극복하라

예수께서 이르시되 일어나 네 자리를 들고 걸어가라 하시니

요한복음 5장 8절

따뜻한 햇살처럼 마음을 여는 기도

승리를 주신 주님, 주님을 가까이함이 저희에게 복입니다. 오늘도 주님께서 행하실 일들을 기대하며 나아갑니다. 주님을 향한 목마름으로 나아갈 때 우리 안에 있는 모든 연약함이 사라지고 온전하신 주님으로 충만하게 하옵소서.

나의 고백으로 찬양하기

찬송가 438장 내 영혼이 은총 입어

하나님의 말씀 듣기

"어떤 사람은 25세에 이미 죽었는데 장례식은 75세에 치른다." 몸이 늙어 죽기 전에 마음이 먼저 죽는다는 벤자민 프랭클린의 말이다. 25세에 이미 노인이 되어버린 사람이 있고, 75세에도 청년처럼 사는 사람이 있다. 성경에도 몸은 살아 있지만, 마음은 이미 죽어버린 한 사람의 이야기가 나온다.

거기 서른여덟 해 된 병자가 있더라 **요 5:5**

38년 동안 병을 앓았으니 얼마나 힘들었겠는가. 38년 동안 병을 앓고 있었다는 말은 할 수 있는 것은 다 해봤다는 뜻이다. 용하다는 의사도 다 만나봤고 몸에 좋다는 것도 다 먹

어봤다는 것이다. 그런데도 못 고쳤다. 38년을 못 고쳤으면 이제 못 고친다. 이 사람도 '이제 나는 안 되는구나'라고 생각하며 자신은 안 된다는 절망과 패배감에 빠져 모든 것을 포기했다. 살아 있지만 죽은 사람처럼 살았다. 우리는 어떻게 패배의식의 늪에서 빠져나올 수 있을까.

나만 힘든 게 아니다

20대의 자존감이 가장 낮아지는 순간이 언제인지 설문 조사를 했다. 5위는 외모로 열등감을 느낄 때, 4위는 친구나 상사와의 갈등이 있을 때였다. 3위는 가족의 기대에 부응하지 못하는 자신의 모습을 볼 때였고 2위는 취업이 안 될 때였다. 취업이 1위가 아니다.

20대가 가장 불행하다고 느끼고 자존감이 가장 낮아질 때는 행복해 보이는 친구들의 SNS를 볼 때라고 한다. 다른 사람들은 다 잘살고 다 행복해 보이는데 나만 이렇게 힘들게 산다고 느껴질 때 자존감이 낮아진다는 것이다.

이것이 마귀의 전략이다. 마귀는 우리를 무너뜨리기 위해 "잘 봐, 너만 이렇게 불행한 거야. 너만 이렇게 힘들게 사는 거야. 너만 안 되는 거야"라고 속삭이며 마치 나만 힘들고 내가 세상에서 가장 불쌍한 사람인 것처럼 자기연민에 빠지게 한다. 그러나 그렇지 않다.

> 그 안에 많은 병자, 맹인, 다리 저는 사람, 혈기 마른 사람들이 누워 [물의 움직임을 기다리니 **요 5:3**

인생의 깊은 고난을 겪다 보면 '남들은 다 쉽게 잘도 사는데 왜 나만 유독 이렇게 힘들까. 왜 나만 이렇게 되는 일이 없고, 나만 뭘 해도 안 되는 걸까' 이런 생각이 든다. 그런데 베데스다 연못 주변에 많은 사람이 있었다. 눈이 멀어서 앞을 보지 못하는 사람, 다리 저는 사람, 중풍 병에 걸린 사람…. 당시의 의료 기술로는 치유를 포기한 사람들이다.

나만 힘든 것 같지만 우리 주변에는 나보다 훨씬 더 힘든 상황 가운데에서도 포기하지 않고 살아가는 사람들이 많다. 패배의식에 빠지면 아무도 내게 관심이 없다고 느껴진다. 패배의식을 극복하기 위해서는 나만 힘든 게 아니라는 사실을 아는 것이 중요하다.

예수님은 나를 보고 계시고 내 마음을 알아주신다

예수께서 공생애 사역을 시작하고 처음 8개월은 예루살렘에서 사역하시고, 이후에는 갈릴리에 가서 4개월간 사역하신다. 그리고 다시 예루살렘으로 오셔서 공생애 2년째 사역을 시작하시는데 그 시점이 오늘 본문의 배경이다.

예수께서 유월절에 예루살렘으로 오셨다. 유월절에는 예루살렘을 중심으로 22킬로미터 반경 이내에 사는 모든 성인 남자는 예루살렘을 순례하는 것이 법으로 규정되어 있다. 지금 예루살렘에는 1년 중 가장 많은 사람이 모여 있다. 예수님은 그 수많은 사람이 모여 있는 곳에서 어디로 가셨을까.

사람은 누구나 자신을 인정해주고 자기에게 도움이 될 만한 사람을 찾아다닌다. 그러나 예수님은 가장 큰 사랑이 필요하고 가장 절실하게 도움이 필요한 곳으로 가셨다. 예루살렘의 가장 밑바닥 인생들이 모여 있는 곳, 누구의 관심도 받지 못한 사람들이 있는 곳으로 가셨다. 그중에서도 가장 희망이 없어 보이는 한 사람에게 다가가셨다.

이 사람은 이름도 없다. 그냥 수많은 사람 중에서 가장 작고 약한 사람이다. 놀이동산에 수많은 사람이 있어도 엄마 눈에는 내 아이만 보이듯 예수님의 눈에는 그 수많은 사람 중에 이 사람만 보였다. 아무도 내게 관심 없는 것처럼 느껴질 때가 있다. 그런 우리에게 예수님은 이렇게 말씀하신다. **"나는 너를 포기한 적 없어. 절대 포기 못 해. 기다려. 내가 너를 끝까지 찾아낼 거야."** 주님은 내가 어디에 있든 결코 포기하지 않고 찾아오신다.

패배의식에 빠진 사람은 아무도 내 마음을 모른다고 느낀다. 사람들의 말이 다 서운하게 들리고 사람들이 위로해도 '당신이 뭘 알아'라는 생각이 든다. 그러나 예수님은 우리가 얼마나 오랫동안 고생했는지, 우리 마음이 얼마나 고통스러운지 누구보다 잘 아신다. 그리고 얼마나 이 고난의 자리에서 벗어나고 싶어 하는지도 아신다.

아무리 문제가 오래됐어도 주님이 말씀하시면 새 날이 된다

그 주님께서 이렇게 물으신다.

"네가 낫고자 하느냐?"

이 말씀은 "얘야, 너무 힘들었지? 너도 얼마나 낫고 싶었겠니? 내가 네 맘을 알아"라는 의미다. 아무도 내 마음을 몰라주는 것 같을 때가 있다. 나만 힘든 것 같고 아무도 내게 관심 없는 것처럼 느껴질 때가 있다. 그러나 그렇지 않다.

…그가 친히 말씀하시기를 내가 결코 너희를 버리지 아니하고 너희를 떠나지 아니하리라 하셨느

니라 **히 13:5**

아무도 내게 관심 없는 것 같고, 아무도 내 마음을 모르는 것 같고, 나 혼자 버려진 것처럼 느껴질 때 이 말씀을 붙들어라.

"내가 결코 너희를 버리지 아니하고, 너희를 떠나지 아니하리라."

놀라운 은혜다. 사람들이 내게 관심 없고, 나 자신도 나를 포기할 수 있다. 그래도 괜찮다. 그러나 하나님마저 나를 포기하시면 어떻게 되겠는가. 하나님께서 "애야, 이제 나도 더는 안 될 것 같구나. 이제 나도 너 포기했다"라고 말씀하시면 이거야말로 큰일이다. 그런데 사람들은 물론이고 나 자신조차 나를 포기할지라도 주님은 절대 나를 포기하지 않으신다.

당신에게 지난 38년간 무슨 일이 있었는지 상관없다. 과거에 어떤 실패를 했고 얼마나 힘든 일이 많았는지는 중요하지 않다. 당신이 할 수 있는 것이 아무것도 없어 보여도 괜찮다. 오늘 예수님이 우리에게 찾아오셔서 이렇게 말씀하신다.

예수께서 이르시되 일어나 네 자리를 들고 걸어가라 하시니 **요 5:8**

주님은 우리가 패배의식의 늪에서 일어나기를 원하신다. 38년 동안 안 됐어도 예수님이 말씀하시면 한순간에 일어설 수 있다. 오늘이 바로 그날이다. 오늘 예수님이 우리를 찾아오셔서 새 일을 행하실 것이다. 놀라운 일을 일으키신다. 오늘은 어제와 다르다. 새로운 날이다. 주님께서 오셔서 우리의 마음을 새롭게 하시고 새로운 미래를 열어가실 것이다.

이제 주변 사람들을 보지 말자. 그들의 평가에 지나치게 민감하게 굴지 말자. 지나간 과거도 생각하지 말자. 지금 내게 찾아오신 예수님을 바라보고, 그분의 음성에 귀 기울이자. 예수님의 말씀에 붙들리면 살 수 있다.

은혜를 선포하기

"주님이 함께하셔서 나는 할 수 있습니다."

가슴으로 나눔 하기

1. 당신이 힘들 때 당신의 아픔에 공감해주었던 사람이 있다면 나눠보자.

2. 예수님이 오늘 말씀을 통해 내게 일어나라고 말씀하신 영역은 무엇인가?

3. 오늘 말씀을 통해 받은 은혜나 새롭게 결단하는 것을 나눠보자.

정성을 다해 기도하고 축복하기

받은 은혜를 기억하며 기도한다.

부모님 중 한 분이 가족의 이름을 부르며 축복기도 한다.

예수님을 바라보는 침묵의 시간

1분간 조용히 침묵하며 하나님의 사랑을 느껴본다.

배운 대로 살아가는 생활 숙제

일주일 동안 미디어(SNS) 금식을 하고 로마서를 통독한다.

다음 주는 가족 파티를 준비한다.

다시 일어서는 기도

26주 끝까지 포기하지 마라

여자가 이르되 주여 옳소이다마는 개들도 제 주인의 상에서
떨어지는 부스러기를 먹나이다 하니
마태복음 15장 27절

따뜻한 햇살처럼 마음을 여는 기도

빛 되신 주님, 어두운 우리의 삶을 주님의 빛으로 환하게 비춰주옵소서. 지친 영혼을 어루만지고, 메마른 심령 위에 성령의 단비를 내려주옵소서. 주님의 자비와 은혜로 저희 영혼을 시원케 하옵소서.

나의 고백으로 찬양하기

찬송가 433장 귀하신 주여 날 붙드사

하나님의 말씀 듣기

펜실베이니아대학교 심리학과 교수인 앤절라 더크워스는 미국 육군사관학교에서 어떤 사관생도가 훈련을 끝까지 받고 어떤 생도가 중도 탈락을 하는지, 문제아들만 있는 학교에 배정된 초임 교사들 중 누가 끝까지 포기하지 않고 교사로 남아서 아이들의 성과를 이끌어내는지를 연구했다. 그리고 성공할 거라고 예측된 사람들에게서 한 가지 공통점을 찾아냈다.

그것은 좋은 지능도 아니고 외적인 조건도 아닌 '그릿'(GRIT)이었다. 그릿은 인내력(Guts), 회복탄력성(Resilence), 내적동기(Intrinsic Motivation), 끈기(Tenacity)의 앞 글자를 모은 것인데, 한마디로 열정적인 끈기를 말한다. 성공하는 사람들의 내면에는 끝까지 해내겠다는 끈기와 열정, 투지가 있었다. 성경에도 열정적인 끈기로 예수님에게 칭찬받은 사람이

나온다.

> 대답하여 이르시되 자녀의 떡을 취하여 개들에게 던짐이 마땅하지 아니하니라 여자가 이르되 주여 옳소이다마는 개들도 제 주인의 상에서 떨어지는 부스러기를 먹나이다 하니 이에 예수께서 대답하여 이르시되 여자여 네 믿음이 크도다 네 소원대로 되리라 하시니 그때로부터 그의 딸이 나으니라 **마 15:26-28**

당시 유대인들은 이방인을 경멸하는 의미로 그들을 "개"라고 불렀다. 예수께서 많은 사람이 있는 곳에서 공개적으로 이 여인에게 이렇게 말씀하신 것이다. "너 나 알아? 나는 너 몰라. 자녀에게 줄 것을 어떻게 개에게 주겠어. 너에게 줄 것은 없으니까 돌아가." 이런 면박을 듣고 여인은 얼마나 창피하고 상처받았을까. 이런 수모를 당한다면 당신은 어떻게 하겠는가? 누구라도 너무 화가 나고 자존심 상해서 뒤도 돌아보지 않고 가버릴 것이다.

그런데 여인이 이렇게 반응한다. "주님 말씀이 다 맞아요. 저는 '작은 개'에 불과해요. 그런데 '작은 개'들도 먹다 던져주는 '작은 부스러기'는 먹잖아요." 원어를 보면 여인이 '작다'라는 것을 반복해서 강조한다. 그것은 자신의 자존심을 다 내려놓고 이렇게 부르짖는 것이다. "주님, 제 딸을 고칠 수만 있다면 제가 개가 되는 것은 상관없어요. 개가 되라면 개가 될게요. 엎드리라면 엎드리고 짖으라면 짖을게요. 그러니 제게 부스러기같이 작은 은혜라도 주세요." 끝까지 포기하지 않는 이 여인의 열정적인 끈기가 느껴지는가.

삶은 보는 것이 중요하다. 특별히 무엇을 보느냐가 중요하다. 사람이 밝은 것을 보면 밝아지고 어두운 것을 보면 어두워진다. 그러나 무엇을 보느냐보다 더 중요한 것은 어떻게 보느냐다. 인생은 사실보다 그 사실을 어떻게 해석하느냐가 훨씬 더 중요하다.

어둠에서도 밝음을 해석해 낼 수 있는 사람처럼 멋있는 사람이 없다. 이 여인의 삶을 해석해 내는 모습을 보라. 멋있지 않은가. 그렇게 창피하고 무안한 상황에서도 그 상황을 해학으로 풀어낸다. "그래요. 맞아요. 저는 개예요. 그러나 개에게도 부스러기는 줄 수 있잖아요." 인생을 하나님의 시각으로 바라보고 하나님의 관점으로 해석해 낼 수 있어야 한다. 어떤 상황에서든 될 이유가 있고 안 될 이유도 있다. 중요한 것은 내가 어떤 이유를 붙잡느냐는 것이다. 우리는 될 이유를 붙잡아야 한다.

십자가를 붙들고 믿음의 '그릿'을 보여드리자

예수님이 그런 분이 아닌데 왜 이렇게까지 이야기하셨을까. 평소에는 그러지 않는 사람이 평소와 다르게 행동할 때는 반드시 이유가 있다. 그때는 부분만 보고 단정 짓지 말고 전체를 봐야 한다. 성경을 다 보지도 않고 '어떻게 예수님이 이런 말을 하실 수 있지? 예수님이 사람을 차별하시네' 이렇게 생각하면 안 된다. 끝까지 읽어보면 예수님이 이 여인을 왜 이렇게 무안하게 하셨는지, 왜 이렇게 궁지로 몰아붙이셨는지 이유를 알 수 있다.

주님은 이 여인의 '그릿'을 보고 싶으셨던 것이다. 삶이 궁지에 몰린 것 같을 때가 있다. 그때 너무 쉽게 상처받거나 너무 일찍 포기해서는 안 된다. 끈기와 투지를 가지고 참고 버티고 인내해야 한다. 모든 것을 좋게 바꾸실 하나님의 선한 계획을 신뢰하고 인내해야 한다.

부모는 언제나 자녀를 먼저 생각하고, 자녀가 우선이다. 그래서 부모는 절대 자녀를 포기하지 않는다. 딸을 향한 여인의 포기할 수 없는 사랑이 느껴지는가. 이 어머니의 모습 속에 나타나는 하나님의 모습을 바라보자.

"나는 너 절대 포기 안 해. 내가 사람이 되는 한이 있더라도 너를 살리고 말겠어. 내가 십자가를 지는 한이 있더라도 너를 건져 낼 거야. 너는 내가 살려."

하나님은 절대 우리를 포기하지 않으신다. 우리도 우리 인생을 포기해서는 안 된다. 아무리 힘들고 어려워도 끝까지 인내하고 견뎌야 한다. 우리 인생에 장애물이 있는 것은 뛰어넘으라는 뜻이지 멈춰 서라는 뜻이 아니다. 막힌 담이 있는 것은 돌아가라는 뜻이지 여기가 끝이라는 뜻이 아니다. 하나님의 뜻은 하나님의 말씀에 있지 내 상황에 있지 않다. 포기하고 싶고 멈춰 서고 싶어도 끝까지 십자가를 붙들고 '그릿' 하는 것이 하나님의 뜻이다. 하나님이 포기하지 않으셨다. 우리도 포기해서는 안 된다.

영화 〈국제시장〉의 마지막 장면이다. 자녀들이 거실에서 행복하게 웃으면서 놀고 있을 때 주인공 덕수는 방에 혼자 들어와 아버지의 사진을 보면서 이야기한다. "아부지요, 저 약속 잘 지켰지요. 이만하면 잘했지요? 아부지, 근데 나 진짜 너무 힘들었어요." 그러면서 할아버지가 된 덕수가 아버지의 사진을 바라보며 한참을 운다. 그때 아버지가 나와서 덕수에게 "덕수야, 고맙다. 진짜 고맙다"라고 말한다. "아부지, 아부지. 보고 싶었습니다." "나도 네가 영 보고 싶었다."

아무리 삶이 힘들고 괴로워도 끝까지 포기하지 말고 버텨내자. 살아내자. 포기하지 않는 삶, 이것이 그리스도인의 모습이다. 인생의 마지막 날 주님 앞에 섰을 때 "아버지, 저 왔어요.

아버지, 이만하면 저 잘 산 거지요? 그런데 저 너무 힘들었어요. 그래도 포기하지 않았어요, 아버지" 이렇게 말할 수 있길 바란다. 그때 주님께서 우리를 맞아주시고 안아주시며 **"그래, 고맙다. 너무 힘들었지. 수고 많았어. 내가 다 알아"**라고 말씀해주실 것이다.

은혜를 선포하기
"내 안에는 포기하지 않는 열정적인 끈기가 있습니다."

가슴으로 나눔 하기
1. 살아오면서 가장 잘 참았다고 생각된 일이 있다면 나눠보자.
2. 당신의 그릿을 1-10점으로 환산하면 몇 점 정도라 생각하는가? 지금 당신이 그릿을 발휘해야 할 일이 무엇인지 나눠보자.
3. 오늘 말씀을 통해 받은 은혜나 새롭게 결단하는 것을 나눠보자.

정성을 다해 기도하고 축복하기
받은 은혜를 기억하며 기도하고, 한 사람씩 돌아가며 한 문장으로 기도한다.
부모님 중 한 분이 가족의 이름을 부르며 축복기도 한다.

예수님을 바라보는 침묵의 시간
1분간 조용히 침묵하며 생각을 통해 말씀하시는 하나님의 음성을 듣는다.

배운 대로 살아가는 생활 숙제
삶이 힘겨운 사람을 위해 그가 포기하지 않도록 기도하기

포기하고 싶을 때

＊포기하고 싶을 때 드리는 기도

07

July

삶의 영성

27주 생각의 싸움에서 승리하라

끝으로 형제들아 무엇에든지 참되며 무엇에든지 경건하며 무엇에든지 옳으며
무엇에든지 정결하며 무엇에든지 사랑받을 만하며 무엇에든지 칭찬받을 만하며
무슨 덕이 있든지 무슨 기림이 있든지 이것들을 생각하라

빌립보서 4장 8절

따뜻한 햇살처럼 마음을 여는 기도

사랑하는 주님, 귀한 날 가정예배를 드리게 하시니 감사합니다. 예배를 통해 저희의 생각과 내면이 변화되고, 믿음이 세워지며 더해지게 하옵소서. 하나님의 말씀을 따라 생각하는 믿음의 사람이 되게 하옵소서.

나의 고백으로 찬양하기

찬송가 410장 내 맘에 한 노래 있어

하나님의 말씀 듣기

생각은 자석과 같다. 무엇을 생각하든 생각은 생각하는 것을 끌어들인다. 짜장면을 먹고 싶다는 생각을 하면 어느샌가 중국집에서 젓가락을 비비고 있는 나를 발견하게 된다. 이 책도 기도 중에 《따라 하는 가정예배》 책을 쓰자는 생각을 하게 되었는데 그 결과로 나오게 된 책이다. 가룟 유다가 어느 날 갑자기 예수님을 팔아넘기게 된 것이 아니다. 성경은 "마귀가 벌써 시몬의 아들 가룟 유다의 마음에 예수를 팔려는 생각을 넣었더라"(요 13:2)라고 말씀한다. 예수님을 팔기 전에 먼저 그렇게 할 생각부터 한 것이다. 열두 해 동안 혈루증을 앓았던 여인의 기적적인 치유도 먼저 '내가 그의 옷에만 손을 대어도 구원을 받으리라'(막 5:28)

라는 생각에서 시작되었다. 모든 일은 생각에서 시작된다.

대저 그 마음의 생각이 어떠하면 그 위인도 그러한즉 **잠 23:7**

성경은 그 사람이 생각하는 것이 곧 그 사람이라고 한다. 좋은 생각을 하면 좋은 사람이 되고, 나쁜 생각을 하면 나쁜 사람이 된다. 존경받을 만한 생각을 하면 존경받는 사람이 되고, 품위 있는 생각을 하면 품위 있는 사람이 된다. 나쁜 생각을 하면서 좋은 사람이 될 수 없고, 부정적인 생각을 하면서 긍정적인 삶을 살 수 없다. 패배를 생각하면서 승리할 수 없다.

뭘 해도 되는 사람은 되는 생각을 하지만, 안되는 사람은 안되는 이유를 찾고 안될 핑계를 찾고 안될 생각을 한다. '나는 안돼'라고 생각하는 사람은 반드시 안된다. 그러나 '나는 할 수 없지만, 하나님께서 나와 함께하시기에 할 수 있어'라고 생각하는 사람은 무엇을 하든 해낸다. 그러므로 되는 대로 생각하면 안 된다. 무엇을 생각할지 선택하고, 생각의 싸움에서 이겨야 한다. 바울도 좋은 생각을 하는 것이 얼마나 중요한지 강조한다.

끝으로 형제들아 무엇에든지 참되며 무엇에든지 경건하며 무엇에든지 옳으며 무엇에든지 정결하며 무엇에든지 사랑받을 만하며 무엇에든지 칭찬받을 만하며 무슨 덕이 있든지 무슨 기림이 있든지 이것들을 생각하라 **빌 4:8**

이 부분을 메시지성경은 이렇게 번역했다.

결론으로 말씀드립니다. 친구 여러분, 참된 것과 고귀한 것과 존경할 만한 것과 믿을 만한 것과 바람직한 것과 품위 있는 것을 마음에 품고 묵상하십시오. 최악이 아니라 최선을, 추한 것이 아니라 아름다운 것을, 저주할 만한 일이 아니라 칭찬할 만한 일을 생각하십시오.

성경은 우리에게 좋은 생각을 하라고 명령한다. 생각이 난다고 그것을 다 생각해서는 안된다. 무슨 생각을 할지 선택해야 한다. 좋은 생각을 하고 하나님께서 기뻐하시는 생각을 하자. 실패할 것을 생각하지 말고, 승리할 것을 생각하자. 안될 것을 생각하지 말고 될 것을 생각하자. 우울하고 부정적인 생각을 멈추고 밝고 긍정적인 생각을 하자.

나에게 가장 좋은 생각

좋은 생각을 해야 좋은 일이 일어난다. 행복한 일을 생각하지 않으면 절대 행복한 일이 일어나지 않는다. 지금 내가 하는 생각이 결국 내가 되고 내 인생이 된다. 지금의 나는 지금까지 내가 했던 생각의 결과다. 걱정하는 사람은 걱정할 일을 끌어들이는 것이다. 걱정하지 말고 기도로 생각을 바꿔라. 문제를 생각하지 말고 문제보다 크신 하나님을 생각하라. 가장 좋은 생각은 하나님을 생각하고, 하나님의 말씀을 묵상하는 것이다.

제자들이 광야에서 예수님을 바라보지 못하자 상황을 바라보고 문제만 생각한다. "주님, 여기는 식당이 없어요. 사람이 너무 많아요. 이들을 먹일 돈이 없어요." 그러나 그때 예수님을 바라본 어린아이는 물고기 두 마리와 보리떡 다섯 개를 가지고 예수님에게 나온다. 그러자 성인 남자만도 5천 명이 먹고 열두 광주리가 남을 만큼 풍성히 나눠진다. 위기의 순간에 그 아이는 하나님을 생각한 것이다. 하나님이 어떤 분이신지 기억한 것이다.

이제 무엇을 하든지 하나님을 생각하자. 하나님과 함께 생각하고 말씀을 따라 생각하자. 지금 내가 하는 생각이 예수님과 어울리는지 돌아보자. 아침에 눈을 떴을 때 하나님을 생각하고 하나님께서 하실 일들을 생각하면서 하루를 시작하자. 감사할 것을 생각하고 응답받을 것을 생각하자. "주님, 오늘 놀라운 일이 일어날 줄 믿습니다. 한순간에 상황이 역전될 줄 믿습니다. 꿈꿨던 일들이 오늘 이루어질 줄 믿습니다. 오랫동안 기도했던 일들이 오늘 응답 될 줄 믿습니다. 나는 건강합니다. 나는 행복합니다. 나는 승리자입니다"라고 고백하며 좋은 생각을 하자.

생각의 싸움에서 승리하여 인생을 승리하자

큰 사업을 하던 한 집사님이 대학교 때부터 알던 오랜 친구에게 그 사업을 맡겼는데 그렇게 신뢰했던 친구의 배신으로 200억 원 정도의 큰 손해를 입게 되었다. 정말 믿었던 친구에게 배신을 당했으니 얼마나 마음이 힘들었겠는가.

그런데 그 집사님은 그 상황에서 법적으로 고소해야 할지 말아야 할지, 무엇이 하나님의 뜻인지 기도했다. 200만 원이 아니다. 200억 원이다. 누구라도 이런 일을 당하면 친구의 멱살을 잡고 네가 나한테 어떻게 이럴 수 있냐며 원망하고 당장 고소했을 텐데 이 분이 "주님, 주님의 뜻이 무엇인가요? 주님 어떻게 할까요?" 하고 기도한 것이다.

그 이야기만으로도 너무 존경스러운데 그 집사님이 껄껄 웃으며 이어서 하는 말에 기가 막힐 정도였다. "목사님, 예수님이 계시는데 뭐가 걱정이에요. 그거 있어도 살고 없어도 살아요." 밤에 잠도 못 자고 밥도 안 넘어갈 판인데 "저 밥도 잘 먹고 잠도 잘 자고 있으니까 걱정하지 마세요"라고 오히려 목사님을 안심시키고는, 지금 자기가 얼마나 힘든지를 이야기하는 것이 아니라 새로운 꿈과 프로젝트를 한참 이야기했다. 그에게는 문제를 생각할 시간이 없었다. 하나님께서 하실 새로운 일들을 생각하기에도 시간이 부족했다.

코로나 환자가 처음으로 1천 명이 넘어섰을 때 이들을 치료할 병원이 턱없이 부족했다. 그 집사님은 병원도 운영하고 있었는데 "주님, 어떻게 할까요? 누군가 해야 하는 일이라면 제가 하겠습니다" 이렇게 기도하고는 자신이 운영하는 종합병원을 통째로 코로나 거점 병원으로 내놓았다. 생각의 방식도, 생각의 크기도 여느 사람과 달랐다. 무엇을 하든 예수님과 함께 생각하고 예수님을 염두에 두고 생각했다.

오늘 당신은 무슨 생각을 하고 있는가. 당신이 반복해서 하는 생각은 어떤 것인가. 마귀가 기뻐하는 생각 대신 하나님께서 기뻐하시는 생각을 하자. 부정적인 생각을 끊어내고 좋은 생각을 하자. 지금보다 더 성장하는 모습을 바라보고, 더 놀랍게 쓰임받는 모습을 상상하자. 무엇을 생각하든 하나님을 염두에 두고 생각하자. 생각의 싸움에서 승리할 때 인생에서 승리한다.

은혜를 선포하기
"나는 생각의 싸움에서 승리합니다."

가슴으로 나눔 하기
1. 최근 당신이 가장 많이, 반복해서 떠올리는 부정적인 생각은 어떤 것인가?
2. 그 부정적인 생각을 긍정적으로 변화시키기 위해 실질적으로 어떤 노력을 하면 좋을지 나눠보자.
3. 오늘 말씀을 통해 받은 은혜나 새롭게 결단하는 것을 나눠보자.

정성을 다해 기도하고 축복하기
받은 은혜를 기억하며 기도한다.

부모님 중 한 분이 가족의 이름을 부르며 축복기도 한다.

예수님을 바라보는 침묵의 시간
1분간 조용히 침묵하며 지금 나와 함께 계시는 예수님을 바라본다.

배운 대로 살아가는 생활 숙제
일주일 동안 무슨 생각을 가장 많이, 자주, 오랫동안 했는지 기록하기

부정적 생각에 승리

* 부정적인 생각을 부수는 기도

28주 말의 능력을 사용하라

●

사람은 입에서 나오는 열매로 말미암아 배부르게 되나니
곧 그의 입술에서 나는 것으로 말미암아 만족하게 되느니라

잠언 18장 20절

따뜻한 햇살처럼 마음을 여는 기도

사랑하는 주님, 주님께서 말씀으로 세상을 창조하시고 말씀으로 세상을 섭리하심을 믿습니다. 저희에게 주신 말의 창조력을 지혜롭게 사용하는 청지기가 되게 하시고 말의 풍성한 열매를 맺는 가정이 되게 하옵소서.

나의 고백으로 찬양하기

찬송가 428장 내 영혼에 햇빛 비치니

하나님의 말씀 듣기

개그우먼 이성미 집사님의 간증 내용이다. 이분이 밖에서는 그렇게 재미있고 괜찮은 집사인데, 집에서는 아들과 그렇게 많이 싸웠다고 한다. 아들이 사고를 많이 쳤는데 그럴 때마다 아들에게 입에 담을 수 없는 욕을 했다. 그러면서도 새벽기도는 열심히 다니며 아들 좀 변화시켜달라고 새벽마다 열심히 기도했다. 그런데 집에 와보면 아들이 여전히 그대로니까 또 아들 붙잡고 욕하고, 또 새벽기도 와서 아들을 바꿔달라고 기도하고, 또 안 바뀌니까 욕하고, 그것이 계속 반복됐다고 한다.

어느 날, 그날도 아들에게 너무 화가 나서 입에 담을 수 없는 욕을 막 퍼부어대고 돌아서는데 하나님께서 이런 음성을 들려주셨다.

"너 진짜 네가 말하는 대로 네 아들 그렇게 만들어줄까."

그 음성을 듣는 순간 너무 무서워서 방에 들어가 문을 잠그고 울면서 하나님께 간절히 기도했다. "하나님, 잘못했어요. 아들이 바뀌어야 하는 게 아니라 제가 바뀌어야 해요. 이제부터 욕하지 않을게요." 한 번만 기회를 달라고 간절하게 기도하고 난 후로는 아들에게 욕을 한마디도 하지 않았다.

그랬더니 며칠이 지나자 아들에게 금단 현상이 왔다. 10년 넘게 듣던 욕을 갑자기 못 들으니까 아들이 얼마나 불안했겠는가. 그리고 며칠이 지났는데 둘째 딸이 다급하게 달려오면서 말했다. "엄마, 큰일 났어요. 큰일 났어요." "무슨 일이야, 무슨 일인데 그래?" "엄마, 큰일 났어요. 지금 오빠가 공부를 해요." 그렇게 바뀌게 해달라고 할 때는 안 바뀌었는데 하나님의 말씀에 순종해서 욕을 멈추자 아이가 변화된 것이다.

입술의 열매를 맺게 하는 말의 힘

사람은 말하는 대로 살게 된다. 안 된다고 말하면 안 된다. 힘들다고 말하면 힘든 일이 생기고 망했다고 말하면 반드시 망한다. 그러나 "할 수 있다. 하면 된다. 해보자. 잘될 거야. 좋은 일이 생길 거야" 이렇게 긍정적으로 소망을 말하는 사람에게는 좋은 일이 생긴다.

가정에 위기가 찾아왔을 때, 자녀의 문제가 있을 때, 일터 상황이 절망적일 때, 사람들이 이제는 안 된다, 다 끝났다, 포기하라고 말할 때 "아닙니다. 여전히 소망이 있습니다. 아직도 소망이 있습니다. 할 수 있습니다. 해봅시다. 잘될 것입니다. 좋은 일이 생깁니다. 하나님의 은혜가 있을 것입니다"라며 가장 먼저 긍정적인 말을 하는 사람이 되기를 축복한다.

> 사람은 입에서 나오는 열매로 말미암아 배부르게 되나니 곧 그의 입술에서 나는 것으로 말미암아 만족하게 되느니라 죽고 사는 것이 혀의 힘에 달렸나니 혀를 쓰기 좋아하는 자는 혀의 열매를 먹으리라 **잠 18:20,21**

말에는 놀라운 창조의 힘이 있다. 사람은 말로 복을 받고, 말로 행복해진다. 우리를 살리는 것도 말에 있고, 우리를 죽이는 것도 말에 있다. 어떤 의도로 했든지 상관없이 긍정적인 말을 하면 긍정적인 열매를 맺고 부정적인 말을 하면 부정적인 열매를 맺게 된다.

내가 무슨 말을 가장 많이 반복하고 있는지 돌아보자. 내가 어떤 말을 자주 반복해서 들고 있는지 돌아보자. 실수했을 때, 예상치 못한 일이 터졌을 때 어떤 말을 습관적으로 하고 있는가. 지금 내 삶은 그동안 내가 했던 말의 결과다. 그래서 말을 조심해야 한다. 사람들이 들려주는 말이나 내 안에서 들려오는 부정적인 말이 아니라 믿음의 말을 하자. 파괴적인 말을 멈추고 소망을 주는 말을 하자. 누군지도 모르는 사람들의 말이 아니라 하나님의 말씀을 선포하자. 성경에는 수없이 많은 약속의 말씀이 있다. 그 말씀이 내 입을 통해 고백될 때 말씀의 축복이 내 삶에 나타나게 된다.

열두 정탐꾼이 가나안 땅에 정탐을 다녀와 두 팀으로 나뉘어 보고한다. 10명은 현실을 바라보며 절망스러운 보고를 하고, 2명은 믿음으로 그 땅을 취하자고 보고한다. 그들을 향해 주님은 매우 강하고 단호하게 말씀하신다.

내가 나의 삶을 두고 맹세한다. 너희가 나의 귀에 들리도록 말한 그대로, 내가 반드시 너희에게 하겠다. **민 14:28 새번역**

하나님은 우리가 한 말을 들으시고, 그 말한 대로 하겠다고 말씀하신다. 현실을 바라보며 절망적인 이야기를 한다면 주님은 우리가 말한 그대로 행하실 것이고, 하나님을 바라보며 믿음의 고백을 한다면 이 또한 주님께서 그대로 행하실 것이다. 화가 난다고 아무 말이나 나오는 대로 해서는 안 된다. 느껴지는 대로 말하지 말고 믿음으로 말하자. 문제를 이야기하지 말고 해결책을 말하자. 우리가 하는 말을 하나님께서 듣고 있다는 것을 기억하고 말하자.

다윗은 거대한 골리앗을 향해 당차게 선포했다. "오늘 여호와께서 너를 내 손에 넘기시리니 내가 너를 쳐서 네 목을 베고 블레셋 군대의 시체를 오늘 공중의 새와 땅의 들짐승에게 주어 온 땅으로 이스라엘에 하나님이 계신 줄 알게 하겠다!"(삼상 17:46). 그렇게 믿음으로 선포하자 하나님께서 말한 그대로 이루셨다.

상황을 넘기 전에 믿음의 선포로 말부터 넘겨라

말로 먼저 삶의 한계점을 뛰어넘자. "난 이런 사람이니까, 난 이런 환경이니까, 나는 뭐가 없어서 안 돼. 나는 뭐가 부족해서 안 돼" 이런 말은 아니다. 말을 바꾸자. 내 능력, 내 처지, 내 경험으로 말하는 것이 아니라 하나님에 대한 믿음으로 말하자. "하나님이 함께하시기 때문에 반드시 잘될 거야, 하나님이 준비하신 플랜B는 플랜A보다 더 좋을 거야. 하나님이 더 좋은 아이디어를 주실 거야."

절대 우리의 생각으로 하나님을 제한하지 말자. 믿음의 선포는 하나님의 놀라운 능력을 다운로드하는 열쇠다. 상황을 보고 경험을 의지하면 우리는 상황의 지배를 받으며 살 수밖에 없지만, 믿음으로 선포하면 상황이 바뀌는 놀라운 능력을 경험하게 된다. 삶의 문제를 믿음의 선포로 돌파하자. 안 풀리는 문제가 있으면 더 크게 선포하자. 끈질기게 믿음으로 선포하자.

"오늘은 은혜의 날입니다. 오늘은 기적의 날입니다. 오늘은 최고의 날입니다. 좋은 일이 생길 것입니다. 모든 상황이 좋아집니다. 모든 일이 잘 풀립니다. 오늘도 기막힌 하루가 됩니다. 오늘 하나님의 약속이 이뤄집니다. 하나님께서 일으키시는 반전의 역사가 오늘 일어납니다. 하나님께서 한계를 뛰어넘게 하십니다."

…약한 자도 이르기를 나는 강하다 할지어다 욜 3:10

요엘서는 약한 자도 "나는 강하다"라고 말하라고 명한다. 강해서 강하다고 하는 것이 아니라 약할지라도 강하다고 말하라는 것이다. 경제적인 어려움을 겪고 있다면 통장을 들고 믿음으로 선포하자. "하나님께서 통장의 잔고를 가득하게 하셨습니다." 건강이 좋지 않으면 아픈 곳에 손을 얹고 믿음으로 고백하자. "주님께서 깨끗하게 치료하셨습니다." 관계가 깨어졌다면 그 사람의 사진에 손을 얹고 믿음으로 선포하자. "주님께서 둘도 없는 사이로 다시 회복시켜주십니다."

자녀에게 어려움이 있다면 자녀를 가슴에 품고 믿음의 말을 들려주자. "상상조차 할 수 없는 놀라운 일을 이루는 자녀가 되게 하시니 감사합니다." 인생이 절망스럽다면 자기 이름을 부르며 선포하자. "○○야, 너는 강한 용사야. 주님께서 너를 놀랍게 사용하실 거야." 믿음으로 고백하고 믿음으로 선포하자. 말에 능력이 있고, 말이 기적을 일으킨다.

은혜를 선포하기

"내가 하는 말에는 놀라운 창조력이 있습니다."

가슴으로 나눔 하기

1. 말하는 대로 이루어졌던 경험이 있다면 나눠보자.

2. 당신이 버려야 할 말과 새롭게 익혀야 할 말은 어떤 것들인가?

3. 오늘 말씀을 통해 받은 은혜나 새롭게 결단하는 것을 나눠보자.

정성을 다해 기도하고 축복하기

받은 은혜를 기억하며 기도한다.

부모님 중 한 분이 가족의 이름을 부르며 축복기도 한다.

예수님을 바라보는 침묵의 시간

1분간 조용히 침묵하며 하나님의 사랑을 느껴본다.

배운 대로 살아가는 생활 숙제

힘이 나는 말을 문장으로 적고, 매일 아침에 일어나서 5번씩 선포하기

말의 축복

29주 태도의 힘을 길러라

그 주인이 이르되 잘하였도다 착하고 충성된 종아 네가 적은 일에 충성하였으매
내가 많은 것을 네게 맡기리니 네 주인의 즐거움에 참여할지어다 하고
마태복음 25장 21절

따뜻한 햇살처럼 마음을 여는 기도

주님, 작은 거실에서 드리는 가정예배에 우주보다 더 크신 주님께서 임재하신다는 사실이 그저 놀라울 따름입니다. 주님의 높고 아름다우심을 어찌 다 알 수 있겠습니까. 경외심을 가지고 주께 나아갑니다.

나의 고백으로 찬양하기

찬송가 461장 십자가를 질 수 있나

하나님의 말씀 듣기

예수님이 천국에 관해 들려주신 비유다. 어떤 사람이 여행을 떠나면서 종들에게 각각 재능에 따라 5억 원, 2억 원, 1억 원을 주고 떠났다. 5억 원 받은 종과 2억 원 받은 종은 장사를 해서 각각 5억 원과 2억 원의 이윤을 남겼는데 1억 원 받은 종은 땅에 묻어놨다가 아무 이윤도 남기지 않고 그대로 가져왔다. 주인은 1억 원 받은 종을 책망하고 2억 원 받은 종과 5억원 받은 종을 칭찬한다.

그 주인이 이르되 잘하였도다 착하고 충성된 종아 네가 적은 일에 충성하였으매 내가 많은 것을 네게 맡기리니 네 주인의 즐거움에 참여할지어다 하고 **마 25:21**

주인은 5억 원 남긴 종에게 금메달, 2억 원 남긴 종에게 은메달을 주지 않았다. 두 종에게 똑같이 금메달을 주고 칭찬했다. 주인은 두 종의 능력이 아니라 그들의 태도를 칭찬했다. 하나님은 우리의 타고난 재능이 아니라 태도에 감동받으신다.

주인에 대한 믿음으로 정직하고 성실하게

개인과 법인을 포함해 매월 100개 이상의 업체가 부도처리 된다. 사업을 하려면 실패를 감수해야 한다. 종들이 사업을 했다는 것은 실패해도 용서받을 수 있다는 주인에 대한 믿음이 있었기 때문이다. 종은 주인이 좋은 분이라는 믿음 없이 사업을 할 수 없다. 1억 원 받은 종은 용기가 부족한 것이 아니라 주인에 대한 믿음이 없었던 것이다.

좋은 태도는 주인에 대한 믿음에서 나온다. 삶도 마찬가지다. 하나님이 선하신 분이라는 믿음이 없으면 좋은 태도로 살 수 없다. 1억 원을 땅에 묻어 둔 사람처럼 하나님께 받은 시간, 건강, 재능, 돈, 꿈, 열정 이 모든 것을 땅에 묻어 둔 채 하나님을 원망하며 살아서는 안된다. 실패해도 괜찮다. 하나님의 선하심을 믿고 도전하고 모험하는 삶을 살자.

주인은 "착하고 충성된 종아"라고 칭찬한다. 종들의 순수한 마음과 신실한 태도를 칭찬한 것이다. 주인은 정직한 노력의 대가를 기뻐하는 분이지 무조건 많이 남기는 것을 좋아하는 분이 아니다. 성공에 집착해 수단과 방법을 가리지 않고 거짓말하고 속이면서 얻은 재물에는 관심이 없다.

우리는 큰일을 하고도 한순간에 무너진 사람들을 수없이 봐왔다. 거짓 보고서를 작성하고 뒷거래를 하고 정보를 유출하면서 부정한 방법으로 얻은 성공은 오래가지 않는다. 빠른 것보다 더 중요한 것은 바른 것이다. 누구도 완벽하지 않다. 실수할 수 있다. 그러나 자신의 잘못을 발견했을 때 잘못을 인정하고 뉘우칠 수 있어야 한다. 그것이 착하고 정직한 마음이다. 주인은 종들의 정직한 마음을 칭찬하신다.

또 주인은 종들의 성실한 태도를 칭찬하신다. 군복을 입었다고 다 같은 군인이 아니다. 예비군 훈련소에는 군인도 있고 총도 있는데 군기가 없다. 군복은 입었지만 패기와 열정이 없다. 총을 들고 다니지 않고 끌고 다닌다. 전시 상황이 되면 달라질 수 있겠지만, 거기서는 충성심을 느낄 수 없다. 삶을 대하는 태도만큼은 예비군이 아니라 현역이 되어야 한다. 징집된 군인이 아니라 자원입대한 군인으로 살아야 한다. 풀어헤친 군복이 아니라 각이 살아 있는 군복을 입어야 한다. 눈빛과 목소리에서 해보겠다는 의지가 느껴져야 한다. 주인은 최선을 다하는 열정적인 태도를 칭찬하셨다.

예수님 안에서 발견한 '오늘'이라는 한 달란트

아프리카 선교사로 섬겼던 김해영 국제사회복지사는 한 달란트 받은 인생이었다. 아니, 한 달란트도 없었다. 첫 아이가 딸이라고 화가 난 아버지가 술에 취해서 갓난아기인 그녀를 방바닥에 내던지는 바람에 그녀는 척추 장애를 입고 키가 134센티미터에서 멈추었다. 학력은 초등학교가 전부였고, 겨우 열네 살 때부터는 정신질환을 앓는 엄마 대신 동생 4명을 키우기 위해 남의 집 식모살이를 했다.

우울증에 걸린 어머니는 "너 때문에 내가 이런 병에 걸리게 되었다"라고 딸을 탓하며 매질을 했고, 고물상을 하던 아버지가 처자식을 남겨 두고 스스로 목숨을 끊자 "너 때문에 아빠가 그렇게 되었다"라며 집안에서 일어난 모든 불행의 원인을 딸에게 뒤집어씌웠다.

엄마가 자신을 그렇게 핍박했던 것은 장애인 딸을 갖다버리라는 집안 어른들로부터 딸을 보호하려는 엄마만의 보호 방법이었다는 것을 나중에야 알게 되었지만, 평생 "넌 왜 태어났어!", "네가 우리 집을 이렇게 망쳐놨어!", "네가 태어나서 우리 집안이 이렇게 불행해졌어" 이런 말을 들으면서 자랐다.

이렇게 자란 사람에게 무슨 달란트가 있는가. 척추는 휘고 다리 길이가 달라서 30미터만 가려 해도 몇 번을 쉬었다 가야 했다. 허리 통증이 너무 심해 죽고 싶다고 생각하며 살았고, 앉아 있는 것이 너무 고통스러워 누워서 공부했다. 매일 포기하고 싶었다.

그런데 예수님을 만나고 자신 안에 있는 작은 달란트 하나를 발견했다. 그것은 '하루'라는 달란트였다. 그래서 '오늘 하루만이라도 최선을 다해 살고 죽자'라는 마음으로 하루하루를 살았다. 그녀는 대학 가기 위해서가 아니라 살기 위해 공부했다고 말한다.

직업전문학교에서 편물 기술을 배우고 미친 듯이 연습해서 1983년 전국장애인기능대회, 1984년 전국기능경기대회 편물 분야에서 금상을 받았다. 1985년에는 세계장애인 기능대회에 국가대표로 나가 금메달을 따고 대한민국 철탑산업훈장도 받았다.

한창 잘 나가던 스물여섯 살 때 아프리카 남부의 작은 나라 보츠와나로 간다. 어린 시절의 자신처럼 아무 희망도 없는 아이들에게 기술을 가르쳐 꿈꾸게 하고 싶었다. 14년 동안 보츠와나 직업학교에서 사역한 후 하나님께서 미국 나약(Nyack)대학을 거쳐 2009년 미국 컬럼비아대학 국제사회복지대학원에 입학하게 하신다. 주인집 창문 너머로 교복을 입고 지나가는 아이들을 보면서 눈물이 솟았던 열네 살 식모가 이제 세계를 무대로 활약하는 국제 사회복지사가 됐다. 하나님께서는 그녀에게 이렇게 말씀하실 것이다.

"잘하였도다 착하고 충성된 종아 네가 적은 일에 충성하였으매 내가 많은 것을 네게 맡기리니 네 주인의 즐거움에 참여할지어다."

한 달란트 받은 사람처럼 하나님을 원망하며 삶을 땅에 파묻고 지내고 있지 않은가. 지금 내게 주어진 시간, 건강, 재능, 배경, 경험, 가정 이 모든 것을 소중하게 여기자. 하나님이 선한 분이시라는 믿음을 가지고, 순수한 마음으로 최선을 다하자. 지금껏 살아온 삶과는 비교조차 할 수 없는 더 큰 일을 주님께서 준비하고 계신다. 주님과 함께 축제를 즐기는 행복한 삶을 살게 될 것이다. 하나님은 당신을 놀랍게 사용하기를 원하신다.

억울하고 힘들고 이해할 수 없는 상황에 있더라도 포기하지 말자. 원망하지 말자. 지금의 상황이 내가 원하는 모습이 아니어도 괜찮다. 인정하고 받아들이자. 재능을 탓하지 말고 끝까지 좋은 태도를 가지고 성실하게 훈련하고 도전하자. 받은 것이 작다고 포기하지 말라. 하나님께는 더 큰 계획이 있다.

은혜를 선포하기
"나는 순수한 마음과 성실한 태도로 살아갑니다."

가슴으로 나눔 하기
1. 하나님께서 맡기신 것 중에 땅에 묻어 두고 있는 것이 있다면 무엇인지, 그리고 그것을 어떻게 활용할 수 있을지 나눠보자.
2. '실패해도 괜찮다' 선하신 하나님을 믿고 믿음으로 도전해야 할 일이 있다면 무엇인지 나눠보자.
3. 오늘 말씀을 통해 받은 은혜나 새롭게 결단하는 것을 나눠보자.

정성을 다해 기도하고 축복하기

받은 은혜를 기억하며 기도한다.

부모님 중 한 분이 가족의 이름을 부르며 축복기도 한다.

예수님을 바라보는 침묵의 시간

1분간 조용히 침묵하며 생각을 통해 말씀하시는 하나님의 음성을 듣는다.

배운 대로 살아가는 생활 숙제

내가 최선을 다해서 해야 할 일 3가지 적어보기

다음 주는 가족 파티를 준비한다.

30주 날마다 예수님과 동행하라

나는 포도나무요 너희는 가지라 그가 내 안에, 내가 그 안에 거하면
사람이 열매를 많이 맺나니 나를 떠나서는 너희가 아무것도 할 수 없음이라

요한복음 15장 5절

따뜻한 햇살처럼 마음을 여는 기도

사랑하는 주님, 주님을 보기 원합니다. 주님을 알기 원합니다. 이 시간 저희에게 말씀해주옵소서. 주님의 말씀을 듣고 주님의 말씀을 나눌 때 주님의 임재가 느껴지게 하시고 주님과 온전히 하나 됨을 경험하게 하옵소서.

나의 고백으로 찬양하기

찬송가 545 이 눈에 아무 증거 아니뵈어도

하나님의 말씀 듣기

쥐를 손으로 꽉 쥐고 아무리 발버둥 쳐도 놓아주지 않기를 여러 번 반복한 후 그 쥐와 그렇지 않은 쥐를 물속에 넣는다. 그러면 손으로 꽉 쥐기를 반복했던 쥐는 헤엄치기를 쉽게 멈추고 죽어버린다. 이 쥐는 아무리 발버둥 쳐도 소용없다고 믿게 된 것이다.

벼룩은 자기 몸의 137배까지 높이 뛰는데 30센티미터짜리 병으로 덮어 놓으면 그 병 안에서 뛰면서 자꾸 부딪치게 되고, 한동안 그렇게 두면 이제 30센티미터를 자신의 한계점으로 긋게 된다. 그러면 병을 치워도 이제 벼룩은 자신이 한계를 그어놓은 높이만큼만 뛴다.

사람도 마찬가지이다. 반복해서 좌절을 경험하면 그 자리를 내 인생의 한계점으로 인식하게 된다. 이것을 심리학자인 마틴 셀리그만은 '학습된 무기력'이라고 불렀다. 인생의 여러 가

179

지 한계점을 경험하다 보면 이제 그것을 내 운명의 한계점으로 인식하게 된다. 그러나 하나님은 우리가 사람들과 환경에 의해 제한된 삶을 사는 것이 아니라 하나님께서 창조하신 모습 그대로의 잠재력과 가능성을 펼치며 살기를 원하신다. 우리는 어떻게 우리가 그어놓은 한계를 뛰어넘고 풍성한 열매를 맺는 삶을 살 수 있을까.

> 나는 포도나무요 너희는 가지라 그가 내 안에, 내가 그 안에 거하면 사람이 열매를 많이 맺나니 나를 떠나서는 너희가 아무것도 할 수 없음이라 요 15:5

이 말씀에 답이 있다. 사람들이 메마르고 건조하게 사는 이유가 있다. 내면이 공허하고, 삶의 의욕을 잃고, 하고 싶은 일도 없고, 예배를 드려도 무감각하게 느껴지는 이유가 있다. 그것은 죄의 문제일 수도 있고, 마음의 상처 때문일 수도 있고, 주변 사람과 자신을 비교하면서 오는 것일 수도 있다. 하지만 더 근본적인 이유는 하나님과 단절되었기 때문이다.

죄가 하나님과 우리 사이를 단절시키고, 마음의 상처가 하나님을 오해하게 해서 하나님과 멀어지게 하고, 비교하는 마음이 하나님을 원망하면서 하나님과 멀어지게 한 것이다. 더 다양한 모습으로 설명할 수 있지만 그 모든 것은 결국 포도나무이신 예수님과 가지인 우리가 단절되었기 때문이다.

예수님과 연결되어 있으면 삶이 달라진다

청년부 사역할 때 보면 청년들이 선교지에 갔을 때 가장 성령 충만하고 생기가 넘친다. 아침에 일어나면 가장 먼저 큐티를 하고, 이동할 때마다 차 안에서 뜨겁게 찬양한다. 사역을 시작하기 전에 기도하고 사역을 마쳤을 때도 기도한다. 저녁에 모여서 말씀을 나누고 하루 동안 느꼈던 하나님을 나눈다. 아침에 눈뜰 때부터 밤에 잠들 때까지 예수님을 생각하고, 예수님에 관해 이야기하고, 예수님이 하신 일들을 나눈다.

이것을 보름 동안 반복하다 보면 밥맛이 없다던 청년들은 밥맛이 돌아오고, 불면증에 시달리던 청년들이 머리만 대면 곯아떨어진다. 삶의 의욕이 없었던 청년들이 삶의 의지를 불태우고, 왜 사는지 모르겠다던 청년들은 빨리 쓰임 받고 싶다고 한다.

삶이 달라지는 것은 아주 단순하다. 포도나무이신 예수님과 연결되어 있으면 된다. 가지가 할 일은 나무에 붙어 있는 것이다. 나무에 붙어 있기만 하면 꽃도 피고 잎도 나고 열매도 맺게 된다. 그러나 아무리 굵고 튼튼하고 잎이 화려한 가지도 나무에서 떨어져 나가면 머잖아 말라 죽게 된다. 과거에 아무리 많은 열매를 맺었어도 오늘 나무에서 분리되는 순간 가지는 죽는다.

영성이란 하나님과 인격적으로 연결되어 있는 것이다. 하나님의 임재를 느끼고 하나님의 인도를 받으며 사는 것이다. 내가 예수님 안에, 예수님이 내 안에 계시면서 예수님과 내가 하나 되는 것이다. 그렇다면 우리가 어떻게 예수님과 연결되어 있을 수 있을까. 지금 이곳에 나와 함께하시는 예수님의 임재를 의식하며 사는 것이다.

보육원과 나환자촌을 다니며 복음을 전하고, 전국의 어려운 교회들을 찾아다니며 천 번이 넘는 부흥 집회를 인도했으며, 부흥회를 인도할 때마다 수많은 기적이 일어났던 한국의 무디 이성봉 목사님의 이야기다. 이분은 늘 왼손을 꼭 쥐고 다니셨다. 그렇게 한 이유는 예수님의 손을 잡고 다니기 위해서라고 한다. 한국의 무디라고 불릴 만큼 유명한 목사가 어린아이처럼 한 손을 주먹 쥐면서 예수님의 함께하심을 의식하며 산 것이다. 이것이 이 목사님이 그렇게 놀라운 삶을 살게 한 비밀이다.

예수님에게 붙어 있는 비결

삶은 내가 잘살려고 애써서 되는 것이 아니다. 아무리 풍성한 열매를 맺었던 경험이 있어도 나무에서 분리되는 순간 가지는 죽는다. 열매는 우리가 맺는 것이 아니라 예수님이 맺게 하시는 것이다. 내 힘으로는 도저히 안 될 것으로 보이는 일도 예수님에게 붙어 있으면 된다. 풍성한 열매를 맺는 비밀은 나무에 붙어 있는 것이다. 그것이 가지가 할 일이다.

제자 훈련의 생활 숙제 중에 '예수님의 이름을 100번 부르기'가 있다. 한 주 동안 성경책을 손에 들고 다니는 숙제가 있다. 온종일 "예수님, 어떻게 할까요?" 질문하는 숙제가 있다. 대단한 것이 아니다. 아주 단순하다. 그런데 성경책을 손으로 들고 다니면서 예수님이 나와 함께하신다는 의식이 되자 삶이 달라진다. 무단횡단을 하지 않게 되고, 지하철에서 노약자에게 자리를 양보한다. 친구들에게 욕하지 않게 되고, 대리 출석하지 않게 된다. 누가 하라고 시킨 것도 아니고 그렇게 하려고 애쓴 것도 아니다. 성경책을 들고 다녔을 뿐인데 그렇게 변화된 것이다. 자신들의 변화된 모습을 나누는 청년들의 얼굴이 활짝 피어 있다.

방법은 여러 가지가 있다. 1시간마다 알람을 맞추고 알람이 울릴 때마다 1분간만 멈춰서 조용히 예수님을 생각해도 된다. 하루에 예수님의 이름을 100번 불러도 좋다. 아침에 눈을

181

뜨면서부터 '예수님, 어떻게 할까요?' 온종일 질문하며 대화해도 좋다. 영성일기를 써도 좋다. 그것이 무엇이든 우리와 동행하시는 예수님을 자주 바라보고, 생각하고, 의식하며 살아보자. 날마다 예수님과 동행할 때 우리의 노력으로는 결코 얻을 수 없고 세상이 줄 수도 없는 만족과 기쁨을 얻게 될 것이다.

은혜를 선포하기

"나는 오늘도 예수님과 동행합니다."

가슴으로 나눔 하기

1. 예수님과 티타임을 가질 수 있다면 어떤 이야기를 하고 싶은가?

2. 내가 예수님과 연결되어 있다는 것을 느꼈던 경험이 있다면 나눠보자.

3. 예수님이 나와 동행하고 있다는 것을 의식하기 위해 무엇을 할 수 있을지 나눠보자.

정성을 다해 기도하고 축복하기

받은 은혜를 기억하며 기도한다.

부모님 중 한 분이 가족의 이름을 부르며 축복기도 한다.

예수님을 바라보는 침묵의 시간

1분간 조용히 침묵하며 지금 나를 안아주시는 하나님의 사랑을 느껴본다.

배운 대로 살아가는 생활 숙제

하루에 예수님 100번 부르기

*하나님의 인도를 구하는 기도

하나님의 인도

08

August

위대한 꿈

31주 성령 안에서 꿈을 꿔라

하나님이 말씀하시기를 말세에 내가 내 영을 모든 육체에 부어 주리니
너희의 자녀들은 예언할 것이요 너희의 젊은이들은 환상을 보고
너희의 늙은이들은 꿈을 꾸리라
사도행전 2장 17

따뜻한 햇살처럼 마음을 여는 기도

놀라우신 하나님, 이 시간 우리의 모든 생각이 하나님의 말씀 안에서 새로워지게 하옵소서. 지나간 일을 뒤로하고 새롭게 다가올 날들을 믿음으로 바라봅니다. 주님께서 행하실 놀라운 일들을 꿈꾸게 하옵소서.

나의 고백으로 찬양하기

찬송가 490장 주여 지난 밤 내 꿈에

하나님의 말씀 듣기

훈련소에 있을 때 한 훈련병이 세상에서 좀 놀아본 친구였는데 훈련 중 무슨 배짱인지 조교에게 대들었다. 조교 3명이 훈련병 1명을 붙들고 아침부터 저녁까지 온종일 기합을 줬다. 1시간 동안 땅을 파게 하더니 도로 묻게 했다. 다시 땅을 파고 도로 묻는 것을 종일 반복시켰다. 얼마나 힘들었는지 그렇게 기세가 좋던 친구가 저녁 내내 울었다. 의미 없는 일을 반복하는 것만큼 사람을 괴롭게 하는 것이 없다.

열심히 사는 것은 중요하다. 그러나 의미 없는 열심으로는 아무 일도 일어나지 않는다. 언제나 속도보다 방향이 먼저다. 방향이 정해져야 방황을 멈출 수 있다. 청년들의 이직률이

높다. 일은 많은데 자신의 인생을 던질만한 비전이 없어서, 그것이 청년들을 떠나게 한다.

여름이 되면 많은 청년이 해외선교를 간다. 그들은 저녁이 되면 집으로 가지 않고 선교를 준비하기 위해 교회로 모인다. 그런 청년들을 위해 청년부 담당 사역자가 해야 할 일은 "그만 모여라. 적당히 해라. 빨리 집에 가라" 하며 청년들을 말리고 속도 조절하는 것이었고, 그런 한편, 가치 있는 비전이 주어지자 물불을 가리지 않고 뛰어드는 청년들을 보며 담당 사역자 역시 가슴이 뛰는 것을 느끼곤 한다.

시간 관리보다 중요한 것은 방향 관리다. 방향이 정해지지 않은 배에 부는 바람은 모두 역풍이다. 열심히 공부하라고 잔소리한다고 자녀들이 공부하는 것이 아니다. 자녀의 시간표를 아무리 꼼꼼하게 짜줘도 소용없다. 열심히 하라고 하기 전에 공부해야 하는 이유를 찾도록 도와줘야 한다. 이유를 찾으면 하지 말라고 말려도 스스로 한다. 사람은 꿈을 꿔야 한다. 사람은 이뤄야 할 꿈이 있을 때 살아있음을 느낀다.

묵시가 없으면 백성이 방자히 행하거니와 율법을 지키는 자는 복이 있느니라 잠 29:18

비전이 없고 꿈이 없는 사람은 방황한다. 가야 할 방향을 아는 사람이 복된 삶을 살아간다. 그렇다면 우리는 어떻게 꿈을 꿀 수 있을까?

하나님이 말씀하시기를 말세에 내가 내 영을 모든 육체에 부어 주리니 너희의 자녀들은 예언할 것이요 너희의 젊은이들은 환상을 보고 너희의 늙은이들은 꿈을 꾸리라 행 2:17

성령이 임하면 어린 자녀들이 예언을 하고, 청년들이 환상을 보고, 노인들이 꿈을 꾸게 된다. 꿈은 청소년들만 꾸는 것이 아니다. 어린아이부터 나이 든 노인에 이르기까지 성령이 임하면 누구나 꿈을 꾸고 환상을 보고 비전을 품게 된다.

하나님은 꿈꾸는 자들을 통해 일하신다

1994년, 경기도 용인에 있는 작은 공장의 5층 강당에서 몇 사람이 모여 예배하며 기도하기 시작했다. 하나님은 "너는 내게 부르짖으라 내가 네게 응답하겠고 네가 알지 못하는 크고 은밀한 일을 네게 보이리라"(렘 33:3) 이 말씀으로 이 작은 공동체에 꿈을 꾸게 하셨다.

성도들은 예레미야서 33장 3절 말씀을 기억하며 '333 비전'을 꿈꾸기 시작했다. 분당과 수지의 전체 인구는 30만 명이었다. 도시의 10분의 1을 하나님께 올려드리자는 마음으로 '3만' 명의 가족을 전도하는 꿈이 그 첫 번째였다. 두 번째 3은 그중 10분의 1인 '3천' 명의 국내 평신도 선교사를 세우는 꿈이고, 마지막 3은 거기서 또 10분의 1인 '3백' 명을 타 문화권 해외 선교사로 파송하는 공동체가 되는 꿈이었다.

처음 이 비전을 나눌 때 많은 사람이 불가능하다고 생각했고, 이뤄질 것을 믿지 못했다. 그러나 모일 때마다 비전을 외치며 함께 기도하면서 성도들은 333 비전을 자신의 비전으로 삼기 시작했다. 하나님께서 이루실 일들을 믿음으로 바라보며 뜨겁게 부르짖었다. 포기하지 않고 꿈을 꾸며 외쳤던 이들을 통해 333 비전은 불과 15년 만에 정확하게 성취되었다. 그리고 수도권 변두리에서 시작된 작은 공동체가 28년이 지난 지금, 한국 교회와 세계 교회에 놀라운 영향을 끼치는 공동체로 성장했다.

꿈꾸지 않았다면 어떻게 이런 일이 일어날 수 있었겠는가. 하나님은 꿈을 꾸고 그 꿈을 위해 헌신하는 사람들을 통해 일하신다. 하나님께서 지금 당신에게 주신 꿈은 무엇이고 마음에 품게 하신 소원은 무엇인가? 어떤 열망이 있는가? 그것을 가볍게 여기지 마라. 꿈을 붙들고 기도하기 시작하라. 하나님께서 이루실 일들을 믿음의 눈으로 바라보라. 이 꿈이 이루어졌을 때 어떤 일이 일어날지 상상하라. 하나님께서 일하신다는 확신을 가져라. 하나님은 꿈꾸는 자들을 통해 일하신다.

하나님이 마음에 넣어주신 소원을 기도로 바꾸고 선포하라

20년 전, 하나님께서 이사야서 61장 말씀을 통해 내게 꿈을 꾸게 하셨다. 십자가의 복음을 경험하고, 그리스도의 제자로 훈련받은 청년들을 통해 무너진 교회의 영광을 회복하고 하나님의 나라를 이 땅 가운데 세워가는 꿈이었다. 그래서 지난 20년간 청년들에게 열심히 꿈의 씨앗을 뿌렸다.

눈에 보이는 곳마다 "우리는 민족을 치유하고 세상을 변화시키는 사람들입니다"라고 써 붙이고는 볼 때마다 읽고 외치게 했다. 청년들을 만날 때마다 "너희가 나의 꿈"이라고 이야기해줬다. 예배 때마다 "내 꿈은 너희가 멋지게 자라서 세상을 바꾸는 리더가 되는 것이고, 수련회의 모든 강사가 우리 공동체 출신이 되게 하는 것"이라고 도전했다. 교회 나온 지 얼마 되지 않는 청년이 "목사님, 제가 그 꿈 꼭 이뤄드릴게요"라며 설레했다. 그 모습을 보며 가슴이 뛰었다. 이제 이 씨앗이 열매를 맺고 있다. 꿈은 반드시 이루어진다.

〈따라 하는 기도〉 유튜브 채널은 계획해서 만들어진 것이 아니다. 하나님의 말씀에 순종했을 뿐인데 하나님께서 놀라운 일을 이루셨다. 불과 몇 개월 만에 구독자가 만 명을 넘었다. 사람의 노력으로는 불가능한 일이었다.

기도하는 중에 하나님께서 '만 명이 됐으면 10만 명도 될 수 있지 않을까'라는 생각을 하게 하셨다. 그런데 100만 명은 불가능하겠다는 생각이 들었다. 아직 100만 명이 넘은 기독교 유튜브 채널은 없고, 100만 명은 그저 열심히 한다고 해서 되는 것이 아니라 하나님께서 하셔야만 가능한 일이다. 그래서 기도했다. "하나님, 〈창재기 TV〉에 100만 명의 구독자가 모이게 해주세요." 100만 명의 성도가 이곳에서 치유받고 회복되고 하나님나라에 헌신하는 모습을 상상하니 가슴이 뛰었다. 그래서 하나님께서 이 꿈을 이루실 거라 믿고 기도한다.

우리는 할 수 없지만 하나님은 하실 수 있다. 꿈을 이루시는 분은 하나님이시다. 하나님께서 시작하신 일은 하나님께서 이루신다. 하나님께서 당신의 마음에 넣어주신 거룩한 소원을 기도로 바꿔라. 작아 보여도 괜찮다. 말씀을 볼 때마다 내게 주신 약속으로 받아들여라. 평범한 수준에 안주하지 말고 더 큰 꿈을 꿔라. 당신의 노력으로는 불가능한 일들을 가슴에 품어라. 하나님은 우리에게 성령을 부어주시고 꿈을 꾸게 하신다. 꿈을 꾸게 하고 그 꿈을 이루시는 하나님을 신뢰하고 담대하게 꿈을 선포하자. 하나님은 꿈꾸는 자들을 통해 놀라운 일을 이루신다.

너희 안에서 착한 일을 시작하신 이가 그리스도 예수의 날까지 이루실 줄을 우리는 확신하노라 **빌 1:6**

은혜를 선포하기

"나는 꿈꾸는 사람입니다."

가슴으로 나눔 하기

1. 어렸을 때 커서 무엇이 되고 싶다고 생각했는가?

2. 언젠가 하나님께 기도하며 꿈꿨던 일 중에 잊어버렸거나 포기한 것이 있다면 나눠보자.

3. 지금 내게 가장 간절한 소원이나 꿈은 무엇인가?

정성을 다해 기도하고 축복하기

받은 은혜를 기억하며 기도한다.

부모님 중 한 분이 가족의 이름을 부르며 축복기도 한다.

예수님을 바라보는 침묵의 시간

1분간 조용히 침묵하며 지금 나를 안아주시는 하나님의 사랑을 느껴본다.

배운 대로 살아가는 생활 숙제

하고 싶고, 되고 싶고, 이루고 싶은 것이 무엇인지 꿈 목록 만들기

---

* 소원을 이루는 기도

소원을 이루는 기도

32주 믿는 대로 된다

예수께서 들으시고 놀랍게 여겨 따르는 자들에게 이르시되
내가 진실로 너희에게 이르노니 이스라엘 중 아무에게서도
이만한 믿음을 보지 못하였노라
마태복음 8장 10절

따뜻한 햇살처럼 마음을 여는 기도

작은 믿음을 통해 큰 산을 옮기시는 주님, 이 시간 예배할 때 저희에게 믿음을 주옵소서. 살아있는 믿음, 행함이 있는 믿음, 기적을 일으키는 믿음을 주옵소서. 하나님을 감동시키는 믿음의 사람이 되게 하옵소서.

나의 고백으로 찬양하기

찬송가 542장 구주 예수 의지함이

하나님의 말씀 듣기

예수님이 나를 보고 감동을 받으신다면 얼마나 기분이 짜릿할까. 예수님이 가버나움이라는 도시에 들어가셨을 때 한 백부장이 와서 자신의 하인이 중풍 병에 걸렸으니 고쳐달라고 간청한다. 그러자 예수님이 "그래, 내가 가서 고쳐줄게"라고 하셨는데 백부장은 "예수님, 저희 집까지 오실 필요 없이 그냥 이곳에서 말씀만 해주세요. 말씀만 해주셔도 집에 있는 하인이 나을 거예요"라고 대답한다. 백부장은 예수님을 공간에 제한받는 분이 아니라 공간을 초월해서 역사하시는 전능한 하나님으로 믿었다.

예수께서 들으시고 놀랍게 여겨 따르는 자들에게 이르시되 내가 진실로 너희에게 이르노니

189

　백부장의 말을 듣고 예수님이 깜짝 놀라셨다. "와, 정말 대단해. 어떻게 이런 믿음이 있지. 어떻게 이렇게 믿을 수 있지. 지금까지 한 번도 본 적 없는 믿음이야. 이렇게 대단한 믿음은 처음이야." 감동받고 흥분해서 말씀하신다. 우리는 돈이 대단히 많거나 재능이 탁월하거나 인기가 많은 사람을 보면 놀라워하는데 예수님은 믿음을 보고 놀랍게 여기셨다. 백부장은 예수님에 관한 지식은 적었을지 모르지만 예수님에 대한 믿음만큼은 최고였다.

　우리의 믿음을 돌아보자. 사람들은 "주님, 말씀만으로는 부족합니다. 뭔가 더 신기하거나 짜릿하거나 확실한 증거를 보여주세요. 그러면 한번 믿어보겠습니다"라고 하는데 백부장은 "주님, 제가 주님을 믿습니다. 말씀만 해주세요. 그것만으로도 충분합니다"라고 했다.

　우리는 보여주면 믿겠다고 하는데 백부장은 믿고 보았다. 예수님은 제자들에게 어떻게 해서든지 믿게 하려고 이것저것 보여주고 가르쳐줘도 못 믿었는데, 백부장은 예수님을 알지도 못하는데 믿었고, 본 적도 없는데 믿었다. 이 믿음을 보고 예수님이 어떻게 감동받지 않으시겠는가. 성경은 "믿음이 없이는 하나님을 기쁘시게 하지 못하나니"(히 11:6)라고 말씀한다. 예수님은 믿음을 좋아하신다. 믿음의 사람을 보며 감동받으신다.

　백부장의 믿음에 감동하신 예수님은 백부장에게 "네 하인의 병이 나았어" 대신 "네 믿음대로 될 거야"라고 말씀하신다. 백부장의 믿음을 칭찬해주고 싶으셨던 것이다. 백부장이 예수님의 말씀을 듣고 집으로 돌아오니 하인이 나았는데 예수님이 말씀하신 그 시간과 정확하게 일치했다. 이것을 알게 되었을 때 그는 얼마나 감동 받았을까. '정말 믿음대로 되는구나!' 백부장이 예수님을 감동시키자 예수님이 백부장을 감동시키신다.

　예수님은 바로 다음 장에서도 두 맹인에게 기적을 베풀기 전에 "내가 능히 이 일 할 줄을 믿느냐"(마 9:28)라고 질문하시고, 그들이 "예, 주님. 제가 믿습니다"라고 대답하자 "너희 믿음대로 되라"(29절)라고 하시며 기적을 일으키신다.

믿음이 들 때까지 기도하고 믿음을 선포하라

예수님 앞에 나아와 기도할 때 중요한 것이 있다. 그것은 믿어질 때까지 기도하는 것이다. 기도하면 믿어질 때가 있다. 믿어지면 이뤄진다. 그래서 기도가 응답된다는 믿음이 들 때까지 기도해야 한다. 우리가 기도를 마칠 때마다 예수님은 "내가 능히 이 일을 할 줄 믿느냐" 물으실 것이다. 그때 "예, 주님. 제가 믿습니다"라고 대답할 수 있어야 한다. 이 믿음만 있다면 우리 앞에 있는 어떤 문제도 넉넉하게 넘어설 수 있다. 어떤 실패를 했어도 상관없다. 예수님을 믿는 믿음만 있다면 꿈꿀 수 없었던 일들이 이루어진다.

하늘이 땅보다 높음같이 내 길은 너희의 길보다 높으며 내 생각은 너희의 생각보다 높음이니라 **사 55:9**

자신의 작은 생각으로 하나님의 크기를 제한하지 말라. 우리의 생각과 하나님의 생각은 하늘과 땅 차이다. 우리의 계획과 하나님의 계획도, 우리의 능력과 하나님의 능력도 하늘과 땅 차이다. 하나님은 우리의 생각과 상상보다 언제나 훨씬 더 큰 것을 생각하신다.

예수님은 사람들이 어떤 믿음을 가지고 있는지 아셨지만, 매번 기적을 일으키기 전에 "너는 나를 믿느냐" 질문하심으로써 그 믿음을 자신의 입술로 고백하게 하셨다. 주님은 우리가 믿음을 입으로 고백하는 것을 중요하게 여기신다. 우리의 모든 말에는 믿음이 있다. 된다고 믿으면 된다고 말하고, 안된다고 믿으면 안된다고 말한다. 할 수 없다고 믿으면 할 수 없다고 말하고, 할 수 있다고 믿으면 할 수 있다고 말한다.

이제부터 믿음으로 고백하자. 눈에 보이는 상황을 보고 말하지 말고 믿음을 선포하자. "앞이 보이지 않지만, 하나님께서 역사하고 계심을 믿습니다. 길이 없지만, 하나님께서 길을 내시리라 믿습니다. 제 눈에 불가능해 보이지만 그래서 하나님께서 역사하기 가장 좋은 시간입니다. 하나님께서 시작하셨으니 하나님께서 이루실 줄 믿습니다."

아침에 눈을 떴을 때 "피곤하다. 졸리다"라고 느낌을 말하지 말고 믿음을 선포하자. "하나님께서 함께하시기에 오늘은 최고의 날입니다. 지금 행복한 기분이 내 안에 가득합니다. 내가 꿈꾸는 대로 이루어지고 있습니다. 꿈은 반드시 이루어집니다. 나는 어떤 장애물도 기도로 돌파해냅니다. 기적 같은 일들이 나를 기다리고 있습니다. 오늘 나에게 좋은 일이 생깁니다. 하나님의 놀라운 계획이 오늘 이루어집니다."

아무리 불가능해 보이는 꿈일지라도 믿음으로 고백하고 내게 믿음의 말을 들려주자. 몇 번 해 보고 안 된다고 포기하지 말고 믿어질 때까지 반복하자. 믿어지면 이뤄진다. 믿음으로 기도하고 선포해도 내 믿음대로 되지 않을 수 있다. 그러나 내가 원하는 대로 되지 않아도 선하신 하나님께서 가장 좋은 것을 주실 것이다. 하나님의 뜻이 나의 뜻보다 훨씬 더 좋기 때문이다. 하나님의 선하심을 믿어 끝까지 믿음으로 생각하고, 믿음으로 말하고, 믿음으로 선택하고, 믿음으로 도전하자.

은혜를 선포하기
"나는 하나님을 감동시키는 믿음의 사람입니다."

가슴으로 나눔 하기
1. 기도하고 믿어졌던 경험이 있다면 나눠보자.

2. 믿음을 사용해야 할 영역이 무엇인지 나눠보자.

3. 오늘 말씀을 통해 받은 은혜나 새롭게 결단하는 것을 나눠보자.

정성을 다해 기도하고 축복하기
받은 은혜를 기억하며 기도한다.
부모님 중 한 분이 가족의 이름을 부르며 축복기도 한다.

예수님을 바라보는 침묵의 시간
1분간 조용히 침묵하며 지금 나와 함께 계시는 예수님을 바라본다.

배운 대로 살아가는 생활 숙제
아침에 눈 뜰 때마다 믿음의 말을 선포하기

믿음의 기도

* 믿음의 기도

33주 누구를 만날지 결정하라

말씀하시되 나를 따라오라 내가 너희를 사람을 낚는 어부가 되게 하리라 하시니
그들이 곧 그물을 버려두고 예수를 따르니라
마태복음 4장 19,20절

따뜻한 햇살처럼 마음을 여는 기도

모든 만남을 주관하시는 하나님, 사랑하는 가족에게 만남의 복을 주옵소서. 함께 있으면 가슴이 뛰고, 보고 있으면 꿈을 꾸게 되고, 이야기를 나누면 영감이 떠오르고, 멋지게 살고 싶게 만드는 사람을 만나는 복을 주옵소서.

나의 고백으로 찬양하기

찬송가 412장 내 영혼의 그윽히 깊은 데서

하나님의 말씀 듣기

"목사님, 뭘 해야 할지 모르겠어요. 해놓은 게 아무것도 없어요." 대학 졸업반인 한 형제의 말이다. 이 형제는 명문대 좋은 학과에 다닌다. 영어시험 점수도 잘 받아놨고 마음만 먹으면 직장도 웬만한 곳은 어디든 갈 수 있다. 그런데 뭘 해야 할지 모르겠고 해놓은 게 아무것도 없다니. 하고 싶은 것이 없으니 지금까지 했던 것들이 의미 없게 느껴진 것이다. 그렇게 열심히 살았는데 해놓은 것이 없다니 안타깝다.

비전은 보아야 생긴다. 발레를 전공하는 한 자매는 여덟 살 때 부모님과 처음 발레 공연을 보게 되었는데 그날 발레 무용수들이 너무 멋있어 보여서 발레를 시작하게 되었다고 한다.

나는 20대 때 친한 선배의 사역을 돕기 위해 분당에 있는 지구촌교회에 오게 되었다. 첫날

예배 시간에 말씀을 듣는 내내 눈물을 멈출 수 없었다. 그 주가 특별 부흥회 주일인 줄 알았다. 그런데 그다음 주에도 같은 은혜가 있었다. 매 주일예배가 부흥회처럼 느껴졌다. 말씀이 들리기 시작하고, 성경이 이해되고, 복음의 은혜가 믿어졌다. 말씀을 듣는 동안 가슴이 뜨거워 견딜 수가 없었다. 매 주일 예배가 기다려졌다. 이동원 목사님의 설교 테이프를 사서 늘어지도록 반복해서 듣고, 목사님의 설교집을 베껴쓰기도 했다. 목사님을 보면서 어떤 설교자가 되어야 할지 꿈을 꾸게 되었다.

비전은 보아야 생기므로 사람은 누구를 만나는지가 중요하다. 엘리사는 엘리야를 만나서 영감 있는 선지자가 되었고, 여호수아는 모세를 만나 위대한 리더가 되었고, 디모데는 바울을 만나 훌륭한 목회자가 되었다. 당신에게도 이런 만남이 있기를 축복한다.

평범한 어부 베드로가 어느 날 예수님을 보게 되고 그분의 매력에 흠뻑 빠지게 된다. 그리고 자신의 모든 것을 버리고 그분을 좇아간다.

> 말씀하시되 나를 따라오라 내가 너희를 사람을 낚는 어부가 되게 하리라 하시니 그들이 곧 그물을 버려두고 예수를 따르니라 마 4:19,20

그리고 나서 평범한 어부였던 베드로의 인생이 달라졌다. 오순절 설교 한 번에 3천 명이 회심하고, 솔로몬 행각에서 설교할 때는 남자만도 5천 명이 예수를 믿었다. 그 후 예루살렘 교회의 담임 목회자가 되고, 초대 교회의 가장 영향력 있는 영적 지도자가 되었다. 어떻게 사람의 인생이 이렇게 달라질 수 있을까. 예수님을 만났고, 예수님과 함께했기 때문이다.

축구를 잘하고 싶으면 축구를 잘하는 사람과 친해지면 된다. 축구를 잘하는 사람과 함께 있으면 놀아도 축구 하면서 놀고 이야기를 해도 축구에 관한 이야기를 한다. 사람은 함께 있으면 닮아간다. 당신의 마음에 불을 지피고 열정을 일으키고 가슴을 뛰게 한 사람은 누구인가? 언제 그런 사람을 만났는가? 그 사람을 찾고 그 사람과 함께하자. 사람은 보면 비전이 생기고 함께하면 비전을 이루게 된다.

사람은 불러주고 믿어주는 대로 된다

사람은 어떻게 불리느냐에 따라 그 인생이 달라진다. 하나님은 아브람을 '아브라함'이라고 불러주셨고, 사래를 '사라'라 불러주셨다. 야곱을 '이스라엘'이라 불러주셨고, 솔로몬을

'어디디야'로 불러주셨다. 그리고 그 인생이 달라졌다.

베드로의 본래 이름은 시몬으로 '듣는 사람'이라는 뜻이다. 그에게 예수님이 '베드로'라는 새로운 이름을 붙여주셨다. 베드로는 '반석'이라는 뜻이다. 시몬을 반석이라고 불러주신 것이다. 그리고 훗날 베드로는 정말 초대 교회의 반석 같은 역할을 한다.

사람은 불러주는 대로 되고 믿어주는 대로 된다. "네가 이런 사람이 됐으면 좋겠어"라고 말해주는 것도 좋지만, "너는 이런 사람이야"라고 믿어주고 신뢰해주는 것이 훨씬 더 힘이 있다. 베드로는 자신을 반석이라 불러주는 분을 위해 배와 그물을 버려두고 좇았다. 그는 배와 그물을 버린 것이 아니라 예수님을 선택한 것이다. 포기한 것이 아니라 얻은 것이다.

당신 주변에 많은 사람이 있다. 누구를 만날지 누구와 함께할지 누구와 시간을 보낼지 결정해야 한다. 되는대로 만나서는 안 된다. 아무나 만나서는 안 된다. 몇 마디 대화만 나누면 꿈의 날개를 다 꺾는 사람이 있다. 당신의 꿈을 나눴을 때 부끄럽게 느끼게 하는 사람이 있다. 뭘 해도 힘들다고 하고 어렵다고 하고 안 된다고 하는 부정적인 사람이 있다.

그런 사람은 멀리하라. 당신의 꿈을 시시하게 생각하는 사람을 만나지 말라. 당신의 삶을 단정 짓고 가능성을 제한하는 사람을 만나지 말라. 부정적인 사람을 만나면 당신도 부정적인 사람이 되고, 비관적인 사람을 만나면 당신도 비관적인 사람이 된다. 우울한 사람과 함께 있으면서 긍정적인 삶을 살 수 없다.

모든 사람과 다 잘 지내야 한다는 강박관념을 버리자. 예수님의 고향 사람들은 예수님을 구원자는커녕 선지자로도 생각하지 않았다. 예수님은 그런 사람들을 멀리하셨다. 도움이 필요한 사람들에게 도움의 손길을 내밀어야 하고 힘겹게 살아가는 사람들과 함께해야 한다. 그러나 당신의 삶을 제한하고 기운을 빼는 사람을 통해서는 당신을 향한 하나님의 비전이 이루어지지 않는다.

"멋진 꿈이구나. 넌 반드시 해낼 거야. 꿈이 크다는 건 멋진 거야. 원래 불가능해 보여야 꿈이지. 하나님께서 너와 함께하시니까 넌 잘 해낼 거야. 반드시 잘될 거야. 기대된다"라며 당신의 꿈을 응원해주고 기도해줄 수 있는 사람들과 함께하라. 믿음의 사람들을 가까이하라. 당신의 열정에 기름을 부어줄 사람을 만나라. 그들을 통해 당신의 꿈은 이루어진다. 이런 만남의 축복을 위해 기도하자.

은혜롤 선포하기

"나는 좋은 사람을 만나는 복을 받았습니다."

가슴으로 나눔 하기

1. 당신의 가장 친한 친구에 대해서 나눠보자.

2. 당신이 자주 만나는 사람은 누구이며, 그 사람에게 어떤 영향을 받았는가?

3. 당신의 가능성을 알아봐 주고, 당신에게 좋은 별명을 붙여준 사람이 있다면 나눠보자.

정성을 다해 기도하고 축복하기

받은 은혜를 기억하며 기도한다.

부모님 중 한 분이 가족의 이름을 부르며 축복기도 한다.

예수님을 바라보는 침묵의 시간

1분간 조용히 침묵하며 하나님의 사랑을 느껴본다.

배운 대로 살아가는 생활 숙제

한 주간 동안 나에게 좋은 영향을 주는 사람 1명 만나기

다음 주는 가족 파티를 준비한다. ✨

만남의 축복

34주 끝을 생각하며 오늘을 살아라

주의하라 깨어 있으라 그때가 언제인지 알지 못함이라
마가복음 13장 33절

따뜻한 햇살처럼 마음을 여는 기도

처음과 나중 되시는 하나님, 모든 인생은 처음과 끝이 있게 마련인데 저희가 영원히 살 것처럼 어리석게 살았습니다. 이제 끝이 있음을 기억하며 주님을 만났을 때 무엇을 드릴지 고민하고 준비하는 지혜를 주옵소서.

나의 고백으로 찬양하기

찬송가 430장 주와 같이 길 가는 것

하나님의 말씀 듣기

동물이나 곤충에게는 사람이 가지지 못한 날씨에 대한 특별한 감각이 있다. 2008년 쓰촨성 대지진 전에 수십만 마리의 두꺼비 떼가 이동하는 것이 관측되었고, 2005년 서남아시아 쓰나미 때 스리랑카에서는 동물들이 높은 산으로 피난하는 모습이 관측되었다. 또 개가 풀을 먹거나 고양이가 털을 나무에 비비면 비가 온다는 사실도 확인되었다. 어떤 일이 일어나기 전에는 사인이 있는데, 주님도 다시 오실 때 사인을 주신다고 하신다.

무화과나무의 비유를 배우라 그 가지가 연하여지고 잎사귀를 내면 여름이 가까운 줄 아나니 이와 같이 너희가 이런 일이 일어나는 것을 보거든 인자가 가까이 곧 문 앞에 이른 줄 알라

막 13:28,29

지금 우리가 사는 시대를 보면 주님께서 다시 오시겠다고 하신 그날이 얼마 남지 않은 것이 느껴진다. 그러나 많은 그리스도인이 요즘 말세라고 이야기하면서도 진짜 주님이 다시 오실 것을 믿지 않는 것처럼 보인다. 오히려 이 땅에서의 삶이 영원할 것이라고 믿는 것처럼 보인다. 당신은 이 땅에서의 삶에 지나치게 집중하고 있지 않은가? 그러나 주님은 반드시 다시 오신다. 그렇다면 주님은 언제 오실까?

'언제 오실까'보다 '어떻게 살까'를 생각하자

그러나 그날과 그때는 아무도 모르나니 하늘에 있는 천사들도, 아들도 모르고 아버지만 아시느니라 주의하라 깨어 있으라 그때가 언제인지 알지 못함이라 **막 13:32,33**

주님이 언제 오실지 아무도 모르고 아버지만 아신다고 하신다. 이 말씀은 주님께서 언제 오실지 그 시간을 알려고 하지 말라는 뜻이다.

고등학교 때 저녁에 자율 학습을 했다. 담임선생님은 "내가 불시에 왔을 때 떠들고 있으면 1시간 늦게 집에 보낼 테니까 조용히 자습하고 있어!"라는 말을 남기고 교무실로 가신다. 이것은 언제 올지 신경 쓰지 말고 열심히 공부하고 있으라는 것이다. 그런데 선생님이 언제 오실지 시간에 집착하는 친구들이 있다. 그 친구들은 공부에 관심 없는 친구들이다. 시간에 집착한다는 것은 놀겠다는 뜻이다.

주님이 언제 오실지에 관심을 갖는 이유는 놀겠다는 것이다. 그러나 주님께서 언제 오실지 시간을 말씀하지 않으신 이유는 끝이 있음을 기억하며 살되 오늘이 주님 오시는 날이라고 생각하며 살라는 것이다. 그래서 오늘 주님이 오셔도 부끄럽지 않고, 후회되지 않도록 최선을 다해 살라는 것이다. 우리는 주님이 언제 오실지에 관심을 가질 것이 아니라, 무엇을 위해 살고 어떻게 오늘을 살 것인지 생각하며 살아야 한다. 오늘이 내 인생의 마지막 날인 것처럼 사는 것이 건강한 종말론 신앙이다.

임종을 앞둔 분들을 섬기는 호스피스 봉사자들을 교육할 때 종이를 한 장 나눠주고 인생에서 중요한 것이 무엇인지 다 써보라고 한다. 자신의 신체 중에서 중요한 것, 가진 것 중에서 중요한 것이 뭐가 있냐고 써보라고 하면 각자 소중하다고 여기는 것들을 이것저것 쓴다.

그런 후에는 "오늘 당신이 질병에 걸려서 얼마 못 살게 된다는 통보를 받았다고 생각해보시고, 지금 써 놓은 것들 중에서 덜 중요한 것 5개를 지워보세요"라고 한다. 그래서 사람들이 고민하면서 지우면 의사 선생님께 결과가 너무 안 좋다는 통보를 받았다고 5개를 더 지우라 하고, 또 2개를 더 지우라고 한다. 그렇게 지워나가는 시간은 정말 괴롭다고 한다. 어느 정도 지우고 나면 더 지울 수가 없다. 부모님을 지울 수도 없고, 자식들을 지울 수도 없고, 내 몸의 어느 한 부분을 지울 수도 없다. 그런데 지워야 한다.

임종을 앞둔 사람들은 늘 그렇게 계속해서 자신의 삶에서 뭔가를 지워야 하는 고통스러운 작업을 한다고 한다. 그렇게 해서 결국 마지막에 남은 그것이 진짜 중요한 것이라고 말한다. 모든 사람에게 이런 시간이 필요하다. 죽다 살아난 경험이 있는 사람은 예전처럼 살지 않는다. 전처럼 살 수 없다. 무엇이 중요한지 알았기 때문이다.

지금 우리가 꿈꾸고 있는 것들이 끝에도 의미 있을까. 최선을 다해서 오늘을 살되, 그 최선이 의미 있는 최선이 되기 위해 우리는 인생의 끝을 한번 다녀올 필요가 있다. 지혜로운 사람은 자기 삶의 끝자리에 먼저 갔다 온다. 그리고 끝에 의미 있는 것이 무엇인지 생각하며 오늘을 산다. 오늘이 당신의 마지막 날이라면 무엇이 가장 후회될 것 같은가?

종말론적 신앙은 의미 있는 마지막을 생각하며 사는 것이다

어떤 이가 은행에서 대출받아 사업을 운영하던 중에 6·25 전쟁이 일어났다. 피난을 떠나야 하는데 은행에서 빌린 돈을 갚아야 할 날이 다 된 것을 알고 돈을 준비해 은행으로 갔다. 전쟁이 나자 사람들이 돈이 될만한 것이면 뭐든지 챙겨서 떠나는 데 이 사람은 거꾸로 돈을 들고 은행을 찾아간 것이다. "여기 빌린 돈 갚으러 왔습니다"라고 하자 은행직원이 황당해하며 전쟁통에 장부가 어디 있는지도 모른다고 했다. 그래도 영수증에 돈을 받았다는 도장을 찍어달라고 하며 돈을 갚았다.

전쟁이 끝난 후 그는 제주도에서 군납 사업을 시작했다. 원양어선을 구입하려는데 자금이 부족해서 은행을 찾아가 융자를 신청했지만 대출을 거절당했다. 대출받기를 포기하고 은행을 나서려다가 문득 자신이 갚은 빚이 잘 정리되었는지 알아봐야겠다는 생각이 들었다.

그래서 다시 은행으로 들어가 자신이 받았던 영수증을 은행직원에게 보여주자 직원이 깜짝 놀라 말했다. "아, 당신이군요! 피난 중에 빚을 갚은 사람이 있다고 전해듣고 '세상에 이런 사람도 있구나' 생각했습니다." 이 사람의 정직함이 은행가에 전설처럼 회자되고 있었던 것이다. 직원은 그를 은행장의 방으로 인도했고, 은행장은 "당신처럼 진실하고 정직한 사업가를 만나본 적이 없습니다"라면서 필요한 금액을 대출해주었다.

한국유리의 설립자인 최태섭 장로님의 이야기다. 그 분은 "기업인이란 하나님이 잠시 맡겨 놓은 것을 관리할 뿐 아무리 피땀 흘리며 일구어 놓았다 하더라도 영원히 소유할 수 없다"라는 성경적 종말론 신앙을 가지고 정직하게, 후회 없이 사셨다. 영원히 소유할 수 있는 것은 없다. 반드시 끝이 있다.

종말론적 신앙이란 끝이 있다는 것을 알고 내가 주님 앞에 섰을 때 어떤 모습으로 서 있는 것이 부끄럽지 않은 모습일지 생각하며 사는 것이다. 정말 중요한 것이 무엇인지 고민하고 중요한 것을 붙들고 사는 것이다. 또한 오늘이 내 인생의 마지막 날인 것처럼 아낌없이 최선을 다해 사는 것이다. 주님 앞에 섰을 때 "주님, 제게 삶을 허락하셔서 감사합니다. 후회 없이 살았습니다"라고 말할 수 있게 사는 것이다. 그것이 성경적 종말론 신앙을 가지고 사는 삶이다. 큰 꿈을 품고, 최선을 다해 살아가자. 그러나 그 꿈이 마지막에도 의미 있는 꿈이기를 바란다.

은혜를 선포하기

"나는 끝을 생각하며 오늘을 삽니다."

가슴으로 나눔 하기

1. 죽는 날이 언제인지 알고 싶은가? 그 이유가 무엇인가?

2. 이 땅에서의 삶이 끝났을 때 하나님과 사람들에게 어떤 사람으로 기억되고 싶은가?

3. 내 인생에 가장 중요한 것 20개를 써보고 서로 3개씩 지워나간 후 가장 마지막까지 남아 있는 2가지는 무엇인지 나눠보자.

정성을 다해 기도하고 축복하기

받은 은혜를 기억하며 기도하고, 한 사람씩 돌아가며 한 문장으로 기도한다.

부모님 중 한 분이 가족의 이름을 부르며 축복기도 한다.

예수님을 바라보는 침묵의 시간

1분간 조용히 침묵하며 생각을 통해 말씀하시는 하나님의 음성을 듣는다.

배운 대로 살아가는 생활 숙제

나의 버킷 리스트 만들기

_____

_____

_____

_____

_____

_____

_____

_____

_____

_____

09

September

행복한 삶

35주 행복을 선택하라

믿음으로 말미암아 그리스도께서 너희 마음에 계시게 하시옵고
너희가 사랑 가운데서 뿌리가 박히고 터가 굳어져서
능히 모든 성도와 함께 지식에 넘치는 그리스도의 사랑을 알고

에베소서 3장 17,18절

따뜻한 햇살처럼 마음을 여는 기도

사랑하는 주님, 들리는 이야기가 많고, 생각해야 할 것들이 많지만, 저희는 주님의 말씀을 듣기 원하고, 주님의 사랑을 묵상하기 원합니다. 오늘도 주님의 사랑을 깊이 느끼며 주님의 사랑에 깊이 빠져들게 하옵소서.

나의 고백으로 찬양하기

찬송가 405장 주의 친절한 팔에 안기세

하나님의 말씀 듣기

한 목사님이 가난한 시골 교회에서 목회를 하는데, 교회 형편이 너무 어려워 목회를 하면서도 주중에는 가족들의 생계유지를 위해 여러 곳에서 일을 해야 했다. 하루는 치즈 만드는 공장에서 일을 하다 점심식사를 하려고 도시락을 열었는데 사모님이 써서 넣어둔 쪽지가 있었다.

바다를 먹물로 삼고, 하늘을 두루마리로 삼을지라도
어찌 하나님의 사랑을 다 기록할 수 있을까

목회를 하면서도 생활비를 받을 수 없어서 주중에 막노동을 해야 하는 고단한 삶이었지만 이 목사님 부부는 예수님의 사랑을 기억하며 살았다. 그 편지를 다 읽은 목사님은 종이박스 하나를 찢어서 거기에 곡을 썼는데 이 곡이 우리가 잘 아는 찬송가 304장 〈그 크신 하나님의 사랑〉이다.

피곤한 인생 여정에서 우리는 어떻게 행복한 삶을 살아갈 수 있을까.

> 믿음으로 말미암아 그리스도께서 너희 마음에 계시게 하시옵고 너희가 사랑 가운데서 뿌리가 박히고 터가 굳어져서 능히 모든 성도와 함께 지식에 넘치는 그리스도의 사랑을 알고 그 너비와 길이와 높이와 깊이가 어떠함을 깨달아 하나님의 모든 충만하신 것으로 너희에게 충만하게 하시기를 구하노라… 엡 3:17-19

성경은 그리스도께서 마음속에 머물러 계시게 하라고 한다. 잠깐 있다가 가는 손님처럼 머무는 것이 아니라 우리의 마음 깊이 머무르시게 하는 것이다. 그리고 부모님, 혹은 선생님, 친구들이 들려주었던 상처 되는 말이나, 내가 가지고 있는 어떤 콤플렉스가 아니라 예수님의 사랑에 삶의 기초를 세우라고 한다. 나를 사랑하신 예수님의 사랑이 얼마나 넓은지, 깊은지, 높은지 날마다 묵상하며 살라는 것이다. 행복이 올 때까지 기다리지 말고 행복을 선택하라는 것이다.

예수께서 십자가를 지시기 전에 사랑하는 제자들과 함께 식사하시면서 떡과 잔을 들고 "이것을 행하여 나를 기억하여라"라고 말씀하신다. 주님께서 떡과 잔을 나누시면서, 자신의 몸이 찢기고 피를 쏟으면서 사랑하셨던 십자가 사랑을 기억하라고 하시는 것이다.

이것을 1년에 한두 번 있는 성찬식 때 하라는 것이 아니다. 그 말씀을 하실 때는 주님과 제자들이 저녁 식사를 하는 시간이었다. 매일 밥을 먹을 때마다 음식이 우리를 위해 희생하는 것처럼 내가 너희를 어떻게 사랑했는지 기억하라는 것이다.

행복을 찾아다니지 말고 지금 행복을 선택해서 행복하게 행하자

고단하고 메마른 인생이 행복하게 살아갈 수 있는 비결은 그리스도의 십자가 사랑을 날마다 묵상하는 것이다. 나를 향하신 하나님의 사랑이 얼마나 넓은지, 얼마나 영원한지, 얼마나 높은지, 얼마나 깊은지 순간순간 기억하는 것이다. 주님의 십자가 사랑을 더 자주, 더 많이, 더 깊이 묵상하고 바라보고 느낄 때 고단한 일상에서도 행복한 삶을 살 수 있다.

행복은 선택이다. 인생의 수많은 것 중에서 십자가를 붙들기로 선택하는 것이고 십자가 사랑을 묵상하기로 선택하는 것이다. 피곤하게 사는 사람은 항상 피곤한 생각을 하고 피곤한 말을 한다. 온갖 부정적인 생각들로 자기 머릿속을 꽉 채우고 살아간다. 자신을 힘들게 하는 사람들을 묵상하고, 안될 것만 생각하고, 실패할 것만 상상한다. 사람들이 나를 어떻게 생각할까, 사람들이 나를 이상하게 생각하면 어떻게 하나, 사람들이 나를 싫어하면 어떻게 하나, 늘 이런 생각으로 머릿속을 가득 채운다. 불행을 묵상하고, 불행을 느끼고, 불행을 말하고, 불행을 선택한다.

반면에 행복한 삶을 사는 사람들은 항상 예수님의 사랑을 생각한다. 나 같은 죄인을 주님께서 어떻게 사랑하셨는지, 어디까지 사랑하셨는지, 얼마나 사랑하시는지 날마다 십자가를 바라보면서 묵상하고, 느끼는 것이다.

이제 하루 단 10분만이라도 주님의 십자가 사랑을 묵상해보자. 그러면 우리의 일상이 지금과는 달라지지 않을까? 사랑하는 사람들이 예수님의 사랑을 떠올리게 해주자. 카톡에 찬양을 올려주고, 말씀을 올려주고, 기도를 올려주는 거룩한 습관을 길러보자. 주님께서 베풀어주신 사랑을 자주 깊이 묵상할 때, 우리는 피곤한 일상에서도 행복하게 살아갈 것이다.

행복은 저 멀리 어딘가에 있는 것이 아니다. 열심히 노력해서 이뤄야 하는 것이 아니다. 우리가 행복하게 살 모든 조건은 이미 충분하다. 우리는 행복도 불행도 지금 이 순간 선택할 수 있다. 행복한 일을 찾아다니는 것이 아니라 무엇을 하든 행복하게 하는 것이 중요하다. 지금 행복을 느끼고 행복을 선택하라.

은혜를 선포하기

"나는 오늘 행복을 선택합니다."

가슴으로 나눔 하기

1. 당신이 매일 먹어도 질리지 않는 음식은 무엇인가?

2. 당신이 누군가에게 예수님의 사랑을 떠올리게 했거나, 누군가가 당신에게 예수님이 사랑을 떠올리게 했던 경험이 있다면 나눠보자.

3. 당신의 삶을 행복하게 하는 데 어떤 변화가 필요할지 나눠보자.

정성을 다해 기도하고 축복하기

받은 은혜를 기억하며 기도한다.

부모님 중 한 분이 가족의 이름을 부르며 축복기도 한다.

예수님을 바라보는 침묵의 시간

1분간 조용히 침묵하며 지금 나와 함께 계시는 예수님을 바라본다.

배운 대로 살아가는 생활 숙제

매일, 단 10분이라도 예수님의 사랑을 기억하며 기도하기

행복한 삶

36주 자족하는 마음에 행복이 있다

돈을 사랑하지 말고 있는 바를 족한 줄로 알라 그가 친히 말씀하시기를
내가 결코 너희를 버리지 아니하고 너희를 떠나지 아니하리라 하셨느니라

히브리서 13장 5절절

따뜻한 햇살처럼 마음을 여는 기도

사랑하는 주님, 주님께 바라는 한 가지 소원이 있다면 날마다 주님의 아름다움을 바라보며 주님을 예배하는 것입니다. 주님 안에 참된 만족이 있고, 참된 행복이 있고, 참된 기쁨이 있습니다. 주님이 제게 가장 큰 복입니다.

나의 고백으로 찬양하기

찬송가 406장 곤한 내 영혼 편히 쉴 곳과

하나님의 말씀 듣기

돈을 사랑하지 말고 있는 바를 족한 줄로 알라 그가 친히 말씀하시기를 내가 결코 너희를 버리지 아니하고 너희를 떠나지 아니하리라 하셨느니라 그러므로 우리가 담대히 말하되 주는 나를 돕는 이시니 내가 무서워하지 아니하겠노라 사람이 내게 어찌하리요 하노라

히 13:5,6

우리는 돈을 떠나서 살 수 없다. 돈은 중요하다. 그러나 돈이 내 삶의 중심이 되어서는 안 된다. 돈을 사랑하지 말라는 것은 더 많은 돈을 버는 것이 인생의 목적이 되어서는 안 된다

는 뜻이다. 더 많은 돈을 얻는 것보다 중요한 것이 있다.

카일 아이들먼의 《내 마음은 전쟁터》(규장, 2017)라는 책에 나온 이야기다. 저자는 친한 친구 부부에게 그들의 결혼 생활 첫해에 일어났던 일을 듣게 된다. 당시 그들 부부의 생계는 주로 아내가 책임지고 있었고, 아내는 돈에서 자신의 정체성을 발견하는 사람이었다. 그래서 자신이 돈을 벌고 있다는 것으로 남편을 무시하다가 결국 결혼 생활에 위기를 맞게 된다.

그러던 어느 날, 아내가 자신의 전 재산뿐만 아니라 대출까지 받아서 신규 공개주식 2천 주를 18만 달러에 매입한다. 그런데 그날 주식시장이 마감될 때 모든 재산을 다 잃게 되었다. 순식간에 빚더미에 올라앉게 된 아내는 비통한 마음으로 남편에게 전화한다. "여보, 이제 우리는 끝장이에요. 모든 것을 다 잃었어요."

그러자 남편이 아내에게 이렇게 말한다. "여보, 괜찮아. 우린 모든 것을 잃은 것이 아니라, 돈을 잃었을 뿐이야. 여보, 괜찮아. 당신에게는 여전히 내가 있잖아!" 이때 그 아내는 이것을 깨닫게 된다. '내가 그동안 나 자신을 의지하고, 내 성공을 의지하고, 내가 가진 돈을 의지했구나. 그런데 그 돈조차도 내가 노력해서 번 것이 아니라, 하나님께서 베풀어주신 은혜였구나. 내가 하나님으로 만족한 것이 아니라 돈을 붙들며 살았구나.'

그리고 주식투자로 단 하루 만에 18만 달러를 날린 그 날이 자기 인생의 최고의 날이라고 고백한다. "이 일이 없었다면 남편의 사랑도 깨닫지 못했을 것이고, 결국 이혼을 피할 수 없었을 것이고, 가정의 충실한 엄마가 되는 대신 얼마나 많은 돈을 버느냐로 자신의 가치를 증명하려고 계속 애쓰면서, 결코 만족함을 모르는 삶을 살았을 거예요"라고 말하면서.

돈을 대하는 세 가지 태도

물질을 대하는 기독교인들의 태도에는 청빈주의, 기복주의, 청지기 의식의 세 가지가 있다.

청빈주의는 신앙인이라면 가난하고 청빈한 삶을 살아야 한다고 주장한다. 물질을 악한 것이며 열심히 일하는 이유는 필요를 채우기 위해서라고 생각한다. 그런데 이렇게 청빈한 삶을 주장하는 사람들은 "내가 이런 사람이야. 내가 이렇게 청빈한 삶을 살아"라며 자기의 의를 드러내고 자랑하는 면이 있다.

기복주의는 예수 믿는 사람은 부자가 되어야 한다고 주장한다. 돈이 가장 큰 축복이라고 생각하고, 부자가 되기 위해서 열심히 일한다. 그래서 기복주의자들은 자기가 얼마나 많은 것을 가졌고 얼마나 성공한 사람인지 자랑하고 자신의 성취를 드러낸다. 이 사람들은 예수를 잘 믿으면 복을 받는다고 생각한다. 그러나 예수를 잘 믿는 것이 최고의 복이다.

청지기 의식을 가진 사람들은 예수를 믿는다는 것은 하나님 앞에서 신실한 사람이 되는 것이라고 여긴다. 이들은 물질을 하나님으로부터 받은 책임이라고 생각하고, 하나님의 뜻을 이루기 위해서 일한다. 이들은 무엇을 하든 그것을 통해 하나님을 드러내는 삶을 살아간다. 이들은 돈을 무시하지 않지만 돈을 사랑하지도 않는다. 주어진 물질에 만족하면서, 자신에게 주신 것을 통해 어떻게 하나님의 뜻을 이룰 수 있을지 기도한다.

이런 사람들은 "하나님의 영광을 위해 살아야 한다"라고 하지 않는다. "하나님의 영광을 위해 살고 싶다"라고 말한다. "사람들을 섬겨야 하는데"가 아니라 "사람들을 섬기고 싶다", "사람들을 섬기겠다"라고 말한다. "가족을 사랑해야 하는데"가 아니라 "가족을 사랑해"라고 고백한다. 이들에게 물질은 하나님을 사랑하고 이웃을 섬기는 도구일 뿐이다.

당신은 청빈주의자인가, 기복주의자인가. 기복주의도 청빈주의도 그 중심에는 내가 있고 비교의식이 있다. 복음은 우리에게 청지기 의식을 가지고 주어진 것에 만족하며 하나님의 뜻을 이루는 삶을 살라고 한다.

감사하고 만족함으로 지금 당장 행복하자

행복은 삶의 중심이 누구냐에 따라 결정된다. 내가 중심이 되어서도 안 되고, 내 소유가 중심이 되어서도 안 된다. 예수님이 중심이 될 때 우리는 행복한 삶을 살 수 있다. 당신은 지금 무엇에서 만족을 얻는가? 돈에서 만족을 얻는가, 예수님으로 만족하는가. 돈이 없어서 불안해하는가, 예수님의 임재가 느껴지지 않아서 불안해하는가. 돈이 많은 사람, 지위가 높은 사람, 힘 있는 사람을 두려워하는가, 아니면 하나님을 두려워하는가. 행복은 돈보다 하나님을 더 사랑하고, 사람보다 하나님을 더 두려워할 때 주어진다.

우리는 열심히 일해야 하고, 최선을 다해 돈을 벌어야 한다. 할 수만 있다면 성실하게 노력하고 정직한 방법으로 영향력 있는 자리에 올라가야 한다. 할 수만 있다면 단순하고 검소한 삶을 살아야 한다.

그러나 인생의 행복은 더 많은 것을 소유하고, 더 높은 자리에 올라가고, 더 많은 사람에게 인정받는 데 있지 않다. 행복하기 위해 필요한 모든 것을 우리는 이미 가지고 있다. 하나님께서 허락하신 재정, 환경, 상황에 만족하고 감사할 때 주어지는 것이 행복이다. 그래서 행복을 얻기 위해 멀리 떠날 필요 없이 지금 당장 행복할 수 있다. "주님, 감사합니다. 이만하면 충분합니다"라는 이 한마디로 행복할 수 있다. 행복한 삶이 따로 있는 것이 아니라 무엇을 하든 행복하게 하는 것이 중요하다.

사람은 잃어버린 후에 소중함을 깨닫는다. 건강을 잃으면 아프지 않은 것이 얼마나 큰 행복인지 알게 된다. 사랑하는 사람을 떠나보냈을 때, 평범했던 하루하루가 얼마나 큰 행복이었는지 알게 된다. 사랑하는 사람들의 얼굴을 바라보며 감사하고 지금 쉴 수 있는 집이 있음에 감사하자. 타고 다닐 수 있는 차가 있음에 감사하고 냉장고에 들어있는 음식을 보며 감사하자. 내일 출근할 일터가 있음에 감사하고, 전화할 친구가 있음에 감사하자.

조급한 마음과 불안한 마음을 내려놓고, 주님께서 허락하신 은혜를 돌아보자. 행복은 없는 것을 바라보는 것이 아니라 가진 것을 바라보며 자족할 줄 아는 사람에게 주신 하나님의 선물이다. 아무리 많이 가진 사람도 다른 사람보다 부족한 것이 한두 가지는 반드시 있고, 아무리 상황이 나빠 보여도 감사할 것 한두 가지는 반드시 있다. 이제 주변 사람과 비교하는 것을 멈추고, 주어진 것에 자족하자.

은혜를 선포하기

"나는 예수님 안에서 자족하겠습니다."

가슴으로 나눔 하기

1. 내 생애 중 가장 행복했던 때는 언제였는가?

2. 청빈주의, 기복주의, 청지기 의식 중 나는 지금 어느 쪽에 속한 사람인가?

3. 재정, 환경, 상황, 사람 등 하나님께서 허락하신 것들에 만족할 때 내 삶에 어떤 변화가 일어날지 나눠보자.

정성을 다해 기도하고 축복하기

받은 은혜를 기억하며 기도한다.

부모님 중 한 분이 가족의 이름을 부르며 축복기도 한다.

예수님을 바라보는 침묵의 시간
1분간 조용히 침묵하며 지금 나를 안아주시는 하나님의 사랑을 느껴본다.

배운 대로 살아가는 생활 숙제
7일간의 감사 일기 쓰기

1일 하나님 :
_____
_____
_____

2일 나 자신:
_____
_____
_____

3일 가족:
_____
_____
_____

4일 교회:
_____
_____
_____

5일 일터 :

_____

_____

_____

6일 친구:

_____

_____

_____

7일 자연:

_____

_____

_____

* 건강한 삶을 위한 기도 ──────────────────────

평안의 기도

37주 불행에 맞서는 법

●

당신들이 나를 이곳에 팔았다고 해서 근심하지 마소서 한탄하지 마소서

하나님이 생명을 구원하시려고 나를 당신들보다 먼저 보내셨나이다

창세기 45장 5절

따뜻한 햇살처럼 마음을 여는 기도

저희의 모든 죄와 허물을 십자가 보혈로 깨끗하게 씻어주시고 용서하신 주님, 감사합니다. 오늘도 주님의 십자가를 바라보며 살게 하시고, 주님의 은혜를 묵상하며 살게 하옵소서. 십자가의 놀라운 능력을 경험하게 하옵소서.

나의 고백으로 찬양하기

찬송가 442장 저 장미꽃 위에 이슬

하나님의 말씀 듣기

홍장빈 목사와 박현숙 사모가 쓴 《끝까지 잘 사는 부부》(규장, 2017)라는 책에 나오는 이야기다. 목사님이 어떤 일로 사람들의 오해를 받아서 너무 힘든 시간을 보내고 있을 때였다. 어느 예배 시간, 설교하시던 담임목사님이 그날 설교와 전혀 상관없는, "지금 자기 가슴에 칼을 품고 있는 사람은 칼을 뽑으세요"라는 말씀을 하셨다.

그 말을 듣자 '내가 지금 복수의 칼을 가지고 있구나'라는 생각이 들어서 '주님, 그러면 이제 어떻게 하나요?' 했더니 **"네 가슴에 품은 칼을 빼서 내게 줘라"**라고 말씀하셨다. 그 말을 듣고 '아, 이제 주님께서 내 대신 복수를 해주려고 하시는구나' 하는 생각이 들어서 너무 기뻤다. 그래서 '주님, 이제 주님께 제 칼을 드릴게요' 하고 기다렸다.

그런데 한참이 지나도 하나님이 그 사람에게 복수를 해주지 않으셨다. 그래서 '주님, 도대체 언제 복수해주실 거예요? 왜 가만히 계세요?' 그랬더니 주님께서 이렇게 말씀하셨다.

"네 가슴에 품고 있는 그 칼이 계속 너를 찌르고 있더구나. 그래서 달라고 했단다."

그 음성을 듣고, 주님의 사랑이 느껴져서 목사님이 한참을 울었다. 그런데 그 시간을 통해서 용서하고 나니 자기가 살아나게 되었다고 한다.

하나님께서 우리에게 용서하라고 하시는 이유는 그 사람을 위해서가 아니라 나를 위해서다. 나를 사랑하시기 때문이고, 내가 행복하기를 원하시기 때문이다. 그러나 용서는 말처럼 쉽지 않다. 내게 상처를 주었던 선배, 친구, 선생님, 남편과 아내가 쉽게 용서되던가. 나를 아프게 했던 집사님과 장로님이 그리 쉽게 용서가 되던가. 그렇지 않다. 세상에서 가장 어려운 것이 용서하는 것이다. 아무리 용서한다고 외쳐도 진심으로 용서하기는 쉽지 않다.

요셉이야말로 용서하지 않고 살아도 누구도 뭐라 할 수 없는 사람이다. 누가 요셉 보고 용서하라고 강요할 수 있겠는가. 당신이라면 자신을 죽이려 하고 자신을 팔아넘긴 형제를 용서할 수 있겠는가. 자신에게 억울한 누명을 씌운 보디발의 아내를 용서할 수 있겠는가. 거짓말인 것을 다 알면서도 자신을 감옥에 집어넣은 보디발을 용서할 수 있겠는가. 자신의 도움을 까맣게 잊어버리고 배신한 술 맡은 관원장을 용서할 수 있겠는가.

그런데 요셉은 이 사람들이 준 상처를 마음에 품고 살지 않았다. 이 사람들을 생각하면서 원망하고, '절대 용서할 수 없어, 기회만 오면 내가 반드시 복수할 거야'라며 복수심에 사로잡혀 살지 않았다. 총리가 되고 나서 보디발이나 그의 아내를 부르지도 않았다. 관원장을 불러 복수하지 않았다. 자신을 죽이려 하고 외국에 팔아넘긴 형들조차 모두 용서했다.

당신들이 나를 이곳에 팔았다고 해서 근심하지 마소서 한탄하지 마소서 하나님이 생명을 구원하시려고 나를 당신들보다 먼저 보내셨나이다 창 45:5

"형님들, 이제 걱정하지 마세요. 자책하지 마세요. 싸우지 마세요. 서로 탓하지 마세요. 제가 다 용서했어요." 용서를 고백한다. 어떻게 이럴 수 있을까. 매혹당한 사람만이 매혹적일 수 있고, 사랑받은 사람만이 사랑할 수 있다. 용서는 용서받은 사람만이 할 수 있는 것이다. 구약의 요셉은 예수님을 상징하는 가장 대표적인 인물이다. 세상에서 상처를 가장 많이 받은 분이 있다면 예수님일 것이다. 사랑하는 제자들에게 배신당하고, 자신이 구원할 백성들의 손에 의해 십자가에 못 박히셨다. 그런데 예수님은 용서하신다.

> 이에 예수께서 이르시되 아버지 저들을 사하여 주옵소서 자기들이 하는 것을 알지 못함이
> 니이다 하시더라… 눅 23:34

예수님은 우리의 죄를 대신해서 십자가를 지는 고통스러운 순간에도 자신의 고통에 집중한 것이 아니라 자신을 십자가에 못 박는 그들을 불쌍히 여기시고 그들을 용서하는 기도를 하셨다. 우리에게 상처를 준 사람 중에는 의도한 것이 아니라 모르고 그렇게 한 사람이 많다. 누군가에게 상처를 준다는 것은 이미 상처를 받았다는 것이다. 주님은 그것을 보신 것이다. 더 좋은 방법이 무엇인지 알았더라면 그렇게 하지 않았으리라는 것을 믿는 것이다. 그 사람이 한 행동이 옳다고 인정하는 것이 아니라 그 사람의 연약함을 인정하는 것이다.

중요한 것은 예수님이 기도하신 "저들" 속에는 당신도 포함되어 있다는 사실이다. 당신은 당신의 태도와 행동으로 얼마나 하나님을 무시하고, 원망하며 살았는가? 하나님을 하나님으로 인정하지 않고 살 때가 얼마나 많았는가? 그런 죄인 된 우리를 예수님이 불쌍히 여기시고 십자가를 통해 용서하셨다.

"나는 용서받은 죄인"이라는 말이 종교적으로 받아들여지면 안 된다. 존재적으로 받아들여져야 한다. "내가 정말 죄인인데, 하나님께서 나를 용서해주셨구나. 내가 용서받은 죄인이구나." 이것이 실제로 경험되고, 느껴지고, 믿어져야 한다. 이것이 우리가 우리에게 상처를 준 사람들을 용서할 수 있는 기초가 된다. 용서받은 사람만이 용서할 수 있다.

용서를 도우시는 예수님의 도움을 받자

그뿐만이 아니다. 예수님은 우리를 용서하셨을 뿐 아니라 우리의 용서를 도와주신다. 용서는 내 힘으로 할 수 있는 것이 아니다. 우리에게는 용서할 힘이 없다. 그런데 예수님이 우리와 함께하시며 용서할 수 있도록 우리를 도와주신다.

성경은 요셉의 위대함을 이야기하고 있지 않다. 요셉이 얼마나 훌륭한지, 요셉이 얼마나 고난을 잘 이겨냈고 얼마나 마음이 넓은 사람인지를 이야기하고 있지 않다. 버림받고 상처받은 요셉을 기억하시고, 그를 택하여 사용하시는 하나님의 위대하심을 이야기하고 있다. 요셉의 이야기 속에 반복해서 등장하는 구절이 있다. "여호와께서 요셉과 함께하심"이다. 요

셉이 위대한 것이 아니라 요셉과 함께하신 하나님이 위대하신 것이다.

우리가 할 일은 위대하신 하나님께 도움을 구하는 것이다. "주님 도와주세요. 제가 용서할 수 있도록 도와주세요." 주님께 도와달라고 기도할 때 용서할 수 없는 사람까지 용서할 수 있도록 도와주신다.

아버지의 폭력은 D자매가 엄마 배 속에 있을 때부터 시작되었다. 20년이 지났어도 아버지의 폭력은 줄어들지 않았다. 아버지를 병원에 입원시켰지만 1년 만에 돌아온 아버지의 협박은 여전했고, 자매는 오히려 아버지에게 '불법감금'이라는 죄목으로 고소를 당해 법정까지 드나들게 되었다. 정말 모든 것을 포기하고 싶었는데, 숨이라도 한번 제대로 쉬게 해달라고 기도하고 싶은 마음에 교회에 오게 되었다.

"하나님, 왜 저는 사랑받으면 안 돼요? 저도 사랑받고 싶어요. 저도 사랑받고 싶다는 것도 이기적인 기도예요?" 하나님을 향해 한참을 따지듯이 기도하다가 하나님의 사랑을 경험하게 되었고, 하나님이 자기를 사랑하신다는 사실이 느껴져서 기도하는 내내 한참을 울었다. 그 이후로 이 자매의 삶이 바뀌었다.

"지금도 상황이 바뀐 것은 전혀 없어요. 그런데 이제 제 소원은 아버지가 구원받는 거예요. 제가 왜 이런 기도를 하는지 모르겠어요. 이것은 제가 하는 기도가 아니에요. 제 힘으로는 절대 아버지를 위해 기도할 수 없어요. 제가 이렇게 기도하는 것을 보니 제 안에 계신 예수님이 이렇게 기도하게 하시는 것 같아요."

우리가 진정한 행복을 얻기 위해서는 용서가 필요하다. 용서하지 않으면 그 사람이 있는 곳은 가지 못하고 피해 다녀야 한다. 사람이든, 공간이든, 사건이든 용서할 때 그 모든 것으로부터 자유로워진다. "내가 너를 용서할게", "주님, 제가 용서하겠습니다." 구체적으로 용서를 고백해야 한다.

그리고 용서는 한번 했다고 다 되는 것이 아니다. 평생 계속해야 할 일이 용서다. 내 인생을 불행하게 하는 수없이 많은 이유가 있지만 그 불행에 당당히 맞서는 것이 용서다. 이제 용서를 위해 기도하자. 예수님의 십자가 사랑이 더 실감나게 느껴지고 믿어지도록 기도하자. 용서받은 감격과 용서하는 기쁨을 맛보게 해달라고 기도하자. 오랫동안 당신의 마음을 묶고 있던 미움의 사슬이 끊어지고 원망의 차꼬가 풀어지도록 기도하자. 그것이 불행에 맞서는 가장 통쾌한 방법이다.

은혜를 선포하기

"예수님이 나를 용서하셨기에 나도 당신을 용서합니다."

가슴으로 나눔 하기

1. 용서받은 경험이나 용서했던 경험이 있다면 나눠보자.

2. 아직까지 용서가 안 되는 사람이 있다면 나눠보자.

3. 찾아가 용서를 구해야 할 사람이 있다면 나눠보자.

정성을 다해 기도하고 축복하기

받은 은혜를 기억하며 기도하고, 한 사람씩 돌아가며 한 문장으로 기도한다.

부모님 중 한 분이 가족의 이름을 부르며 축복기도 한다.

예수님을 바라보는 침묵의 시간

1분간 조용히 침묵하며 하나님의 사랑을 느껴본다.

배운 대로 살아가는 생활 숙제

내가 용서받은 목록 기록하기

_____

_____

_____

_____

_____

_____

잠언 2

* 행복한 삶을 살게 해주시옵소서 ————

38주 좋은 관계를 지속하는 비결

몸은 하나인데 많은 지체가 있고 몸의 지체가 많으나
한 몸임과 같이 그리스도도 그러하니라
고린도전서 12장 12절

따뜻한 햇살처럼 마음을 여는 기도

존귀하신 주님, 주님께 감사와 찬양을 올려드립니다. 오늘도 주님의 얼굴을 구하며 주님의 말씀에 귀 기울입니다. 주님을 더욱더 닮아가고, 끝까지 주님을 따라 살도록 주님께서 인도해 주옵소서.

나의 고백으로 찬양하기

찬송가 410장 내 맘에 한 노래 있어

하나님의 말씀 듣기

사람은 사이가 좋을 때 행복하다. 그런데 좋은 관계를 지속하는 것은 생각만큼 쉽지 않다. 좋은 관계로 시작했지만 나쁜 관계로 끝난 경우를 종종 본다. 하나님께서 보내주신 사람이라며 그렇게 좋아했던 사람이 어느 순간 마음에 상처를 주고 멀어져 버린 경험이 있을 것이다. 무엇이 우리를 이렇게 멀어지게 한 것일까?

한 아파트에서 옆 아파트 사이에 커다란 언덕을 쌓고 나무를 심어서 아파트 간에 서로 오가지 못하게 막은 일이 뉴스에 나온 적이 있다. 그렇게 한 이유는 옆에 있는 아파트가 임대아파트였는데 임대아파트 아이들이 이쪽 아파트의 놀이터에 와서 놀지 못하게 하려는 것이었다. 사람들은 나와 다른 사람을 불편해하고, 나와 다른 것을 인정하려 하지 않는다.

당신의 신체에서 가장 자신 있는 부위가 어디인가? 한 형제는 눈이 작아서 눈에 대한 콤플렉스가 있었는데 주님께서 **"네 눈은 작은 것이 아니라, 실용적으로 디자인한 거다"**라고 말씀해주셔서 그 후로 눈에 대한 콤플렉스가 사라졌다고 한다. 그런데 한번 상상해보자. 내 눈이 실용적으로 디자인되었다고 해서 온몸이 눈으로 되어 있으면 어떻게 되겠는가? 하나님께서 내게 은사를 입 쪽에 몰아주셨다고 해서 내 온몸이 입으로 되어 있으면 어떻게 되겠는가? 징그럽고 무서울 것이다. 온몸이 발로만 되어 있거나, 귀로만 되어 있으면 괴물이 된다.

아무리 좋은 것도 그것이 제자리에 있어서 좋은 것이다. 아무리 좋아도 온몸이 하나로만 되어 있으면 몸으로서 제 기능을 발휘할 수 없다. 모든 공동체는 서로 다른 다양한 사람들로 이뤄져 있다.

> 몸은 하나인데 많은 지체가 있고 몸의 지체가 많으나 한 몸임과 같이 그리스도도 그러하니라 우리가 유대인이나 헬라인이나 종이나 자유인이나 다 한 성령으로 세례를 받아 한 몸이 되었고 또 다 한 성령을 마시게 하셨느니라 **고전 12:12,13**

예수께서 십자가를 통해 학력, 재산, 지역, 인종, 외모, 이 모든 인간적인 장벽을 허무셨다. 세상이 나눠 놓은 모든 것을 하나로 만드셨다. 복음이 중심이 된 사람은 나와 다르다고 해서 지적하거나 바꾸려 하지 않는다. 나와 다른 사람들을 존중하고 그들을 소중히 여길 줄 안다. 복음이 나를 그렇게 받아주었기 때문이다

불편한 점을 받아주고 다른 점을 환영해주자

몸이 아파서 집에 누워 있는 동안 아이와 함께 놀아주지는 못해도 아이 곁에서 함께하고 있었다. 하루는 아이가 보는 애니메이션의 주제곡을 무심코 듣다가 눈물이 핑 돌았다. 종종 그 만화 영상을 봤어도 주제곡을 자세히 들어본 적은 없었는데, 그날은 아무것도 못 하고 가만히 누워 있다 보니 주제곡 가사가 귀에 들어왔던 것이다.

> 나는 소시지 코코몽, 장난꾸러기 코코몽, 뚝딱 발명왕 코코몽, 골목대장 코코몽,
> 발명품은 엉터리, 떴다 하면 사고뭉치, 잘난 척하기 우주 최고지, 그래도 내 친구

발명품은 엉터리, 떴다 하면 사고뭉치, 잘난 척하기는 우주 최고. 이런 사람을 누가 좋아하겠는가. 누가 이런 사람과 친구가 되려고 하겠는가. 그런데 가사의 결론은 이렇게 된다. "그래도 내 친구." 코코몽이 완벽하지 않아도, 불편하게 하고, 힘들게 해도 그래도 내 친구라는 것이다. 코코몽 주제곡이 찬송가처럼 은혜가 되었다.

내게 잘 맞는 사람, 내게 편한 사람만 만나서는 안 된다. 내게 잘해줄 때만 친하게 지내서는 안 된다. 서로 다른 사람들이 함께하다 보면 불편할 때도 있고 힘들 때도 있다. 그때 관계를 끝내서는 안 된다. 상대방을 지적하거나 내가 원하는 모습으로 바꾸려 해서는 안 된다.

장경철 교수님은 《사랑이 가장 아름답다》(두란노, 2008)라는 책에서 "아빠, 가까운 사람과 더 가까워지려면 어떻게 해야 해요?"라는 딸의 물음에 답해준 내용을 소개했다. 아빠의 대답은 이랬다. "너는 이다음에 남자를 만나거든, 그 사람이 잘못한 것에 대해서는 가급적 이야기하지 말고, 잘한 것에 대해 주로 언급해주어라. 그 사람의 좋은 점이 있으면 꼭 말해주렴. 하지만 그 사람에게 혹 나쁜 점이 있거든, 네가 말하지 말고 다른 여자애들이 말하도록 만들어야 한다."

왜 가까운 사람과 멀어지고, 좋은 관계가 오래 지속되지 못하고 깨어질까? 상대방의 잘못을 지적하고 고쳐주는 일을 자주 하기 때문이다. 다른 사람의 허물을 지적하는 사람은 주변 사람과 좋은 관계를 유지하기 어렵다.

처음엔 나와 다른 점 때문에 그렇게 좋아했는데 이제 다르다는 이유로 힘들어하지 않는가? 복음이란 자격 없는 우리가 아무 조건 없이 받아들여진 것이다. 똑같이 하나님의 잔치에 초대받은 처지에 다른 사람을 보고 너는 초대받을 자격이 있느니 없느니 할 수 있겠는가?

그러니 서로를 향해 자격을 따져서는 안 된다. 이제 나와 다른 사람들을 보며 비난하고 정죄하지 말자. 편견을 가지고 대하지 말자. 지적하는 것을 멈추고 나와 다른 모습을 인정하고 존중하자.

나와 다른 것은 나쁜 것이 아니다. 참아야 하는 것도 아니다. 오히려 다른 것이 좋은 것이다. 서로 다르기 때문에 도움을 주고받을 수 있다. 이제 나와 다른 모습을 환영해주자. 나와 다른 모습을 적극적으로 칭찬해주자. 다름을 인정하고 존중할 때 좋은 관계가 오래간다.

은혜를 선포하기

"다른 것은 좋은 것입니다."

가슴으로 나눔 하기

1. 우리 가족이 서로 달라서 좋았던 경험이 있다면 나눠보자.

2. 서로 너무 달라서 누군가와 관계를 끊었던 경험이 있다면 나눠보자.

3. 오늘 말씀을 통해 받은 은혜나 새롭게 결단하는 것을 나눠보자.

정성을 다해 기도하고 축복하기

받은 은혜를 기억하며 기도한다.

부모님 중 한 분이 가족의 이름을 부르며 축복기도 한다.

예수님을 바라보는 침묵의 시간

1분간 조용히 침묵하며 하나님의 사랑을 느껴본다.

배운 대로 살아가는 생활 숙제

그 사람도 잘 모르는 그 사람의 모습을 인정해주고 칭찬하기

다음 주는 가족 파티를 준비한다.

분노의 마음

* 분노의 마음을 다스리는 기도

39주 힘들게 하는 사람을 대하는 방법

다윗이 사울의 머리 곁에서 창과 물병을 가지고 떠나가되 아무도 보거나 눈치채지 못하고
깨어있는 사람도 없었으니 이는 여호와께서 그들을 깊이 잠들게 하셨으므로
그들이 다 잠들어 있었기 때문이었더라

사무엘상 26장 12절

따뜻한 햇살처럼 마음을 여는 기도

치료자 되시는 주님, 저희의 오랜 슬픔을 기쁨으로 바꾸시고, 근심을 찬송으로 바꿔주시
니 감사합니다. 이 시간 자비로운 주님의 손길로 저희를 만지시고 안아주옵소서. 지친 영
혼을 위로하시고 상한 마음을 고쳐주옵소서.

나의 고백으로 찬양하기

찬송가 435장 나의 영원하신 기업

하나님의 말씀 듣기

어느 장수 마을에 연세가 많으신 어르신이 계셨다. 사람들이 장수의 비결을 물으니 "아,
안 죽으니까 오래 살지!"라고 쿨하게 대답하신다. "어르신, 올해 연세가 어떻게 되세요?" "다
섯 살밖에 안 먹었어." "네? 그게 무슨 말씀이세요?" "100살은 무거워서 집에다 두고 다녀."

"어르신, 105년을 사셨으면 어르신을 욕하고 힘들게 하는 사람도 많았을 텐데 어떻게 그
런 걸 다 참고 이렇게 오래 사실 수 있으셨어요?" 그랬더니 간단하게 대답하신다. "욕을 하
든 말든 그냥 내버려 뒀더니 나 욕하다가 다 먼저 죽었어. 그래서 나 욕하던 녀석은 지금 세
상에 한 놈도 안 남았어."

우리를 힘들게 하는 사람은 항상 있다. 저 사람만 없으면 정말 행복하겠다고 생각되는 사람이 있다. 다윗을 가장 힘들게 했던 사람은 골리앗이 아니라 사울이었다. 사울은 다윗의 장인인데도 끊임없이 다윗을 쫓아다니며 죽이려 했다. 우리를 힘들게 하는 사람은 우리와 가까운 사람들이다. 부모님과 자녀와의 관계, 또는 부부 사이의 관계, 친한 친구와의 관계, 직장에서 함께 근무하는 사람과의 관계, 교회에서의 관계가 우리를 힘들게 한다.

힘든 사람을 대하는 세 가지 반응

내게 상처 주는 사람들, 나를 힘들게 하는 사람을 어떻게 대해야 할까? 힘들게 하는 사람에 대한 반응은 보통 두 가지로 나타난다. 하나는 분노를 참지 못하고 터뜨려버리는 유형으로, 끊임없이 복수를 생각한다. 또 하나는 힘든 상황을 덮어두고 잊어버리는 회피 유형이다. 그러나 분노를 쏟아내고 복수를 생각하면 자신만 괴롭고, 그렇다고 회피하고 도망간다고 해결되지도 않는다.

내면의 상처를 치유하고 관계를 회복하기 위해서는 상처를 주었던 자리로 돌아가야 한다. 다윗은 사울을 향해 분노를 터뜨리지도 않고 피해서 도망만 다니지도 않았다. 그는 자신을 힘들게 했던 사울을 직면했다.

> 다윗이 사울의 머리 곁에서 창과 물병을 가지고 떠나가되 아무도 보거나 눈치채지 못하고 깨어 있는 사람도 없었으니 이는 여호와께서 그들을 깊이 잠들게 하셨으므로 그들이 다 잠들어 있었기 때문이었더라 **삼상 26:12**

다윗이 사울이 있는 진영으로 들어가서 사울의 창과 물병을 가지고 나온다. 다윗이 들고 나온 창은 골리앗을 쓰러뜨린 후 사울을 위해 하프를 연주하고 있을 때 다윗을 죽이겠다고 사울이 다윗을 향해 집어 던졌던 그 창이다. 다윗의 억울함을 변호해주기 위해서 사울에게 호소하던 요나단을 죽이겠다고 집어 던졌던 창이다. 다윗이 사울의 창을 가지고 왔다는 것은 자신에게 상처 준 사람, 상처 준 곳을 직면했다는 것이다.

누구나 마음에 상처를 안고 살아간다. 누군가가 그것을 건드리기만 하면 통제할 수 없는 분노를 터뜨리거나 한없이 움츠러든다. 해결되지 않은 상처는 언제 터질지 모르는 시한폭탄과도 같다. 상처를 덮어 놓고 살면 생각지도 못한 순간에 폭발해 한순간에 삶을 파괴한다.

상처를 치유하기 위해서는 아무리 힘들어도 상처와 마주해야 한다. 나에게 상처를 주었던 그곳으로 돌아가 상처 주었던 사람을 마주할 수 있어야 한다. 다윗은 자신을 죽이려 했던 사울을 만나고, 자신을 향해 던져졌던 그 창을 직면했을 때 사울이라는 큰 산을 넘게 된다.

나를 힘들게 하는 사람 앞에서 보이는 반응 중 하나는 아무 말도 하지 못하는 것이다. 혹시 당신은 "다 내 잘못이지, 다 내 탓이지" 하면서 모든 것을 자기 탓으로 돌리거나 무슨 말을 어떻게 해야 할지 몰라서 아무것도 하지 못한 채 울고만 있지 않은가? 이렇게 되면 모든 것이 귀찮아지고, 싫어지고, 어디론가 도망치고 싶어진다.

치유는 상대방이 아니라 나의 반응에서 일어나기 시작한다

갈등을 겪을 때 더는 자신을 탓하지 말라. 다윗은 고난 앞에서 모든 것을 자기 탓으로 돌리며 무기력하게 반응하지 않았다. 다윗은 사울 앞에서 자신의 마음을 솔직하게 이야기하고, 무엇을 원하는지 지혜로우면서도 단호하게 이야기한다. "주여, 어찌하여 주의 종을 쫓아다니십니까? 내가 무슨 잘못을 했습니까? 이제 그만 하세요. 어떻게 이스라엘의 임금이 벼룩 한 마리 같은 나를 찾아다니십니까?"

다윗은 사울 앞에서 바짝 긴장한 나머지 아무 말도 하지 못하고 모든 것을 자기 탓으로 돌리면서 무기력하게 울고만 있지 않았다. 논리정연하면서도 당당하게 자신의 이야기를 하고, 자신이 무엇을 원하는지도 지혜롭게 이야기했다. 우리도 나를 힘들게 하는 사람 앞에서 당당하면서도 지혜롭게 말할 수 있어야 한다.

이렇게 하면 결과가 좋을까? 꼭 그런 것은 아니다. 엔게디 동굴에서 이 이야기를 했지만 사울은 그후에도 여전히 쫓아왔다. 그러나 다윗은 그렇다고 해서 십 광야에서 사울을 만났을 때 어차피 이야기해도 소용없더라며 포기하고 도망치지 않았다. 다시 자신이 할 수 있는 것을 한다. 내가 할 수 있는 일을 최선을 다해서 하는 것은 내 몫이고, 반응은 그 사람 몫이다.

그런데 치유는 상대방의 반응이 아니라 내가 어떻게 반응했느냐에 의해 일어난다. 누군가 한 사람이라도 내 편이 되어주고 나를 위해 최선을 다한다면 상처는 치유되기 시작한다. 그 한 사람이 자기 자신이어도 좋다. 이제 힘들게 하는 사람이 있다면 찾아가서 지혜로우면서 단호하게 이야기하자. 주님께서 우리와 동행하신다.

은혜를 선포하기

"내 안에는 상처를 직면할 용기와 지혜가 있습니다."

가슴으로 나눔 하기

1. 당신을 힘들게 하는 사람이 있는가? 그 사람의 어떤 것이 당신을 힘들게 하는가?

2. 당신을 힘들게 하는 사람과 관계를 회복하기 위해 무엇을 할 수 있을지 나눠보자.

3. 오늘 말씀을 통해 받은 은혜나 새롭게 결단하는 것을 나눠보자.

정성을 다해 기도하고 축복하기

받은 은혜를 기억하며 기도한다.

부모님 중 한 분이 가족의 이름을 부르며 축복기도 한다.

예수님을 바라보는 침묵의 시간

1분간 조용히 침묵하며 생각을 통해 말씀하시는 하나님의 음성을 듣는다.

배운 대로 살아가는 생활 숙제

나를 힘들게 했던 사람을 떠올리며 용기를 가지고 기도하기

회개 기도

10

October

고난의 선물

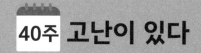

40주 고난이 있다

자녀이면 또한 상속자 곧 하나님의 상속자요
그리스도와 함께한 상속자니 우리가 그와 함께 영광을 받기 위하여
고난도 함께 받아야 할 것이니라
로마서 8장 17절

따뜻한 햇살처럼 마음을 여는 기도

살아계신 주님, 오늘도 주님께서 행하실 일들을 기대합니다. 주님을 사모하며 갈망합니다. 저희의 심령을 주님으로 채워주시고, 주님의 말씀으로 채워주시옵소서. 말씀의 능력으로 다시 일어서는 시간이 되게 하옵소서.

나의 고백으로 찬양하기

찬송가 338장 내 주를 가까이하게 함은

하나님의 말씀 듣기

4차 산업혁명이 시작되고 '메타버스'라는 새로운 디지털 가상 공간 세상이 열렸다. 인공지능이 우리 삶에 깊숙이 들어와 있다. 최첨단 과학이 발달한 시대지만 점집은 더욱 호황을 누리고 있다. 용하다는 무당을 한번 만나려면 많은 비용을 지불해야 하는데 그것도 예약이 어려울 정도라고 한다. 이상하지 않은가? 과학이 발달하면 점점 미신이 사라져야 할 텐데 사람들은 오히려 더 신비의 영역에 목말라 한다. 왜 그럴까? 그것은 아마도 과학으로는 풀 수 없는 삶의 고난이 있기 때문일 것이다. "도대체 왜 내게 이런 일이 일어났을까"라는 질문 앞에 현대 과학이 답을 주지 못하기 때문이다.

우리 시대의 주류를 이루고 있는 현대 무신론의 세계관 또한 고난의 문제에 아무 대답도

하지 못하고 있다. 무신론의 세계관에서 바라본 고난은 의미도 없고 원인도 없다. 이들은 고난의 원인을 우연이라고 한다. 그래서 지금 나의 고난은 재수가 없기 때문이라고밖에는 해석이 안 된다. 우리가 지금 어떤 고난을 겪고 있을지라도 우주는 눈 하나 깜짝하지 않는다는 것이다. 이것이 고난을 겪고 있는 현대인들에게 현대 무신론적 세계관이 주는 대답이다.

많은 사람이 고난의 시간을 지나면서 고난이 주는 고통보다 고난의 이유를 찾는 것이 더 힘들다고 느낀다. '너 뭘 잘못한 거니. 무슨 죄를 지었어? 빨리 회개해'라는 생각이 마음을 압박하기도 하고, '내가 뭘 잘못한 거지? 내가 무슨 욕심을 부렸나? 나는 그냥 평생 이렇게 살아야 하나? 나는 이 고난에서 벗어날 수 없는 건가? 마귀의 역사인가? 왜 하나님은 나를 도와주지 않으시지?' 꼬리를 물고 쉴 틈 없이 이어지는 생각과 의문이 고통스럽게 한다.

그리스도인으로서 우리는 고난의 문제를 어떻게 바라봐야 할까? 한 형제가 어렵게 대학에 입학했는데 갑자기 모든 것이 허무해지고 의미가 없어지면서 우울증이 찾아왔다. 그는 끝없이 나락으로 떨어지던 그때 하나님을 찾게 되었고 신앙을 갖게 되었다. 그런데 그의 아버지는 열심히 신앙생활을 하셨는데 교회에서 상처를 받고 지금은 교회를 나가지 않는다고 한다. 어떤 사람은 갑자기 찾아온 고난 때문에 하나님을 만나기도 하고, 또 어떤 사람은 고난 때문에 신앙을 저버리기도 한다. 고난의 문제만큼 풀기 어려운 문제가 없다.

하나님은 선하시니 빨리 고난을 없애주셔야 한다?

고난이 찾아오면 우리는 가장 먼저 '과연 하나님이 선하신 분이실까? 하나님이 선하시다면 내가 이렇게 고난받고 있는데 왜 그냥 내버려 두시지? 하나님은 나를 사랑하지 않으시나?' 이런 생각을 하게 된다. 고난이 있기 때문에 하나님은 선한 분이 아니라는 것이다. 그런데 과연 그럴까?

우리는 고난을 매우 부정적으로 생각한다. 고난은 무조건 나쁜 것이고 안 좋은 것이고 없어야 한다고 생각한다. 되도록 빨리 지나가야 한다고 생각한다. 그러나 성경은 고난이 주는 고통과 아픔이 있지만, 그럼에도 불구하고 고난을 나쁜 것으로만 보지는 않는다. 성경은 예수를 믿는 우리에게도 고난이 있다고 말씀한다.

> 자녀이면 또한 상속자 곧 하나님의 상속자요 그리스도와 함께한 상속자니 우리가 그와 함께 영광을 받기 위하여 고난도 함께 받아야 할 것이니라 **롬 8:17**

고난을 바라보면서 먼저 할 일은 하나님의 자녀인 우리에게도 고난이 있다는 것을 인정하는 것이다. 생각해보라. 전지전능하신 하나님께서도 직접 고난을 받지 않으셨는가! 하나님은 십자가의 고난을 피하지 않으시고, 거기서 도망치지도 않으셨다. 고난을 참고 견뎌내셨다.

놀라운 사실이다. 내가 믿는 하나님이 고난을 모르는 전지전능하기만 한 신이 아니라 고난을 아시는 분이다. 그분은 버림받는다는 것이 무엇인지, 잊힌다는 것이 무엇인지, 수치와 무시를 당하는 것이 무엇인지, 따돌림과 배신을 당하는 것이 무엇인지, 살이 찢기고 피가 터지고 뼈가 부서지는 고통이 어떤 것인지 아신다. 더욱이 그분은 언제나 고난받는 자들을 찾아가시고 그들과 함께하신다.

정말 고난을 없애주셔야만 하나님이 선하신 분일까? 그렇지 않다. 하나님이 선하신 이유는 고난을 없애주시는 것뿐만 아니라, 그분이 고난을 겪으셨기 때문이다. 예수님이 십자가의 고난을 피하셨다면 우리가 어떻게 구원을 얻을 수 있겠는가. 예수님이 고난받으실 때 사단은 자기가 승리했다며 예수님을 비웃었을지 모르지만, 십자가의 고난이 있었기 때문에 우리는 구원이라는 놀라운 은혜를 받게 되었다.

고난은 하나님이 선하지 않다는 증거도 아니고 하나님이 나를 사랑하지 않으신다는 증거도 아니다. 오히려 고난이 있기에 하나님이 선하시고, 하나님이 나를 사랑하신다는 것을 알 수 있다. 그래서 하나님은 예수 그리스도의 십자가를 통해 우리 죄를 용서하시고 우리를 자녀 삼아주셨음에도 불구하고, 우리에게 고난을 없애주겠다고 약속하신 것이 아니라 고난을 견뎌내라고 말씀하신 것이다.

고난은 내가 살아있다는 증거

고난은 우리 죄 때문에 생겨났다. 마귀는 고난을 통해 우리를 하나님에게서 멀어지게 한다. 고난이 없다는 것은 마귀가 신경 쓰지 않는다는 뜻이다. 마귀가 신경 쓰지 않는 사람은 딱 한 유형이다. 알아서 망할 사람이다. 가만두어도 알아서 망할 사람은 마귀도 건드리지 않는다. 고난이 있다는 것은 하나님이 나를 사랑하지 않는다는 뜻이 아니라, 내가 살아있다는 뜻이다. 나를 가만두면 안 되기 때문에 마귀가 고난을 통해 나를 하나님에게서 멀어지게 하는 것이다. 그러나 하나님은 그 고난까지도 사용하셔서 우리를 구원의 길로 인도하신다.

인생은 고난이 있어서 불행한 것이 아니다. 우리는 고난 중에도 행복을 경험할 수 있다. 엄마는 아이를 낳기 위해 얼마나 많은 고생을 하는지 모른다. 그러나 그 고통스러운 시간을 불행하다고 생각하지 않는다. 행복은 고난이 없어져야 생기는 것이 아니라 사랑할 때 생기는 것이다. 주님은 십자가를 지는 고난 속에서도 우리를 사랑하셨기 때문에 행복하셨다. 고난이 없으면 좋겠지만 사람은 누구나 고난을 겪고 살아간다. 고난이 없는 삶을 꿈꾸기보다 고난까지도 견뎌낼 사랑을 달라고 기도하자.

은혜를 선포하기
"고난을 이겨낼 힘과 능력이 내 안에 있습니다."

가슴으로 나눔 하기
1. 당신이 겪은 고난으로 하나님과 멀어졌던 경험이 있는가?
2. 힘들었을 때 당신에게 도움을 주었던 사람이 있다면 나눠보자.
3. 고난이 유익이 되었던 경험이 있다면 나눠보자.

정성을 다해 기도하고 축복하기
받은 은혜를 기억하며 기도한다.
부모님 중 한 분이 가족의 이름을 부르며 축복기도 한다.

예수님을 바라보는 침묵의 시간
1분간 조용히 침묵하며 지금 나를 안아주시는 하나님의 사랑을 느껴본다.

배운 대로 살아가는 생활 숙제
내 주변에 있는 힘든 사람을 위해 기도하기

고난을 이기는 기도

* 고난을 이기는 기도

41주 고난에 무너지지 않는 법

●

예수께서 이르시되 일어나 네 자리를 들고 걸어가라 하시니
그 사람이 곧 나아서 자리를 들고 걸어가니라 이 날은 안식일이니
요한복음 5장 8,9절

따뜻한 햇살처럼 마음을 여는 기도

사랑하는 주님, 주님을 뵙기 원합니다. 주님을 만나기 원하고, 주님의 음성을 듣기 원합니다. 주님을 만나면 죽은 자가 살아나고, 주님의 말씀이 선포될 때 구원이 임했습니다. 이 시간 이곳에 임하셔서 말씀해주옵소서.

나의 고백으로 찬양하기

찬송가 337장 내 모든 시험 무거운 짐을

하나님의 말씀 듣기

예루살렘 북쪽에는 제사에 사용되는 동물들이 들어가는 양의 문이 있고 그 문 옆에는 '베데스다'라는 못이 있다. 이 연못에는 천사가 내려와서 물을 휘저을 때 그 못에 들어가면 병이 낫는다는 전설이 있다. 사람들이 처음 베데스다 연못에 대한 소문을 듣고 왔을 때는 어떤 불치병도 여기서는 다 고칠 수 있다고 하니 얼마나 기쁘고 기대가 컸을까.

그런데 시간이 갈수록 그 기대감은 '이곳에서도 역시 나는 안 되는구나'라는 더 큰 절망으로 바뀐다. 이 연못에서 모든 사람이 다 낫는 것은 아니었다. 물이 움직일 때 가장 먼저 들어간 사람만 치유되었다. 베데스다는 약한 사람들을 위한 연못이었지만 이곳에서도 1등만 치유받고 1등만 살 수 있었다. 베데스다는 '자비의 집'이라는 뜻인데 결코 자비롭지 않았다.

당신이 자비의 집이라고 생각하고 있는 것은 무엇인가? 저것만 있으면 되고 저기만 가면 살 수 있다고 믿고 있는 그 자비의 집은 무엇인가? 과연 그 자비의 집에는 행복이 있을까?

예수께서 베데스다 연못에 있는 38년 된 병자를 찾아오셨는데 그에게 어떻게 하면 경쟁에서 이길 수 있는지를 말씀해주지 않으셨다. 다음에 물이 움직일 때 너를 1등으로 물에 넣어주겠다고 약속하지도 않으셨고, 너보다 힘든 사람들을 위해 양보하는 것이 더 멋있는 삶이라고 설득하지도 않으셨다. 정정당당하게 최선을 다해서 경쟁에 임하라며 게임의 규칙을 가르쳐주지도 않으셨다.

> 예수께서 이르시되 일어나 네 자리를 들고 걸어가라 하시니 그 사람이 곧 나아서 자리를 들고 걸어가니라 이 날은 안식일이니 **요 5:8,9**

한 교수님이 이 부분을 이렇게 해석했다. "네가 이렇게 된 것은 네 잘못이 아니야. 1등만 고쳐주는 저 연못이 잘못된 거고, 경쟁에서 이겨야만 한다고 하는 저 세상이 잘못된 거지. 1등 하지 못하는 네 잘못이 아니야."

세상은 경쟁에서 이겨야만 살 수 있고 1등을 해야만 살 수 있다고 하는데 주님은 그렇지 않다고 하시는 것이다. 1등 해야만 살 수 있다면 환경이 중요할 것이다. 그런데 주님은 1등 하지 않아도 된다고 하신다. 우리가 1등 하지 못해서 힘든 것이 아니라는 것이다.

예수를 믿는다는 것은 예수님이 우리가 세상에서 1등 하도록 도와주신다는 뜻이 아니다. 오히려 세상과 아예 다른 방식으로 사는 것이다. 1등을 바라보며 사는 것이 아니라, 예수님을 바라보며 사는 것이다. 예수님을 만나고, 예수님의 말씀이 들리고, 예수님을 바라보면 그것이 우리를 살게 한다. 그러므로 어떤 약점이 있든, 우리 가정에 어떤 아픔이 있든 그것은 중요하지 않다. "내가 이렇게 된 것은 부모 때문도 아니고, 내 잘못도 아니고, 주변에 있는 사람들 때문도 아니다. 잘못된 것이 있다면, 1등만 고쳐주는 이 우물이 잘못된 것이고. 이 세상이 잘못된 것이다."

고난보다 크신 예수님을 만나면 고난으로 무너지지 않는다

진짜 베데스다, 진정한 자비의 집은 사람들이 이야기하는 1등이 아니라 바로 예수님이다. 예수님을 만나면 어떤 고난에도 무너지지 않을 수 있다. 그 고난이 죽음이라 해도 말이다.

예수님은 우리 삶의 문제뿐만 아니라 죽음의 문제까지도 해결하셨다.

> 내가 진실로 진실로 너희에게 이르노니 내 말을 듣고 또 나 보내신 이를 믿는 자는 영생을
> 얻었고 심판에 이르지 아니하나니 사망에서 생명으로 옮겼느니라 요 5:24

"내가 너희의 하나님이야. 나를 믿고 나를 보내신 분을 믿으면 영생을 얻고 심판을 받지 않게 돼. 사망에서 생명으로 옮겨진 거야."

예수님은 우리가 고난에 무너지지 않게 하시는 정도가 아니라 죽음의 문제까지 해결해주셨다. 죽음의 문제가 해결되었다면 이제 어떤 고난이 와도 무너지지 않는다.

사업을 하는 한 장로님이 위암으로 위를 거의 다 절제하는 큰 수술을 받았다. 사업에 신경을 쓸 수 없으니 경제적인 손실이 컸고 사업도 많이 어려워졌다. 그러나 심방 온 목사님에게 그는 이렇게 고백했다. "목사님, 예전 같으면 많이 힘들어했을 텐데 지금은 괜찮아요. 아파 보니까 뭐가 중요한지 알겠어요. 정말 중요한 것은 하나님이더라고요. 그래서 병원에서 계속 예수님만 바라봤어요. 그랬더니 예전 같으면 그렇게 힘들었을 일들이 지금은 아무렇지 않아요." 힘든 고난의 시간을 통해서 예수님을 더 깊이 바라보게 되니 많은 손실이 있어도 그것 때문에 무너지지 않게 된 것이다. 상황이 아무리 최악일지라도 예수님을 만나면 무너지지 않는다. 예수님을 바라보면 산다.

다른 장로님 한 분은 다음세대를 위한 부르심을 받고 해외에서 교육 사업을 크게 시작했다가 큰 재산을 잃게 되었다. 그런데 그는 하나님을 원망하지 않았다. 늘 교회 와서 기도하고, 매주 사무실에 와서 젊은 목사에게 고개를 숙이고 겸손히 기도를 받고 갔다. 경제적으로 어려워졌어도 늘 주변 사람들을 돌아보았다. 많은 목회자가 그 분에게 사랑의 빚을 졌다. 목사님이 "장로님 많이 힘드시죠?" 했다가 장로님의 대답에 깜짝 놀라고 말았다. "목사님, 저 잃어버린 것이 아니라 뿌린 거예요. 하나님께서 거두실 거예요."

어떻게 그럴 수 있을까. 예수님을 만났기 때문이다. 고난은 누구나 힘들다. 그러나 고난보다 더 큰 예수님을 만나면 고난 때문에 무너지지 않는다. 예수님 안에 있으면 고난을 통해 더 강해진다. 잔잔한 바다에서는 탁월한 뱃사공이 나올 수 없다. 고난이 영웅을 만든다.

우리 가정이 진정한 자비의 집이 되게 하자

둘째 딸 온유가 희귀병에 걸려 매일 죽음의 문턱을 넘나드는 상황을 지켜봐야 했던《온유야, 아빠야》(예수전도단, 2015)의 저자 장종택 목사님은 "온유가 병실에서 죽어가는 상황을 보니까 유명해지고 성공하고 돈 많이 버는 것이 정말 아무것도 아니라는 것이 뼈저리게 느껴져요"라고 고백했다. 그 어린아이가 열이 40도가 넘고, 한번 시작하면 5시간씩 발작을 하면서 소리 지르다가 의식을 잃고 쓰러지는 것을 지켜보는데 돈이 무슨 의미가 있고 성공하는 것이 무슨 의미가 있냐는 생각이 들었다는 것이다.

그리고 '하나님께서 딸을 사지에 내몰면서까지 내게 주고 싶어 하시는 메시지가 분명히 있을 텐데 죽어가는 딸 앞에서 이렇게 슬퍼만 하고 그것을 듣지 못한다면 그것만큼 안타까운 일이 있을까' 이런 생각이 들어서 하나님 앞에 엎드려 기도했다. 그 힘든 시간에 목사님과 사모님이 한마디도 불평하지 않고 하나님을 예배했는데 의사들이 이제 더는 할 수 있는 것이 없다고 포기하는 상황이 왔다. 그런데 그때 목사님은 '아, 이제 하나님이 하시겠구나' 생각되면서 오히려 마음이 편해졌다고 한다.

아직 온유가 완전히 다 낫지는 않았다. 많이 나았지만 여전히 입원해서 검사받고 결과를 듣는, 정말 하루하루가 기적이고 일상이 기적인 삶의 연속이다. 그런 가운데 목사님은 만나는 이들에게 "삶의 절대가치가 돈이 되면 안 됩니다. 예수님이어야 합니다. 우리 삶의 절대가치가 돈이 아니라 예수님이어야 진짜 살 수 있습니다"라고 말한다. 이분은 온유의 아픔을 통해 정말 하나님을 대하여 살게 되었고, 정말 하나님을 붙들고 살고 있다.

1등만 살 수 있다는 이 세상에서는 결코 고난에서 벗어날 수 없다. 예수님을 만나고 예수님에게 붙들려 사는 사람만이 고난을 이길 수 있다. 이제 예수님을 바라보고 그분과 동행하는 삶을 시작하자. 고난이 별것 아닌 것은 아니지만 고난보다 더 크신 예수님과 동행할 때 우리는 승리할 수 있다.

아무리 좋은 집에 살고 유명한 사람이 되어도 그 가정에 예수님이 보이지 않는다면 이름뿐인 자비의 집이 된다. 우리 가정에 다른 것은 부족해도 예수님이 계셔야 한다. 예수님을 볼 수 있고, 만날 수 있고, 그분의 말씀을 들을 수 있어야 한다. 그래서 어떤 고난을 겪어도 "저는 예수님을 만났어요. 예수님이 제게 말씀하셨어요. 예수님이 저를 고쳐주셨어요. 예수님이 저를 살려주셨어요"라고 고백할 때 우리 집은 비로소 자비의 집이 된다.

은혜를 선포하기

"나의 고난보다 예수님은 훨씬 더 크십니다."

가슴으로 나눔 하기

1. 스트레스를 받을 때 어떻게 푸는가?

2. 고난 중에 예수님과 함께했던 경험이 있다면 나눠보자.

3. 고난에 무너지지 않기 위해 변화되어야 할 것이 있다면 무엇인가?

정성을 다해 기도하고 축복하기

받은 은혜를 기억하며 기도한다.

부모님 중 한 분이 가족의 이름을 부르며 축복기도 한다.

예수님을 바라보는 침묵의 시간

1분간 조용히 침묵하며 지금 나와 함께 계시는 예수님을 바라본다.

배운 대로 살아가는 생활 숙제

다음 예배 전의 어느 하루를 정하고, 그 하루 동안 예수님을 생각했던 시간이 얼마나 되는지 계산하기

* 역경을 이기는 기도 ————————————————————

역경을 이기는 기도

* 소망을 주는 기도 ————————————————————

소망을 주는 기도

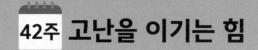

42주 고난을 이기는 힘

백성들이 자녀들 때문에 마음이 슬퍼서 다윗을 돌로 치자 하니
다윗이 크게 다급하였으나 그의 하나님 여호와를 힘입고 용기를 얻었더라
사무엘상 30장 6절

따뜻한 햇살처럼 마음을 여는 기도

살아계신 주님, 저희가 붙들고 있는 모든 낡은 가죽 부대를 버리고 새 부대를 준비하게 하옵소서. 지나간 아픔을 모두 잊어버리고, 주님께서 행하실 새 일을 바라보게 하옵소서. 오늘도 주님을 의지합니다.

나의 고백으로 찬양하기

찬송가 336장 환란과 핍박 중에도

하나님의 말씀 듣기

다윗이 블레셋의 시글락에 살고 있을 때 이스라엘과 전쟁을 하기 위해 마을을 떠났다가 돌아와 보니 아말렉이 마을을 습격해 불태우고 여인들과 아이들을 다 잡아갔다는 것이었다. 함께 갔던 600명의 마을 사람들이 모든 책임을 다윗에게 돌리며 다윗을 죽이려 했다.

백성들이 자녀들 때문에 마음이 슬퍼서 다윗을 돌로 치자 하니 다윗이 크게 다급하였으나 그의 하나님 여호와를 힘입고 용기를 얻었더라 **삼상 30:6**

사람은 위급한 상황에 닥치면 생각한 대로 반응하지 않고 평소에 하던 대로 반응한다.

다윗이 죽음의 위협이 느껴지자 보인 즉각적인 반응은 하나님을 의지한 것이다. 그는 하나님을 의지하는 것이 습관이 되어 있었다. 성경은 "그의 하나님 여호와"라고 기록하고 있다. 원문을 번역하면 "다윗의 하나님 여호와"다. 다윗은 고난이 찾아왔을 때 '하나님께서 나를 벌하신다'라고 생각하는 대신 "나의 하나님 여호와", "다윗의 하나님 여호와"를 의지했다. 하나님을 내 편이라고 굳게 믿은 것이다.

다윗이 하나님을 의지하자 하나님께서 다윗의 마음을 강하게 하신다. 다윗이 배짱이 있는 사람이 아니라, 하나님께서 주신 힘으로 그의 마음이 강해진 것이다. 화가 난 600명의 군사들이 다윗을 죽이려고 했을 때 다윗이 얼마나 무서웠겠는가. 이때 다윗에게 가장 필요한 것은 담대함이지만 600명을 상대할 수 있는 용기와 담대함은 사람에게 있지 않다. 하나님께서 주셔야 가질 수 있는 용기다.

고난 앞에서는 누구나 두렵고 떨린다. 그 두렵고 떨리는 마음을 강하고 담대히 하는 것은 하나님을 나의 하나님으로 고백하며 의지하는 것이다. 고난을 이길 힘이 하나님께 있기 때문이다. 다윗이 고난 중에 하나님을 의지하자 하나님께서 그 두려운 마음을 강하게 바꿔주셨다.

사람들은 고난이 닥치면 5단계로 반응을 보인다. 처음에는 "이건 아니야, 그럴 리가 없어"라며 고난을 부정한다. 그러다가 "어떻게 나한테 이럴 수 있어!"라며 분노한다. 그다음에는 타협하고, 우울의 단계를 거쳐서 순응의 단계로 넘어간다. 위기가 오자 600명의 군사들은 슬퍼하면서 현실을 부정하다가 분노의 단계로 넘어갔지만 다윗은 그 순간에 바로 하나님을 바라보았다.

고난은 기도하는 사람에게 축복이다

영성 있는 사람은 위기가 찾아올 때 내가 할 수 있는 것이 아무것도 없다는 것을 인정하고, 바로 하나님을 바라보고 그분을 의지한다. 이것이 영성이다. 영성이란 위기의 순간에 하나님을 바라보는 반응 속도다. 다윗이 다른 사람들보다 고난을 견뎌내는 힘이 좋았던 것은 하나님을 바라보는 반응 속도 때문이었다.

사람들은 고난을 축복이라고 한다. 왜 고난을 축복이라 하는 것일까. 고난 자체가 복이어서가 아니다. 고난을 통해서 하나님을 바라볼 수 있고 하나님을 더욱더 의지할 수 있기 때문이다. 고난이 없으면 하나님을 바라보지 않는다. 하나님을 의지하지도 않고 찾지도 않는다. 그러나 고난이 찾아오면 하나님을 의지하게 된다. 고난이 생기면 평소에는 나가지 않던 새벽기도도 나가고 주중 예배도 나간다. 그래서 고난을 축복이라 한다.

그러나 고난의 시간에 모든 사람이 하나님을 의지하는 것은 아니다. 고난이 찾아올 때 하나님과 더 멀어져 버린 사람도 있다. 사무엘상 28장에서 블레셋이 이스라엘을 침략해 위기가 찾아오자 다급해진 사울은 엔돌에 있는 무당을 찾아갔다. 하나님을 믿는 사울의 선택이 점쟁이를 찾는 것이었다. 이것이 사울의 영적 상태였다. 영적으로 혼탁하고 흐려져 있으면 고난이 왔을 때 하나님을 찾지 않고 하나님과 더 멀어진다. 고난이 오면 예배부터 빠진다. 술을 찾기도 하고, 진짜로 점을 보러 가기도 한다.

평일 밤 9시가 다 된 시간, 한 청년부 자매가 교회로 들어왔다. 직장 상사가 심한 인신공격으로 너무 힘들게 해서 마음이 괴로웠던 이 자매는 교회에서 기도하고 가려고 회사 일을 마치고 그 늦은 시간에 교회로 온 것이다.

당신은 고난이 찾아왔을 때 어떻게 반응하는가? 다급한 순간에 누가 먼저 생각나는가? 고난은 우리의 진짜 모습을 적나라하게 드러낸다. 내가 무엇을 믿고 있는지, 누구를 의지하고 있는지, 어디에서 힘을 얻는지 모두 드러난다.

사울은 고난이 찾아오자 무당을 먼저 찾아갔다. 그러나 다윗은 하나님을 먼저 떠올리고, 하나님을 "나의 하나님"이라 부르며 의지했다. 고난을 이기는 힘이 하나님께 있음을 기억한 것이다.

아무리 힘들어도 주님은 고난보다 훨씬 더 크신 분이다. 고난 앞에 신세 한탄을 멈추고 원망을 멈추자. 힘들수록 더욱더 주님을 의지하자. 고단할수록 더욱더 주님께 기도하자. "고난이 축복"이라는 말을 더 정확하게 표현한다면 고난은 기도하는 자들에게 축복이다. 주님을 의지하는 자에게 고난은 아무것도 아니지만, 주님을 떠난 자에게 고난은 망하는 지름길이 될 것이다. 고난을 이기는 힘이 하나님께 있다.

은혜를 선포하기

"하나님께서 고난을 이기게 하십니다."

가슴으로 나눔 하기

1. 고난이 찾아왔을 때 당신이 보였던 반응은 어떤 것이었는가? 무엇이 가장 먼저 생각났
   는지 나눠보자.

2. 오늘 말씀을 통해 받은 은혜나 새롭게 결단하는 것을 나눠보자.

3. 고난을 이기기 위해 오늘부터 무엇을 할 것인지 나눠보자.

정성을 다해 기도하고 축복하기

받은 은혜를 기억하며 기도한다.

부모님 중 한 분이 가족의 이름을 부르며 축복기도 한다.

예수님을 바라보는 침묵의 시간

1분간 조용히 침묵하며 하나님의 사랑을 느껴본다.

배운 대로 살아가는 생활 숙제

하루 3분씩 힘든 사람을 위해 기도하기

다음 주는 가족 파티를 준비한다.

고난을 돌파하는 기도

43주 그래도 하나님을 신뢰하라

우리 가운데서 역사하시는 능력대로
우리가 구하거나 생각하는 모든 것에 더 넘치도록 능히 하실 이에게
에베소서 3장 20절

따뜻한 햇살처럼 마음을 여는 기도

선하신 주님, 이곳에 오셔서 저희를 다스리시고, 하나님으로 저희 가정을 가득 채워주옵
소서. 저희 안에 있는 모든 연약함을 불태워주시고, 주님께서 이루실 놀라운 일들을 바라
보는 믿음을 주시옵소서.

나의 고백으로 찬양하기

찬송가 391장 오 놀라운 구세주

하나님의 말씀 듣기

바울의 삶은 고난의 연속이었지만 그의 삶에서 고난받는 자의 느낌을 받기 어렵다. 그는
늘 충만했다. 감옥에서도 기뻐했고 갇혀 있으면서도 감사했다. 바울은 예배 시간에만 기뻐
하지 않았다. 주중의 삶에서도 기뻐했다. 일터에서도 행복한 사람이었다. 그는 어떻게 차가
운 지하 감옥에서도 기뻐할 수 있었을까? 어떻게 감옥 안에 있는 사람이 감옥 밖에 있는 사
람에게 기뻐하라고 권면할 수 있었을까? 무엇이 감옥에 갇힌 처지에도 낙심하지 않게 했고,
어떻게 고난을 영광스럽게 여길 수 있게 했을까?

자녀에게 부모라는 환경은 매우 중요하다. 부모의 성품과 인격은 자녀의 삶과 행복에 지
대한 영향을 끼친다. 부모가 행복하지 않고, 성격이 나쁘고, 능력이 없으면 그 자녀가 행복

하기 어렵다. 이와 같이 우리가 행복한 삶을 사는 데 있어서 가장 중요한 것은 우리 삶을 다스리고 인도하시는 하나님 아버지께서 어떤 분이시냐는 것이다.

> 우리 가운데서 역사하시는 능력대로 우리가 구하거나 생각하는 모든 것에 더 넘치도록 능히 하실 이에게 엡 3:20

> 우리 가운데 일하시는 하나님께서는 우리가 구하고 생각하는 것보다 훨씬 더 많은 것을 채워주실 것입니다. 엡 3:20, 쉬운성경

하나님은 우리가 구하거나 생각하는 것보다 훨씬 더 좋은 것을 채워주시는 분이다. 그분은 우리가 무엇을 바라는지, 무엇을 꿈꾸고 있는지 다 아신다. 우리의 필요를 우리보다 더 잘 아시며, 우리가 구하고 생각하고 기대하는 것보다 훨씬 더 넘치도록 채워주신다.

그 선하신 하나님에 대한 믿음이 우리로 하여금 고난 속에서도 행복한 삶을 살게 한다. 하나님의 선하심을 진짜 믿을 때, 하루아침에 일자리를 잃고 의사에게 생각지 못한 소식을 듣고 가까운 사람에게 배신을 당해도 무너지지 않을 수 있게 된다.

하나님의 선하심을 믿는 믿음

그러나 많은 그리스도인이 하나님의 선하심을 믿지 못한다. 하나님이 선하신 분이라고 말은 하지만 실제로는 그렇지 않다. 하나님만으로는 부족하다고 느끼고, 하나님을 떠나서 다른 것에서 만족을 찾고 기쁨을 얻으려 한다.

고난이 왔을 때 무너지는 이유는 하나님을 신뢰하지 못하기 때문이다. 하나님을 믿는 것이 아니라 돈을 믿는다. 돈이 행복하게 해준다고 굳게 믿고 있다. 하나님도 돈이 들어오는 여러 가지 파이프라인 중 하나라고 생각한다.

존 파이퍼 목사님은 한 콘퍼런스에서 이렇게 말했다. "진짜 기쁨이 넘치는 삶을 살기 위해서는 우리 안에 있는 우상 숭배를 제거해야 한다. 그리고 그 우상은 바로 돈, 섹스, 권력이다. 돈, 섹스, 권력이라는 우상을 제거하는 방법은 이들이 주는 기쁨보다 하나님이 주시는 기쁨이 훨씬 더 크다는 것을 믿고, 돈보다 하나님을 더 사랑하고, 섹스보다 하나님을 더 기뻐하고, 권력보다 하나님을 더 신뢰하면서 선하신 하나님을 갈망하는 것이다."

다윗은 사울의 사위이자 군대 장관이었지만 사울에게 쫓겨 무려 10년 넘게 도피 생활을 했다. 그런데도 시편 23편에서 "나는 부족함이 없습니다. 내 잔이 넘칩니다. 왜냐하면 여호와 하나님이 나의 목자시기 때문입니다. 하나님의 선하심과 인자하심이 날마다 나와 함께하기 때문입니다"라고 고백한다. "하나님은 내가 구하거나 생각하는 것보다 더 훨씬 넘치도록 채워주시는 분입니다. 내가 사망의 음침한 골짜기에 있을지라도 선하신 주님께서 나와 함께하시고, 그분이 나를 대신해서 싸워 주시고, 원수 앞에서도 나를 높여주셨습니다. 그 선하신 주님이 계시기 때문에 내겐 부족함이 없습니다"라는 고백이다.

그는 인생의 고난 속에서도 누구보다 행복한 삶을 살았다. 선하신 주님을 믿는 믿음이 고난 속에서도 부족함을 모르는 삶, 잔이 넘치는 삶을 살게 한 것이다. 하나님의 선하심을 굳게 믿었던 다윗의 믿음이 우리에게도 필요하다

하나님께서 모든 상황이 합력하여 선을 이루게 하신다

《당신은 하나님을 오해하고 있습니다》(규장, 2016)라는 책을 쓴 고(故) 유석경 전도사님은 암으로 고통스러운 시간을 보내면서도 "전도사님, 지금 소원이 뭐예요? 무엇을 가장 하고 싶어요?"라는 질문을 받을 때마다 "제 소원은 한 번이라도 더 말씀을 전하고 복음을 전하는 거예요"라고 대답했다.

물론 암을 치료해달라는 기도도 하고 고통이 사라지게 해달라고 간구하기도 하지만, 전도사님의 진짜 소원은 하나님의 사랑을 한 명에게라도 더 전하는 거였다. 그래서 복음과 말씀을 전할 수만 있다면 어디든지 달려갔다. 나중에는 서 있을 수도 없어서 의자에 앉아서 말씀을 전하고, 쉬는 시간이면 옆방에 쓰러져 있다가 말씀을 전할 시간이 되면 또 강단에서 피를 토하듯 설교했다.

그렇게 힘든 시간에도 웃음을 잃지 않고 종종 "목사님, 요 며칠 죽었다가 다시 부활했어요"라고 농담도 던졌다. 그리고 단 한 번도 하나님께 왜 내게 암을 주셨냐고 불평하지 않는 것은 물론, 왜 내가 암에 걸려야 하느냐고 묻지도 않았다. 오히려 늘 감사했다. 어떻게 그럴 수 있었을까?

하나님의 선하심을 신뢰했기 때문이다. 하나님의 선하심을 머리로 이해하려고 한 것이 아니라 가슴으로 믿었기 때문이다. 나보다 나를 더 잘 아시고 나에게 가장 좋은 것을 주시는 선하신 하나님을 진짜 믿었기 때문이다. 그 선하신 하나님께서 내게 허락하신 것이라면 죽

음도 축복이라고 믿은 것이다.

정말 하나님을 선하신 분이라고 신뢰한다면, 내 직장이 마음에 들지 않고 가정생활이 힘들다고 해서 무너지지 않는다. 나는 왜 이런 집에서 태어났냐고 원망하지 않고, 왜 내 주변에는 이런 사람만 있냐고 탓하지 않는다. 오히려 나를 이곳으로 부르고 인도하신 하나님의 선하신 뜻이 있음을 믿고, 어떻게 하면 나를 부르신 이곳에서 하나님의 뜻을 이룰 수 있을까 여쭈며 기도한다.

하나님의 선하심을 믿는 사람은 고난 속에서도 하나님을 생각한다. 하나님께서 모든 상황을 합력해서 선을 이루게 하실 것을 굳게 믿는다. 상황이 내 뜻대로 돌아가지 않고 생각대로 일이 풀리지 않아도 하나님에게는 또다른 계획이 있다는 것을 믿고 고난보다 더 크신 하나님을 바라본다.

당신은 고난이 왔을 때 걱정할 것인가, 기도할 것인가. 사람들을 찾아다닐 것인가, 하나님을 의지할 것인가. 낙심하며 하나님이 어떻게 이러실 수 있냐고 따질 것인가, 하나님의 선하심을 신뢰할 것인가.

어떤 시련이 닥쳐와도 하나님을 신뢰하라. 인생이 뿌리째 흔들려도 하나님을 끝까지 신뢰하라. 우리를 사랑하시는 하나님께서 이 모든 상황을 역이용하실 것이다. 하나님의 선한 손이 한순간에 모든 상황을 바꿀 것이다.

은혜를 선포하기

"나는 하나님을 끝까지 신뢰합니다."

가슴으로 나눔 하기

1. 하나님이 선하신 분이라는 것을 알게 해준 경험이나 사람이 있다면 나눠보자.

2. 지금 당신이 하나님의 선하심을 신뢰해야 할 영역은 어떤 부분인가?

3. 오늘 말씀을 통해 받은 은혜나 새롭게 결단하는 것을 나눠보자.

정성을 다해 기도하고 축복하기

받은 은혜를 기억하며 기도하고, 한 사람씩 돌아가며 한 문장으로 기도한다.

부모님 중 한 분이 가족의 이름을 부르며 축복기도 한다.

예수님을 바라보는 침묵의 시간

1분간 조용히 침묵하며 생각을 통해 말씀하시는 하나님의 음성을 듣는다.

배운 대로 살아가는 생활 숙제

힘들 때마다 "잘됐다. 다행이다"라고 고백하기

뚫고 나가는 기도

11
November

영적 전쟁

📅 44주 이길 수 없는 싸움은 없다

●

또 다윗이 이르되 여호와께서 나를 사자의 발톱과 곰의 발톱에서 건져내셨은즉
나를 이 블레셋 사람의 손에서도 건져내시리이다 사울이 다윗에게 이르되 가라
여호와께서 너와 함께 계시기를 원하노라
사무엘상 17장 37절

따뜻한 햇살처럼 마음을 여는 기도

온 우주를 창조하고 다스리시는 주님. 주님은 모든 것을 아십니다. 그 주님께서 저희와
함께하시니, 모든 것이 끝난 것처럼 보여도 결코 끝나지 않았습니다. 주님께 이길 수 없는
싸움은 없다는 것을 알기에 오늘도 주님을 의지합니다.

나의 고백으로 찬양하기

찬송가 348장 마귀들과 싸울지라

하나님의 말씀 듣기

골리앗은 키가 2미터 10센티미터였고, 입은 갑옷의 무게는 57킬로그램, 창날의 무게만 해
도 7킬로그램 정도였다(삼상 17:4-7). 이것은 당시 최고의 전투력을 갖추고 있었다는 것이다.
그 거대한 골리앗이 이스라엘 군대를 향해 40일이 넘도록 소리를 지르며 조롱했고(10,11절)
사울과 이스라엘 군대는 그 협박 앞에 떨고 있었다.

얼마나 두려웠겠는가. 거래처 대표가 하나님의 이름을 농담거리로 삼는다면 그 앞에서 신
앙을 이야기하기가 쉽지 않다. 하나님을 모욕하는 팀장과 싸우기는 쉽지 않다. 지금 이스
라엘은 이길 수 없는 싸움을 싸우고 있다. 그런데 다윗은 골리앗의 막강한 전투력 앞에 위축

되거나 주눅 들지 않았다. 오히려 자기가 골리앗을 이길 거라고 확신한다.

> 또 다윗이 이르되 여호와께서 나를 사자의 발톱과 곰의 발톱에서 건져내셨은즉 나를 이 블
> 레셋 사람의 손에서도 건져내시리이다… 삼상 17:37

다윗은 이 전쟁에서 이길 수 있나 없나를 고민하지 않았다. '주님, 최선을 다해볼 테니 제
발 도와주세요' 이런 마음으로 나가지 않았다. 다윗의 마음에는 골리앗에 대한 두려움이 아
니라 하나님을 향한 믿음이 있었다. "곰과 사자로부터 나를 건져 내신 하나님께서 골리앗의
손에서도 반드시 나를 건져 내실 것입니다. 하나님이 우리 편이시기 때문에 이 싸움은 반드
시 이기는 싸움입니다." 다윗은 이 싸움은 반드시 이기는 싸움이라고 확신했다. 이어서 자신
의 전투력을 소개한다.

> 다윗이 블레셋 사람에게 이르되 너는 칼과 창과 단창으로 내게 나아 오거니와 나는 만군의
> 여호와의 이름 곧 네가 모욕하는 이스라엘 군대의 하나님의 이름으로 네게 나아가노라
>
> 삼상 17:45

다윗의 무기는 이스라엘 군대의 하나님 곧 만군의 여호와의 이름이었다. 골리앗은 어려서
부터 용사였고, 칼과 창과 투창이라는 가장 강력한 전투력을 지녔지만, 다윗은 그 거대한
골리앗도 하나님 앞에서는 아무것도 아니라고 믿었다. 지금 골리앗과 다윗의 싸움이 벌어졌
지만, 다윗은 골리앗과 하나님의 싸움으로 싸움의 주체를 바꾸었다. 만군의 여호와의 이름
으로 나아간다는 것은 골리앗이 싸울 상대는 자신이 아니라 하나님이라는 뜻이다. 다윗은
하나님이 대신 싸우시게 했다.

> 또 여호와의 구원하심이 칼과 창에 있지 아니함을 이 무리에게 알게 하리라 전쟁은 여호와
> 께 속한 것인즉 그가 너희를 우리 손에 넘기시리라 삼상 17:47

다윗은 전쟁의 승패가 칼과 창에 있지 않고, 주님의 손에 달려 있다고 했다. 그러므로 주
님이 함께하시면 이 싸움은 반드시 이기는 싸움이라는 것이다. 다윗은 하나님께서 도와주셨

으면 좋겠다고 생각한 것이 아니라 하나님의 살아계심을 진짜 믿었다.

고군분투하지 말고 하나님과 코트에서 함께 뛰자

청소년기에 농구에 미쳐있다가 예수님을 만나고서 사역을 하게 된 전도사님이 있었다. 교역자들이 종종 농구를 했는데 그는 키가 187센티미터라서 평범한 사람은 반칙하지 않고는 절대 그를 막을 수가 없었고, 반칙을 해도 이길 수 없었다. 팀을 나눌 때 그와 한 편이 된 사람들은 '이 게임은 해보나 마나 이긴 게임'이라고 생각했다. 그 전도사님이 '우리 편'이 되면 나의 농구 실력은 전혀 중요하지 않았다. 그와 한 팀만 되면 무조건 이긴다. 농구 코트에서 그 전도사님은 만군의 여호와 같은 존재였다.

역시나 그 전도사님의 팀은 전반전부터 완벽하게 앞서 나갔다. 그런데 후반전에 그 팀 선수들이 "이 정도면 우리가 이길 수 있을 것 같다" 하고 그 전도사님을 벤치로 내보내자 게임이 급속도로 뒤집히기 시작했다. 아무리 전도사님이 '우리 편'이어도 그가 벤치에 앉아 있으면 다 이긴 게임도 진다.

만군의 여호와 하나님이 우리 편인데도 전쟁에서 지는 이유는 하나님을 벤치에 앉혀두었기 때문이다. 하나님이 다윗하고만 함께 계신 게 아니었다. 하나님은 다윗만의 하나님이 아니라 이스라엘의 하나님이셨다. 그러나 사울과 이스라엘 군대는 하나님을 향한 믿음이 없어서 골리앗을 보고 두려워만 했다. 하나님을 벤치에 앉아만 계시게 한 것이다.

반면 다윗은 만군의 여호와 하나님을 두려워하고, 이스라엘 군대의 하나님을 신뢰했다. 하나님과 함께 코트에 들어간 것이다. 이 믿음이 다윗을 골리앗과의 싸움에서 승리하게 했다.

당신은 하나님을 벤치에 앉혀 놓고, 자기 힘으로만 게임을 풀어가려고 고군분투하고 있지는 않은가? 그러면서 질 것에 대한 두려움을 가지고 상황을 탓하고, 환경을 탓하고, 부모님을 탓하고, 유전을 탓하며 살고 있지 않은가? 해보나 마나 어차피 진다며 포기하고 있지 않은가?

지금 우리는 영적 전쟁 중이다. 마귀는 우리를 무너뜨리려고 거대한 세상이라는 골리앗을 앞세워 끊임없이 우리를 정죄한다. "너는 실패자야, 너는 버림받았어. 너는 용서받을 수 없는 죄인이야. 너의 가치를 증명하는 길은 비교와 경쟁에서 싸워 이기는 것밖에 없어"라며 우리를 속인다. 끊임없이 자신과 싸우게 하고, 사람들과 다투게 하고, 하나님과 멀어지게 한다.

우리의 힘으로는 마귀를 이길 수 없다. 이 영적 전쟁에서 이기는 길은 하나님을 우리의 싸움터로 끌어들이는 것뿐이다. 하나님이 대신 싸우시게 하는 것이다. 하나님이 우리 편이시니 하나님을 믿고 인정하기만 하면 그분은 우리의 능력과 상관없이 반드시 이기게 하실 것이다. 하나님께서 함께하시면 지고 싶어도 질 수 없고 망하고 싶어도 못 망한다. 하나님께 이길 수 없는 싸움은 없다.

은혜를 선포하기

"하나님과 함께하면 반드시 이깁니다."

가슴으로 나눔 하기

1. 마귀가 나를 무너뜨리기 위해 주로 어떤 점을 공격하는가?

2. 하나님께서 나와 함께 싸우고 계신다는 것을 느꼈던 경험이 있다면 나눠보자.

3. 내가 생각으로 하는 말 중 마귀가 좋아하는 말과 싫어하는 말은 어떤 것일까?

정성을 다해 기도하고 축복하기

받은 은혜를 기억하며 기도한다.

부모님 중 한 분이 가족의 이름을 부르며 축복기도 한다.

예수님을 바라보는 침묵의 시간

1분간 조용히 침묵하며 지금 나를 안아주시는 하나님의 사랑을 느껴본다.

배운 대로 살아가는 생활 숙제

나에 관해 마귀가 좋아하는 말(생각)이 튀어나올 때 그 말을 중단시키고 나를 격려하는 말을 해주기

* 어둠의 영을 몰아내는 기도

어둠의 영 몰아내기

우리의 씨름은 혈과 육을 상대하는 것이 아니요
통치자들과 권세들과 이 어둠의 세상 주관자들과 하늘에 있는 악의 영들을 상대함이라
에베소서 6장 12절

따뜻한 햇살처럼 마음을 여는 기도

승리하신 주님, 마귀는 끊임없이 우리를 하나님에게서 멀어지게 하고, 어둠의 길로 유혹합니다. 그러나 전쟁의 승패가 주님께 있음을 알기에 더욱더 힘써 기도하고 예배하는 가정이 되게 하옵소서.

나의 고백으로 찬양하기

찬송가 150장 갈보리 산 위에

하나님의 말씀 듣기

우리는 전쟁을 하고 있다. 출근 전쟁, 취업 전쟁, 뱃살과의 전쟁이 아니다. 영적 전쟁이다. 전쟁에서 승리하려면 싸움의 대상을 제대로 알아야 한다. 성공이 목적인 사람들은 싸움의 상대가 사람이다. 나보다 잘나 보이거나 싹이 보이는 사람은 재빨리 짓밟아 없애야 한다. 항상 주변 사람을 싸워서 이겨야 하는 적군으로 생각하고, 자기편이 아니면 다 적군이라 생각한다. 그래서 누구를 만나도 항상 싸울 준비를 하고, 늘 주변 사람들과 싸움을 한다. 그러나 승리가 목적인 사람은 사람과 싸우지 않는다. 싸움의 대상이 달라진다.

우리의 씨름은 혈과 육을 상대하는 것이 아니요 통치자들과 권세들과 이 어둠의 세상 주관

전쟁 중에 많은 군인이 적군 아닌 아군의 총에 맞아 전사한다고 한다. 앞에서 날아온 총알이 아니라 뒤에서 날아온 총알에 맞는다는 것이다. 전쟁터의 군인은 보고 쏘지 않는다. 쏘고 본다. 그래서 많은 군인이 멀리 있는 적군이 아니라 가까이 있는 아군에 의해서 죽는다.

우리를 힘들게 하는 사람은 멀리 있는 사람이 아니라 가까이 있는 사람이다. 그런데 주변에 있는 사람들은 싸워야 할 원수가 아니라 서로 돕고 연합해야 할 전우다. 이제 부모님과 그만 싸우자. 부모님은 싸워서 허물어야 할 벽이 아니다. 답답하다고 해서 그 벽을 허물면 기댈 곳이 사라진다. 부부싸움의 원인 1위가 2012년부터 성격 차이에서 경제적 어려움으로 바뀌었다. 하지만 경제적인 문제로 싸우지 말자. 부부가 어려워도 사랑으로 이겨내는 모습을 보여주는 것이 자녀들에게 물려줄 가장 좋은 유산이다.

지금 나와 다르다는 이유로 누군가를 비난하고 있다면 싸움의 상대를 잘못 고른 것이다. 누구나 때로는 화가 나고, 싸우고 싶을 때도 있다. 그러나 성경은 우리가 싸워야 하는 대상을 명확하게 말씀한다. 그것은 마귀다. 통치자들, 권세자들, 어두운 세계의 지배자들, 하늘에 있는 악한 영들을 상대로 싸워야 한다. 성경이 우리가 싸워야 할 상대를 반복해서 말씀하는 것은 싸움의 상대가 누구인지 잊지 말고 기억하라는 것이다.

남편이 나를 힘들게 하는 것 같지만 남편이 아니다. 마귀가 남편을 통해 공격하는 것이다. 아내가 당신의 자존감을 깨뜨리고 꿈을 비웃을 때, 아내의 배후에 마귀가 있다는 것을 기억해야 한다. 당신의 속을 뒤집어 놓는 것은 자녀들이 아니라 자녀들 배후에 있는 마귀다. 어두운 생각은 하나님이 주신 것이 아니라 마귀가 준 것이다. 눈에 보이는 사람과 상황 때문에 힘든 것 같지만 사실은 보이지 않는 마귀가 우리를 공격하는 것이다.

영적 전쟁에서 승리하려면 누구와 싸우고 있는지 돌아봐야 한다. 하나님은 사람과 싸우지 않고 마귀와 싸우셨다. 하나님은 아담과 싸우는 대신 마귀와의 전쟁을 선포하셨고, 빌라도와 싸우지 않고 마귀의 머리를 짓밟으셨다. 예수님은 십자가의 길을 방해하는 베드로와 싸우지 않고 "사단아 물러가라" 말씀하시며 마귀와 싸우셨다.

당신은 지금 누구와 싸우고 있는가? 영적 전쟁에서 승리하기 위해 싸움의 상대를 바로 알자. 남편과 아내, 부모님과 자녀는 물리쳐야 할 적군이 아니라 함께 싸워야 할 아군이다.

251

영적 전쟁의 완전무장

영적 전쟁에서 승리하기 위해서는 완전무장을 해야 한다. 전신 갑주를 취하라는 것은 완전 군장을 하라는 것이다.

> 그러므로 하나님의 전신 갑주를 취하라 이는 악한 날에 너희가 능히 대적하고 모든 일을 행한 후에 서기 위함이라 그런즉 서서 진리로 너희 허리띠를 띠고 의의 호심경을 붙이고 평안의 복음이 준비한 것으로 신을 신고 모든 것 위에 믿음의 방패를 가지고 이로써 능히 악한 자의 모든 불화살을 소멸하고 구원의 투구와 성령의 검 곧 하나님의 말씀을 가지라

엡 6:13-17

1) 진리의 허리띠 : 사람들이 진리를 대하는 태도는 "진리는 있다 / 없다 / 모르겠다 / 상관없다" 이 네 가지다. 절대주의자들은 진리가 있다고 믿고 상대주의자들은 없다고 믿는다. 불가지론자들은 모르거나 알 수 없다고 하고, 실용주의자들은 진리가 있든 없든 상관없고 내게 도움만 되면 된다고 생각한다. 당신은 어디에 속하는가?

성경은 진리는 반드시 있다고 말씀한다. 예수님은 "내가 곧 길이요 진리요 생명이니"(요 14:6), "진리(되신 예수 그리스도)를 알지니 진리가 너희를 자유케 하리라"(요 8:32)라고 말씀하셨다. 에베소서는 우리를 자유케 하신 예수 그리스도로 우리의 허리를 싸매라고 말씀한다.

2) 의의 호심경 : 호심경은 방탄복과 같은 것으로 심장을 보호하는 가슴막이인데 그것이 바로 '정의'라는 것이다. 이것은 인간적인 의가 아니라, 하나님의 은혜로 주어진 의를 가리킨다. 사단은 "너 같은 죄인이 무슨 하나님의 사람이냐"라며 우리의 영적 심장을 공격한다. 그럴 때마다 그리스도의 십자가의 의로 우리의 영적 심장을 보호하라는 것이다.

3) 복음의 신 : 우리를 뛰어다니게 하는 것은 십자가의 복음이다. 복음이란 죄인 된 우리를 구원하시기 위해 하나님의 아들이신 예수께서 이 땅에 오시고, 십자가에 달려 죽으시고 부활하셨다는 것이다. 그 예수를 믿어 영원한 생명을 얻는 것이 복음이다.

사도 바울은 복음의 놀라운 능력을 경험했고, 이 복음을 위해 평생을 뛰어다녔다. "내가 복음을 부끄러워하지 아니하노니 이 복음은 모든 믿는 자에게 구원을 주시는 하나님의 능력이 됨이라"(롬 1:16). "나의 달려갈 길과 주 예수께 받은 사명, 곧 하나님의 은혜의 복음을 증거 하는 일을 마치려 함에는 나의 생명을 조금도 귀한 것으로 여기지 아니하노라"(행 20:24).

복음의 능력을 경험하면 지치지 않는다. 어디든지 가게 한다.

4) 믿음의 방패 : 마귀는 '하나님이 사랑이실까? 하나님이 나를 아실까? 하나님께서 나를 버리시는 것 아닐까?' 하나님을 의심하게 하고 신뢰하지 못하도록 한다. 그것을 막아내는 것이 믿음이다. "무릇 하나님께로부터 난 자마다 세상을 이기느니라 세상을 이기는 승리는 이것이니 우리의 믿음이니라"(요일 5:4). 어떤 상황에도 하나님께서 나를 버리지 않으신다는 믿음, 어떤 고난에도 하나님께서 나를 지켜주신다는 믿음이 사단의 유혹에서 우리를 지켜준다.

5) 구원의 투구 : 구원의 확신이 있는가? 구원의 근거는 나의 감정에 있지 않고 하나님의 말씀에 있다. 성경은 구원의 확신을 말씀한다. "내가 진실로 진실로 너희에게 이르노니 내 말을 듣고 또 나 보내신 이를 믿는 자는 영생을 얻었고 심판에 이르지 아니하나니 사망에서 생명으로 옮겼느니라"(요 5:24).

느낌이 좋으면 영생을 얻게 되는 것이 아니라 믿는 자는 영생을 이미 얻었고 생명으로 옮겨졌다. 마귀는 우리가 하나님의 자녀라는 확신을 흔들어 두려움으로 살게 하지만 하나님은 흔들리지 않는 구원의 확신을 가지고 생명력 있게 살라고 하신다.

6) 말씀의 검 : 예수님은 성령의 검, 곧 하나님의 말씀으로 마귀의 시험을 이기셨다. 가요를 외워서는 마귀의 유혹을 물리칠 수 없다. SNS에 올라온 글로는 마귀를 공격할 수 없다. 마귀의 심장을 찌르는 가장 강력한 무기는 하나님의 말씀이다. 말씀을 읽고, 외우고, 공부하고, 순종하면서 말씀의 능력을 경험해야 한다.

우리가 완전무장해야 할 진리, 정의, 복음, 믿음, 구원, 말씀은 바로 예수 그리스도다. 예수님이 진리이시고, 예수님이 우리를 의롭게 하셨다, 예수님이 복음이시고, 예수님을 믿어야 한다. 예수님이 우리를 구원하셨고, 예수님이 살아 있는 하나님의 말씀이시다.

세상에서 성공하기 위해서는 좋은 스펙이 필요하지만, 세상에서 승리하기 위해서는 날마다 예수님을 바라보고 그분과 동행하면서 예수님으로 완전무장해야 한다. 그래서 우리가 가는 곳마다 사람들이 예수님을 볼 수 있어야 한다. 예수님의 향기가 느껴지고 예수님의 음성을 들을 수 있어야 한다. "나는 우리 엄마랑 같이 있으면 예수님과 같이 있는 것처럼 너무 편안해", "나는 남편하고 대화하면 예수님이 말씀하시는 것 같아서 복잡했던 생각이 분명해져" 이런 고백을 들을 수 있어야 한다. 그것이 영적 전쟁에서 승리하는 길이다.

은혜를 선포하기

"나는 하나님의 강한 용사입니다."

가슴으로 나눔 하기

1. 싸움의 상대를 제대로 알고 있는가? 나는 요즘 누구와 싸우고 있는가?

2. 영적 전쟁에서 승리하기 위해 나는 어떤 것을 무장해야 할까?

3. 오늘 말씀을 통해 받은 은혜나 새롭게 결단하는 것을 나눠보자.

정성을 다해 기도하고 축복하기

받은 은혜를 기억하며 기도하고, 한 사람씩 돌아가며 한 문장으로 기도한다.

부모님 중 한 분이 가족의 이름을 부르며 축복기도 한다.

예수님을 바라보는 침묵의 시간

1분간 조용히 침묵하며 생각을 통해 말씀하시는 하나님의 음성을 듣는다.

배운 대로 살아가는 생활 숙제

나를 공격하는 것들을 향해 예수님의 이름으로 대적하는 기도하기

(예: "나를 두렵게 하는 ○○아! 놀라우신 이름, 능력의 이름, 예수님의 이름으로 명하노니 떠나가라!")

영적 전쟁의 승리

46주 비교의식에서 벗어나라

이에 베드로가 그를 보고 예수께 여짜오되 주님 이 사람은 어떻게 되겠사옵나이까
예수께서 이르시되 내가 올 때까지 그를 머물게 하고자 할지라도
네게 무슨 상관이냐 너는 나를 따르라 하시더라

요한복음 21장 21,22절

따뜻한 햇살처럼 마음을 여는 기도

사랑하는 주님, 오늘도 온 가족이 함께 모여 주님을 예배합니다. 이 시간이 결코 당연한 것이 아님을 기억합니다. 마귀는 끊임없이 은혜받는 자리에서 멀어지게 합니다. 주님, 더욱더 힘써 예배하게 하옵소서.

나의 고백으로 찬양하기

찬송가 413장 내 평생에 가는 길

하나님의 말씀 듣기

한국인 1호로 구글에 입사한 이준영 씨는 "저는 '스카이'를 못 갔는데 저 같은 사람도 구글 같은 기업에 취업할 수 있을까요?"라는 질문을 정말 많이 받았다. 시골에서 자라고 지방에서 대학을 졸업한 그는 그런 질문을 들을 때마다 너무 답답해 가슴을 치다가 아예 《구글은 SKY를 모른다》(알투스, 2014)라는 책까지 썼다. 구글에는 아이비리그를 수석으로 졸업한 사람도 많지만, 고등학교만 졸업한 사람도 많다는 것이다.

그는 항상 서로 비교하고 이겨야 하고, 경쟁에서 지면 주눅 들고 결국 패배주의에 빠지게 되는 우리나라 젊은이들을 안타까워하며 한 인터뷰에서 이런 이야기를 했다.

"대한민국은 패배주의를 조장하고 있는 것 같다. 조금씩 기를 죽여서 결국에는 자존감 따위를 없애버리고 있다. 중학생조차도 친구들과 경쟁하는 것이 습관이 되어 있다. 스카이 다음에는 대기업이다. 간판에 따라 줄을 세우고 스스로 패배주의에 사로잡힌다. 지나친 경쟁심이 우리를 패배주의에 빠지게 하는 가장 큰 독이다."

하나님의 사람들은 경쟁으로 사는 것이 아니라 믿음으로 산다. 아브라함은 롯과 경쟁하지 않았다. 믿음으로 떠났다. 우리 안에 있는 패배의식의 늪에서 벗어나기 위해서는 먼저 비교를 멈춰야 한다.

이 사람은 어떻게 되겠습니까?

주님을 떠났던 베드로에게 예수님이 갈릴리 호수로 찾아오신다. 밤새 빈 그물질에 지친 제자들에게 그물을 배 오른편으로 던지라 하시고, 이에 제자들은 그물이 무거워 끌어 올릴 수 없을 정도로 많은 고기를 잡았다. 예수님은 잡아온 고기를 숯불에 구워주시며 베드로에게 "네가 나를 사랑하느냐"라고 그 유명한 세 번의 질문을 하시고, 부족하지만 그래도 주님을 사랑한다고 고백하는 베드로에게 "내 양을 먹이라. 내 양을 치라" 하시며 그분의 양을 맡기신다.

그리고 베드로가 앞으로 어떤 삶을 살게 될지 예언해주셨는데 베드로가 "주님, 이 사람은 어떻게 되겠습니까?"라며 요한에 관해 질문한다.

베드로가 돌이켜 예수께서 사랑하시는 그 제자가 따르는 것을 보니 그는 만찬석에서 예수의 품에 의지하여 주님 주님을 파는 자가 누구오니이까 묻던 자더라 이에 베드로가 그를 보고 예수께 여짜오되 주님 이 사람은 어떻게 되겠사옵나이까 예수께서 이르시되 내가 올 때까지 그를 머물게 하고자 할지라도 네게 무슨 상관이냐 너는 나를 따르라 하시더라

요 21:20-22

요한과 자신을 비교한 것이다. 베드로와 요한은 주님의 가장 신뢰받는 제자였는데 이 두 사람 사이에 뭔가 긴장감이 있었던 것 같다.

주님의 사명을 감당하는 우리 안에 비교의 유혹이 있다. 주님의 일을 하면서도 비교한다. 다른 교회와 비교하고, 다른 팀과 비교하고, 다른 사람과 비교한다. 마귀는 우리가 하나님

의 일을 못 하게 하기도 하지만, 하나님의 일을 세상적인 방법으로 하게 하기도 한다. 이것이 영적 전쟁이다.

놀러 다니는 사람에게는 영적 전쟁이 없다. 마귀가 건드리지 않아도 알아서 망하는 길로 가기 때문에 전쟁을 할 필요가 없다. 영적 전쟁은 하나님의 일을 하는 사람들에게 일어난다. 마귀는 비교하는 마음을 통해 영적 전쟁을 일으킨다. 마귀가 비교하는 마음을 줄 때 우리는 어떻게 비교의식을 멈출 수 있을까?

주님을 세 번이나 부인한 베드로를 너그럽게 용서하고 받아주신 주님이 베드로의 이 질문에는 매우 단호하게 말씀하신다. **"요한이 어떻게 되든 그것이 너와 무슨 상관이냐. 그건 네가 알 바가 아니야. 너는 나만 따라와라!"** 옆에 있는 요한과 비교하는 베드로에게 주님은 너는 나를 따라오라고, 주님께 집중하고 주님만 바라보고 주님이 주신 사명에 마음을 쏟으라고 하신다. 하나님의 일은 비교와 경쟁으로 하는 것이 아니라는 것이다.

자꾸 자신이 옆에 있는 사람들과 비교되고, 다른 사람이 어떻게 하는지 신경 쓰이고, 다른 사람들 때문에 내 마음이 위축된다는 것은 지금 내 영적 시선이 주님에게서 벗어나 주님께 온전히 집중하지 못하고 있다는 뜻이다.

비교의식이 들 때는 비교하지 않으려고 애쓰는 것이 아니라 주님께 더 집중해야 한다. 주님이 우리를 부르신 곳이 학교든 직장이든, 교회든 가정이든 옆 사람과 비교될 때는 더욱 주님을 바라보면서 주님께서 맡겨주신 사명에 마음을 집중하라.

나를 봐도 남을 봐도 절망이지만 예수님을 보면 소망이 있다

1982년 12월 4일, 마침내 아기가 태어났다. "아기는 괜찮은 거죠?" 산모의 질문에 의사는 대답이 없었다. "뭐죠? 우리 애한테 무슨 일이 있는 거죠?" 침묵 끝에 의사가 입을 열었다. "해표지증(海豹肢症)입니다." 해표지증이란 바다표범처럼 양쪽 팔 또는 다리가 불완전한 형태를 띠는 선천성 기형을 가리킨다.

엄마는 아이를 받아들일 준비가 되어 있지 않았다. 아기를 안아주라는 의사의 말에 "저리 치우세요! 보고 싶지도 않고, 만지고 싶지도 않아요!"라며 아기를 거부했다. 그 후 신생아실로 가서 아이를 보고 병실로 돌아온 아버지는 아내에게 속삭인다. "여보, 근데 아기가 참 예뻐."

부모뿐만 아니라, 온 교회가 이 아이의 출생을 축하하고 축복하는 대신 깊은 슬픔에 빠졌다. 엄마 아빠는 이 아이가 행복하게 살지 못할 바에야 차라리 하나님께서 빨리 데려가시는 것이 낫겠다는 생각까지 한다. 팔다리가 없는 닉 부이치치의 이야기다.

열서너 살 무렵, 학교에서 아이들에게 놀림을 받고 돌아와 "엄마! 왜 나는 팔다리가 없어요! 왜 나는 이렇게 생겼어요!" 하는 아이를 끌어안고 엄마는 한참을 서럽게 울었다. 이 아이는 자신의 의지와는 전혀 상관없이 말 그대로 루저의 인생이 되어버린 것이다. '하나님이 정말 나를 사랑하신다면 왜 나를 이 모양으로 만드셨을까' 아무리 생각해도 답이 없었다. 주위 사람들에게 무거운 짐이 될 바에야 차라리 빨리 죽는 것이 좋겠다는 생각도 들었다.

그런데 닉이 열다섯 살이 되던 해 요한복음 9장을 읽을 때 하나님께서 그의 삶에 찾아오셨다. 날 때부터 소경이 된 사람을 두고 제자들이 이것이 누구의 죄 때문인지 묻자 예수님이 "이 사람이나 그 부모의 죄로 인한 것이 아니라 그에게서 하나님이 하시는 일을 나타내고자 하심이라"(요 9:3)라고 대답해주신 이 말씀을 통해 하나님께서 이 형제를 쓰시겠다고 말씀하신 것이다.

"다른 사람들은 다른 방법으로 들어 쓰고, 너는 너에게 맞는 방법으로 들어 쓸 거야!"

닉 부이치치는 "누구도 완벽하지 않아요. 여러분의 모습 때문에 부끄러워하지 마세요. 예수님은 당신의 모든 것을 아세요. 제 팔다리가 없는 것은 하나님의 영광에 비하면 아무것도 아니에요"라고 말한다. 그리고 아무것도 할 수 없는 몸 으로 태어난 그가 간증하며 "여호와는 나의 목자시니 내게 부족함이 없으리로다"라고 말한다.

내 모습을 바라보면 절망스러울 수 있고, 옆 사람을 바라보면 우울해질 수밖에 없지만, 예수님을 바라보면 소망이 있다. 예수님은 옆 사람과 상관없이, 부족하고 연약한 우리를 사용하셔서 우리가 상상할 수 없는 일들을 이루어 가신다.

마귀는 우리를 끊임없이 비교의 늪으로 끌어들일 것이다. 옆 사람을 보며 주눅 들고 위축되게 할 것이다. 그때 느낌을 따라 반응하지 말고 의지를 가지고 주님을 바라보라. 마음이 흔들릴수록 더욱 주님께 집중하라. 비교의식은 정신적인 문제를 넘어서서 영적 전쟁이다.

은혜를 선포하기

"나는 예수님을 바라봅니다."

가슴으로 나눔 하기

1. 당신이 반복해서 주변과 비교하게 되는 것은 어떤 점인가?

2. 주님께 더욱 집중하기 위해 당신에게 어떤 변화가 필요할지 나눠보자.

3. 오늘 말씀을 통해 받은 은혜나 새롭게 결단하는 것을 나눠보자.

정성을 다해 기도하고 축복하기

받은 은혜를 기억하며 기도한다.

부모님 중 한 분이 가족의 이름을 부르며 축복기도 한다.

예수님을 바라보는 침묵의 시간

1분간 조용히 침묵하며 지금 나와 함께 계시는 예수님을 바라본다.

배운 대로 살아가는 생활 숙제

비교하는 생각이 들 때마다 "예수님을 바라봅니다"라고 고백하기

다음 주는 가족 파티를 준비한다.

47주 원수 갚는 것을 하나님께 맡겨라

내가 손을 들어 여호와의 기름 부음 받은 자를 치는 것을 여호와께서 금하시나니
너는 그의 머리 곁에 있는 창과 물병만 가지고 가자 하고

사무엘상 26장 11절

따뜻한 햇살처럼 마음을 여는 기도

사랑하는 주님, 예배에 승리하는 자가 인생의 승리자입니다. 예배를 가볍게 여기는 유혹에서 지켜주시고, 마음을 다해 예배하는 가정이 되게 하옵소서. 오늘도 하나님의 말씀으로 채워주시고, 하나님의 영으로 충만하게 하옵소서.

나의 고백으로 찬양하기

찬송가 352장 십자가 군병들아

하나님의 말씀 듣기

당신 주변에도 이런 사람이 있을 것이다. 주변 사람들을 경쟁상대로 느끼고, 자신보다 뭔가 잘나 보이는 사람이 있으면 불안해하면서 은근히 견제하고, 뭔가 흠잡을 만한 것이 있으면 흠집을 내서 끌어내리고, 자신보다 똑똑하거나 예쁘거나 인기가 있는 것 같으면 자신을 위협한다고 느끼는 사람. 다윗에게도 그런 사람이 있었다.

다윗이 십 광야에 있다는 소식을 듣고 사울은 다윗을 죽이겠다고 특전사 3천 명을 이끌고 찾아온다. 사울은 다윗이 이스라엘을 구했을 뿐만 아니라 자신의 부하이자 사위인데도 그를 죽이려 한다. "사울은 천천이요 다윗은 만만이요"라는 사람들의 노래가 마음에 거슬린 것이다. 열등감이 많을수록 주변의 반응에 민감하고 주변 사람과 자신을 끊임없이 비교한

다. 사울은 결코 멀리 있지 않다. 가족, 친구, 선배, 직장의 리더가 나의 사울이 될 수 있다.

이런 상황에 놓였을 때 사람들의 반응은 크게 세 가지로 나타나는데 자신을 공격한 사람을 향해 분노를 터뜨리는 분노형, 갈등 자체를 회피하고 갈등에서 도망치는 회피형, 자기 자신을 자책하면서 무기력에 빠지는 자학형이 있다. 우리를 힘들게 하는 사울과 같은 사람들에게 어떻게 반응해야 할까?

하나님의 주권에 대한 절대적인 인정

아비새가 다윗에게 이르되 하나님이 오늘 당신의 원수를 당신의 손에 넘기셨나이다 그러므로 청하오니 내가 상으로 그를 찔러서 단번에 땅에 꽂게 하소서 내가 그를 두 번 찌를 것이 없으리이다 하니 다윗이 아비새에게 이르되 죽이지 말라 누구든지 손을 들어 여호와의 기름 부음 받은 자를 치면 죄가 없겠느냐 하고 다윗이 또 이르되 여호와께서 살아 계심을 두고 맹세하노니 여호와께서 그를 치시리니 혹은 죽을 날이 이르거나 또는 전장에 나가서 망하리라 내가 손을 들어 여호와의 기름 부음 받은 자를 치는 것을 여호와께서 금하시나니 너는 그의 머리 곁에 있는 창과 물병만 가지고 가자 하고 **삼상 26:8-11**

다윗에게 사울을 죽일 결정적 기회가 왔다. 기회가 찾아온 것이 아니라 다윗이 목숨 걸고 사울의 진영에 들어가 기회를 만든 것이다. 그때 아비새가 "장군님, 하나님께서 장군님의 원수를 갚을 수 있는 절호의 기회를 주셨습니다. 이것은 분명히 하나님께서 주신 기회입니다. 제가 두 번도 아니고 단번에 창으로 찔러서 없애버리겠습니다" 하자 다윗이 이렇게 대답한다. "안 돼. 누구도 여호와께서 기름 부은 사람을 함부로 죽여서는 안 돼. 만약 그래야 한다면 하나님께서 직접 그렇게 하실 거야." 다윗은 복수할 수 있는 절호의 기회를 날려버린다.

살다 보면 정말 나를 힘들게 하는 사람들이 있다. 그리고 그 사람에게 시원하게 복수할 기회가 찾아온 것처럼 느껴질 때가 있다. 엔게디 동굴에서처럼 전혀 의도치 않게 찾아올 수도 있고(삼상 24장), 오늘 본문처럼 사울의 진영에 직접 찾아가서 만든 기회일 수도 있다. 그러나 다윗은 두 번의 기회가 있었지만 복수하지 않았다. 하나님께서 기름 부은 사람을 내가 함부로 해쳐서는 안 된다는, 하나님의 주권에 대한 절대적인 믿음이 있었기 때문이다.

사울은 블레셋과의 전쟁에서 사무엘을 기다리지 못하고 급한 마음에 직접 제사를 드리고,

아말렉과의 전쟁에서 소유물을 가져오면서 하나님께 두 번이나 불순종했다. 그러나 다윗은 엔게디 동굴에서는 옷자락만 자르고, 이번 사울의 진영에서는 창과 물병만 가지고 온다. 하나님께서 사울을 버리고 다윗을 선택한 이유가 바로 이것이다. 사울은 자신이 주인이었고, 다윗은 하나님의 주권을 인정했다.

복수보다 중요한 것은 망가진 인생을 회복하는 것

다윗은 정말 억울했을 것이다. 자기가 한 것이라고는 골리앗을 죽이고, 블레셋과의 전쟁에서 승리한 것이 전부다. 그런데 다윗은 나라를 구할 때마다 사울의 창에 죽을 뻔했다. 다윗은 사울에게 쫓겨 다니면서 계속 이런 생각이 들었을 것이다. '내가 도대체 뭘 잘못한 거지?' 도저히 납득할 수 없었을 것이다.

또 사무엘도 얼마나 원망스러웠을까. 자기가 왕이 되겠다고 기름 부어달라고 한 것도 아니다. 들판에서 조용히 양 치고 있는데 느닷없이 찾아와서 기름을 붓고 왕이 될 거라고 했다. 그런데 왕은커녕 언제 왕의 손에 죽을지 모르는 상황이다. 그러니 사무엘도 하나님도 얼마나 원망스러웠겠는가. 보통 사람이었다면 분을 못 이겨 폭발했을 것이다. 어떻게 해서든 복수하려고 했을 것이다. 그런데 다윗은 그러지 않았다. 원수 갚는 것을 하나님께 맡겼다.

당신을 괴롭히던 사람에게 통쾌하게 복수할 기회가 찾아왔다면 어떻게 반응하겠는가? 아비새처럼 "역시 하나님은 제 편이십니다. 어떻게 제 마음을 아시고 복수할 기회를 주셨는지! 이것은 하나님께서 복수하라고 주신 절호의 기회입니다" 하면서 직접 복수하지 않겠는가?

배르벨 바르데츠키는 《너는 나에게 상처를 줄 수 없다》(걷는나무, 2013)라는 책에서 "복수는 쾌감을 줄 수는 있지만, 고통을 줄여주지는 않는다. 복수는 인간의 아주 자연스러운 반응이지만, 복수를 하는 것보다 더 중요한 것이 있다면 망가져 버린 인생을 다시 제대로 살아가는 것이다"라고 말했다. 복수하면 순간의 짜릿함은 있을지 모르지만, 그것이 우리 마음에 난 상처와 고통을 줄여줄 수는 없다. 복수를 생각하며 사는 것보다 더 중요한 것은 망가져 버린 인생을 다시 제자리로 돌려놓는 것이다.

다윗은 복수를 생각하며 살지 않았다. 철저히 하나님의 주권을 인정하며 원수 갚는 것을 하나님께 맡기고 자신에게 주어진 삶에 최선을 다했다. 지금 당신을 괴롭게 하는 사람이 있다면 원수 갚는 것을 하나님께 맡겨라. 기회처럼 보이고 응답처럼 보이는 순간이 마귀의 덫임을 기억하자. 복수는 하나님께서 주신 기회가 아니다.

은혜를 선포하기

"원수 갚는 것을 하나님께 맡깁니다."

가슴으로 나눔하기

1. 내가 누군가의 사울이 되었던 적은 없는지 나눠보자.

2. 내 손으로 직접 복수하고 원수를 갚으려 했던 경험이 있다면 나눠보자.

3. 오늘 말씀을 통해 받은 은혜나 새롭게 결단하는 것을 나눠보자.

정성을 다해 기도하고 축복하기

받은 은혜를 기억하며 기도한다.

부모님 중 한 분이 가족의 이름을 부르며 축복기도 한다.

예수님을 바라보는 침묵의 시간

1분간 조용히 침묵하며 하나님의 사랑을 느껴본다.

배운 대로 살아가는 생활 숙제

원수라고 생각했던 사람들의 이름을 적어보고 "그가 나를 해칠 수 없다"라고 선포하기

---

* 하나님이 원망스러울 때 드리는 탄식의 기도 ————————————————

탄식의 기도

12
December

축복의 통로

48주 하나님의 영광을 위하여

그런즉 너희가 먹든지 마시든지 무엇을 하든지 다 하나님의 영광을 위하여 하라

고린도전서 10장 31절

따뜻한 햇살처럼 마음을 여는 기도

모든 영광을 받으시기 합당하신 주님, 우리 가정이 먹든지 마시든지 무엇을 하든지 주님께 영광을 돌리는 복된 가정이 되게 하옵소서. 전심으로 주님을 높여드리고, 주님을 향한 사랑을 고백하며, 주의 말씀에 순종하게 하옵소서.

나의 고백으로 찬양하기

찬송가 445장 태산을 넘어 험곡에 가도

하나님의 말씀 듣기

KTF 부사장을 지낸 마케팅의 귀재 조서환 씨는 23세의 젊은 나이에 군대에서 수류탄 사고로 오른손을 잃었다. 소식을 듣고 여자 친구가 병원에 왔는데 무슨 말을 할 수 있겠는가. 아무 말도 못 하고, 한참을 고민하다가 "아직도 나 사랑해?" 하고 물었다.

여자 친구는 말없이 고개만 끄덕였다. 그리고 병원 근처로 이사 와서 아침저녁으로 식사를 챙겨주고 정성을 다해 간호해주었다. 어느 날 그녀의 아버지가 찾아와서 "저놈의 아내로 살지 내 딸로 살지 결정해라!"라고 말했다. 그러자 여자 친구가 이렇게 대답했다.

"아버지, 절대로 그런 일은 없겠지만, 만약 아버지가 사고로 한쪽 팔을 잃었다면 어머니가 어떤 태도를 보이기 원하세요? 한쪽 팔 없는 남자와는 살 수 없다면서 다른 남자와 재혼하

기를 원하세요, 아니면 나는 당신의 팔을 사랑한 것이 아니라 당신 자체를 사랑했다고 하면서 곁에 있어주기를 원하세요?"

그 말에 아버지는 아무 말도 못 하고 그냥 돌아갔고, 옆에서 지켜보며 조서환 씨는 굳게 결심했다. '앞으로 평생 이 여자를 위해 살자. 이 여자 하나만은 행복하게 해주자.'

받을 수 없는 사랑을 받은 사람은 자신을 위해 살지 않는다

받을 수 없는 사랑을 받은 사람은 이제 더는 자기 자신을 위해 살지 않는다. 뭘 해도 그 사람을 위해 살게 되어 있다. 옥합을 위해 평생을 살아온 여인이 옥합을 깨뜨린다. 더 이상 옥합을 위해 살지 않겠다는 것이다. 삶의 이유가 달라진 것이다.

그리스도의 사랑을 경험한 사도 바울도 "내가 그리스도와 함께 십자가에 못 박혔나니 그런즉 이제는 내가 사는 것이 아니요. 오직 내 안에 그리스도께서 사시는 것"(갈 2:20)이라며 이제 자기 자신을 위해 살지 않는다고 고백한다. 나를 사랑하사 나를 위하여 자기 자신을 버리신 하나님의 아들 안에서 살아간다는 것이다. '예수님이 무엇을 원하실까! 예수님이 무엇을 좋아하실까! 예수님이 무엇을 기뻐하실까!' 무엇을 하든 예수님을 생각하면서 예수님의 영광을 위해 살아간다.

그런즉 너희가 먹든지 마시든지 무엇을 하든지 다 하나님의 영광을 위하여 하라 **고전 10:31**

복음은 우리에게 자유를 주었다. 죄와 저주에서 자유롭게 했고, 영원한 형벌에서 자유롭게 했다. 죄에서 자유롭게 되었다는 것은 죄를 지어도 된다는 뜻이 아니라 죄를 짓지 않고 살 수 있게 되었다는 뜻이다. 그동안 들어왔던 어떤 저주도 이제는 효력이 없어진 것이다. 영원한 형벌에 대한 두려움에서 벗어난 것이다.

복음은 먹고 싶은 음식을 먹고, 입고 싶은 옷을 입고, 하고 싶은 일을 하고, 살고 싶은 곳에서 살 수 있는 자유를 주었다. 그러나 조서환 씨처럼 받을 수 없는 사랑을 받은 사람은 이제 그 자유를 자기를 위해 쓰지 않는다. 무엇을 하든 하나님의 영광을 위해 살게 된다.

그런데 조서환 씨가 여자 친구를 위해 살려고 하자 그것이 그를 더 살게 했다. 팔이 없는 장애 때문에 사람들에게 차별받고 거절당하면서도 끝까지 포기하지 않고 살게 된 힘이 거기에서 나왔다. 내가 중심이 되면 살지 말지를 내 처지와 환경과 상황에 따라 결정하게 되는데 나를 사랑해준 사람을 위해 살기 시작하면 처지와 환경과 능력은 전혀 중요하지 않게 된다. 사랑하는 그 사람을 위해서 어떻게든 살아내게 된다.

내가 중심이 되어 내 욕심을 채우고 나만을 위해 살려고 하면 상황과 환경에 따라 포기하게 되지만, 하나님의 영광을 위해 살기 시작하면 상황과 환경을 뛰어넘으며 살게 된다. 삶이 무기력한 이유는 그 삶이 힘들어서가 아니라 예수님을 바라보지 않고 살고 있기 때문이다. 하나님의 영광을 위해 살아갈 때 진정한 행복을 누리며 살게 된다.

하나님이 영광 받으실 때

그렇다면 어떻게 하나님의 영광을 위해 살아갈 수 있을까?

1) 예배할 때 : "여호와께 그의 이름에 합당한 영광을 돌리며 거룩한 옷을 입고 여호와께 예배할지어다"(시 29:2). 당신은 걱정하는가, 예배하는가. 걱정하면 예배할 수 없고, 예배하면 걱정할 수 없다. 하나님은 예배할 때 영광 받으신다. 걱정되면 예배하자. 힘들고 불안하고 두려우면 예배하자. 하나님은 예배자를 찾으시고, 예배자를 기뻐하시고, 예배자들을 통해 영광 받으신다.

2) 복음을 전할 때 : "모든 입으로 예수 그리스도를 주라 시인하여 하나님 아버지께 영광을 돌리게 하셨느니라"(빌 2:11). 예수 그리스도를 주님으로 고백할 때 하나님께서 영광을 받으신다. 하나님의 영광을 위해 사는 삶은 복음을 전하는 삶이다. 누구를 만나든지 마음속으로 이 질문을 해보자. '저 사람은 예수를 믿을까?' 그리고 짧게라도 기도하자. '예수님, 저 사람이 예수님을 만나게 해주세요.' 이것이 하나님의 영광을 위한 삶이다.

3) 선행을 통해 : "이같이 너희 빛이 사람 앞에 비치게 하여 그들로 너희 착한 행실을 보고 하늘에 계신 너희 아버지께 영광을 돌리게 하라"(마 5:16). 우리가 마음을 열고 선한 일을 할 때 사람들이 하나님을 향해 마음의 문을 열게 된다. 작은 일도 괜찮다. 쓰레기를 줍고, 자리를 양보하고, 환하게 맞아주자. 무엇이든 하루 한 번이라도 내가 할 수 있는 선행을 실천하자.

4) 고난을 통해 : "만일 그리스도인으로 고난을 받으면 부끄러워하지 말고 도리어 그 이름으로 하나님께 영광을 돌리라"(벧전 4:16). 우리가 하나님을 위해 받는 고난을 통해서도 하나님은 영광 받으신다. 우리는 혹시나 내가 잘못되었을 때 하나님의 영광을 가릴 수 있다는 생각에 신앙을 숨기기도 하지만, 하나님은 우리가 성공하는 모습을 통해 영광 받으시는 것이

아니라 하나님을 위해 사는 것 자체로 영광 받으신다. 내가 실패했다고 해서 하나님의 영광이 가려지지 않는다. 고난의 시간을 보내고 있다고 부끄러워하지 말자. 실패했다고 부끄러워하지 말자. 하나님을 사랑하는 마음으로 하는 모든 순간이 하나님께 영광이 될 수 있다.

은혜를 선포하기

"나는 하나님의 영광을 위해 살아갑니다."

가슴으로 나눔 하기

1. 오늘 말씀을 통해 받은 은혜나 새롭게 결단하는 것을 나눠보자.

2. 하나님의 영광을 위해 살지 못하게 막고 있는 것이 있다면 무엇인지 나눠보자.

3. 하나님의 영광을 위해 내가 더 노력해야 할 영역이 있다면 무엇인지 나눠보자.

정성을 다해 기도하고 축복하기

받은 은혜를 기억하며 기도한다.

부모님 중 한 분이 가족의 이름을 부르며 축복기도 한다.

예수님을 바라보는 침묵의 시간

1분간 조용히 침묵하며 지금 나를 안아주시는 하나님의 사랑을 느껴본다.

배운 대로 살아가는 생활 숙제

하나님의 영광을 위해 내가 가장 잘할 수 있는 것이 무엇인지 생각하고 실천하기

하나님의 뜻

*하나님의 뜻을 구하는 기도

49주 하나님의 사랑으로 서로 사랑하라

새 계명을 너희에게 주노니 서로 사랑하라 내가 너희를 사랑한 것같이 너희도 서로 사랑하라
너희가 서로 사랑하면 이로써 모든 사람이 너희가 내 제자인 줄 알리라

요한복음 13절 34,35절

따뜻한 햇살처럼 마음을 여는 기도

사랑의 주님, 이곳에 임재하옵소서. 찬양하고, 기도하며, 말씀을 듣고 나눌 때 주님께서 임재하셔서 저희의 찬양을 받아주시고, 저희의 기도를 들어주옵소서. 주님의 음성을 들려주시고, 말씀 속에서 주님을 보게 하옵소서.

나의 고백으로 찬양하기

찬송가 455장 주님의 마음을 본받는 자

하나님의 말씀 듣기

어느 날 한 친구가 교회에 도시락 가방을 들고 왔다. "교회 오는데 웬 도시락 가방을 가지고 오니?" 하고 물어봤더니 지방에서 올라와 자취하는 후배에게 주려고 집에서 반찬을 가지고 왔다는 것이었다. 매번 밥을 사 먹는 그 후배에게 집밥을 먹이고 싶어서 주말에는 자기 집에 불러서 같이 밥을 먹는다고 했다.

한 자매는 후배가 힘들어하는 것을 보고 2시간 걸리는 학교까지 찾아가 함께 밥을 먹고 왔다. 밥 먹는 시간보다 오가는 시간이 더 오래 걸리는데도 그렇게 했다. 한 형제는 형편이 어려운 친구를 도우려고 매년 적금을 들고, 매년 새 학기가 되면 1년 동안 부은 적금을 타서

어려운 친구를 몰래 도와주었다. 그 형제는 매년 만 원씩이라도 적금액을 더 늘리는 것이 목표라고 했다. 공동체의 리더로 섬겼던 선배들은 "젊을 때부터 다른 사람을 위해 지갑을 찢는 삶을 살자"라고 하면서 매달 적금을 들어 경제적으로 어려운 후배들의 수련회 등록비를 마련해주었다.

대학생들이 새 학기가 되면 자발적으로 돈을 모았다. 점심을 사 먹는 대신 컵라면으로 때우고 남은 몇천 원, 마을버스 탈 것을 타지 않고 걸어 다니면서 아긴 몇천 원, 평소에 즐겨 마시던 커피를 참고 남긴 몇천 원…. 그렇게 모은 돈으로 새 학기 등록이 어려운 친구들의 등록금을 보태주었다.

한 형제는 야간 아르바이트를 하면서 힘들게 공부하는 후배를 격려해주고 싶다고 한밤중에 아르바이트하는 곳에 찾아가 같이 있어 주다가 왔다. 선배의 격려를 받고 새벽에 집으로 돌아오는 그 후배의 마음이 어땠을까? 한 자매는 전도했던 친구가 집이 멀어서 교회에 올 수 없다고 하자 결혼 자금으로 들었던 적금을 깨서 소형차를 사고는 매 주일 카풀 해서 친구를 교회에 데려오곤 했다.

한 성도님은 암 투병 중인 성도님을 주일마다 모시고 와서 함께 예배드리고 기도해드린다. 또 한 분은 가까운 몇몇 분과 함께 돈을 모아 원룸을 얻었다. 고등학교를 졸업하면서 보육시설에서 나와야 하는 아이들이 생활할 집을 마련해준 것이다.

이 사례들을 접하며 어떤 생각이 들었는가?

> 새 계명을 너희에게 주노니 서로 사랑하라 내가 너희를 사랑한 것같이 너희도 서로 사랑하라 너희가 서로 사랑하면 이로써 모든 사람이 너희가 내 제자인 줄 알리라 요 13:34,35

우리가 예수님의 제자라는 증거는 사랑이다. 예수님은 제자들에게 사랑을 느끼라고 하지 않고 사랑하라고 하셨다. 성경이 말하는 사랑은 감정적인 뜨거움이나 달콤한 로맨스이기보다는 의지를 가지고 구체적으로 행동하는 것이다. 사랑은 저절로 되지 않는다. 부모님은 느낌으로 자녀를 사랑하지 않는다. 느낌이 좋을 때만 사랑했으면 우리가 어떻게 이 자리에 있을 수 있겠는가. "나 오늘은 젖 물릴 기분이 아니야"라면서 기분 좋을 때만 젖을 주지 않았다. 젖이 짓무르고 칼에 베인 것처럼 아파서 눈물이 나도, 울면서 아기에게 젖을 물렸다. 성경이 말하는 사랑은 의지를 가지고 행동하는 것이다.

예수님 안에서 한 가족이 되는 곳이 천국이다

안디옥 교회에는 5명의 지도자가 있었다(행 13:1). 바나바는 키프로스(구브로)라는 지중해 섬 출신으로 제사장 가문의 디아스포라 유대인이다. 니게르라고 하는 시몬이 있는데, 니게르는 "검다"라는 뜻으로, 여기에서 니그로(Negro, 흑인)라는 말이 나왔다. 다시 말하면 시몬은 흑인이었다는 것이다. 구레네 사람 루기오가 있는데 구레네는 아프리카 리비아의 도시다. 루기오는 아프리카 출신이었다.

그리고 분봉왕 헤롯의 젖동생 마나엔이 있다. 마나엔의 어머니는 헤롯의 유모여서 헤롯과 마나엔은 같은 젖을 먹고 자랐다. 이 헤롯은 세례 요한을 죽이고 예수님을 재판했던 사람이다. 마나엔은 교회를 핍박한 왕족 또는 귀족 출신이었다. 마지막으로 사울은 다소 출신으로, 교회를 핍박한 바리새인이었다.

안디옥 교회는 남자든 여자든, 자유인이든 종이든, 헬라인이든 야만인이든 누구라도 올 수 있는 곳이었다. 나이, 인종, 출신 지역, 신분, 배경, 학력이 각기 다른 다양한 사람들이 모여 있었고, 그들이 교회에서 리더십을 발휘했다. 그들은 과거나 배경 때문에 갈라지고 나뉘고 싸우는 것이 아니라, 그들의 과거와 배경까지도 복음으로 다 용서하고 용납하고 하나가 되었다. 천국이 있다면 이곳이 아닐까.

가진 사람이나 없는 사람이나, 배운 사람이나 못 배운 사람이나, 내국인이나 외국인이나 모두가 복음 안에서 하나 될 수 있는 곳, 예수님을 핍박했던 집안 출신이라도 복음 하나로 용납될 수 있는 곳, 예수 믿는 사람들을 수없이 핍박했던 사람도 예수가 그리스도시라는 고백 하나에 한 가족이 될 수 있는 곳이 천국이다.

교회 안에는 정말 다양한 사람들이 있어서 간혹 도저히 이해되지 않는 사람들도 있다. 그러나 다르다는 것 때문에 미워해서는 안 된다. "저 집사는 너무 감정 기복이 심해, 저 권사는 너무 게을러, 저 장로는 너무 교만해" 이렇게 판단하고 정죄해서는 안 된다.

사랑은 사랑할 사람을 선택하는 것이 아니다. 나와 수준이 맞는 사람, 나와 스타일이 비슷한 사람, 나와 말이 통하는 사람, 나와 생각이 비슷한 사람만 사랑하는 것이 아니고 예수님 안에서 누구라도 사랑해야 한다. 예수님은 내가 수준이 맞아서 사랑하신 것이 아니다. 죄인 된 나를 있는 모습 그대로 사랑하신 것이다.

사랑으로 행하는 '그 사람'이 되자

우리가 누구를 사랑할지 고민하는 동안, 하나님은 어떻게 사랑할 것인지를 질문하신다. 사랑은 대상의 문제가 아니라 실천의 문제다. 나와 성향이 다르고 스타일이 다른 사람을 말과 눈빛과 표정을 통해 환영해주고 받아주자. 우리가 예수님의 제자라는 증거는 사랑에 있다.

한 목사님은 아들이 백 일을 맞았을 때 많은 사람의 축하를 받았지만 아직까지도 기억나는 선물이 '미역국'이라고 한다. 한 집사님이 "목사님, 너무 축하드려요. 제가 다른 것은 못 해드리지만, 미역국은 끓여드리고 싶어요" 하고는 직접 미역국을 끓여서 가져오셨다. 미역국 세 그릇을 받아 들고 목사님 부부가 함께 한참을 울었다. 돈으로 따지면 미역국 세 그릇이 얼마나 되겠는가. 그러나 진심으로 축하해주고 싶고, 뭐라도 주고 싶었던 그 마음이 느껴져서 눈물이 난 것이다. 사랑은 하는 것이다.

"아무도 내게 관심이 없던 그때 그 집사님이 제 이야기를 들어줬어요. 아무도 나를 사랑해주지 않는데 그 권사님이 같이 울어줬어요. 그때 그 장로님이 저를 도와줬어요. 그분이 아니었으면 지금의 저는 없을 거예요. 그때 그 분이 저를 붙잡아주지 않았으면 제가 어떻게 되었을지 저도 잘 모르겠어요." 당신이 '그 분'이 되어 이런 고백을 듣게 되기를 축복한다. 그것이 당신이 예수님의 제자라는 증거다.

은혜를 선포하기

"나는 당신을 사랑합니다."

가슴으로 나눔 하기

1. 오늘 말씀을 통해 받은 은혜나 새롭게 결단하는 것을 나눠보자.

2. 내게 사랑을 주었던 사람을 기억하고, 그가 어떻게 사랑을 베풀었는지 나눠보자.

3. 이번 주에 사랑을 실천하기 위해 할 수 있는 것이 무엇이 있을지 나눠보자.

정성을 다해 기도하고 축복하기

받은 은혜를 기억하며 기도한다.

부모님 중 한 분이 가족의 이름을 부르며 축복기도 한다.

예수님을 바라보는 침묵의 시간

1분간 조용히 침묵하며 지금 나와 함께 계시는 예수님을 바라본다.

배운 대로 살아가는 생활 숙제

내가 속한 공동체 중 한 곳에서 사랑을 실천하기 (나눔 3)

50주 하나님의 사랑을 전하는 즐거움

두 사람이 성령의 보내심을 받아 실루기아에 내려가 거기서 배 타고
구브로에 가서 살라미에 이르러 하나님의 말씀을
유대인의 여러 회당에서 전할새 요한을 수행원으로 두었더라

사도행전 13장 4,5절

따뜻한 햇살처럼 마음을 여는 기도

사랑하는 주님, 주님을 알게 하시고 주님을 위해 살게 하시니 감사합니다. 저희 가정이 어떻게 다른 사람을 돕고 섬겨야 할지 말씀해주시고, 주님을 더욱더 잘 섬길 수 있도록 인도해주옵소서.

나의 고백으로 찬양하기

찬송가 505장 온 세상 위하여

하나님의 말씀 듣기

컴패션 대표 서정인 목사님이 《고맙다》(규장, 2013)라는 책에서 소개한 이야기다. 어느 날 목사님은 골수 이식을 하겠느냐는 병원의 전화를 받고 백혈병을 앓는 아기에게 골수를 이식해주는 수술을 했다. 전신 마취를 하고 척추에 구멍을 뚫어 골수를 뽑아내는 수술이었는데 그 과정에서 그만 의료 사고가 일어나 목사님은 생명이 위독할 정도로 어려움을 겪었다.

다행히 목사님도 회복되고 그 아이도 회복되었는데 5개월 뒤 병원에서 또 연락이 왔다. 그 아이의 백혈병이 재발했는데 이제는 목사님만 골수 이식을 해줄 수 있다는 것이다. 한 번 골수 이식을 받으면 그 사람 외에 다른 사람의 골수를 받을 수 없기 때문이다.

병원에서는 골수 이식을 해도 성공 확률이 1퍼센트도 안 된다면서 거절해도 괜찮다고 했다. 아내는 물론 의사인 매제도 반대하고 주변 사람들도 이제 충분하다고, 더는 가능성이 없고 괜히 고생만 한다고 말려서 병원에 못 하겠다고 말했다.

그런데 자신이 어린이를 돕는 사역을 하는데 그렇게 한 것이 마음이 늘 불편해서 목사님은 가는 곳마다 그 아이 이야기를 했다. 그러면 듣는 사람마다 "목사님은 최선을 다하셨으니까 이제 괜찮다"라고 말해주었다고 한다.

그 일 후 에콰도르에 비전트립을 갔다. 마지막 날 버스가 고장 나서 기다리는 동안 옆자리의 장로님에게 그 이야기를 했는데 그 분이 뜻밖에도 "목사님… 하시지요"라는 것이었다. "네?" 목사님은 장로님도 "아휴, 그 정도 했으면 충분하네요"라고 하실 줄 알았는데 생각지도 못한 대답을 듣고는 가슴이 철렁 내려앉았다.

"장로님, 제가 꼭 해야 하나요?"라고 묻자 장로님이 잠시 후 한숨을 크게 내쉬고 말을 이었다. "제 큰아이가 백혈병으로 오래전에 세상을 떠났습니다. 그 아이가 세상을 떠나면 그 아이 부모의 심정은 말할 수 없이 힘들 겁니다. 목사님이 골수 이식을 해주시면 살고 죽고를 떠나서 그 아이와 그 부모에게 하나님의 사랑을 전할 수 있는 좋은 기회가 될 것입니다."

목사님이 답답한 마음으로 호텔에 돌아와 기도하는데 하나님께서 말씀을 들려주셨다.

"정인아, 만약 그 아이가 네 친딸이었다면 너는 그 아이를 포기할 수 있겠니? 설사 1퍼센트의 가능성밖에 없다고 해도 말이야."

망치로 머리를 한 대 맞은 듯했다. '내가 진짜 아버지였다면 수술을 거부했을까?' 그런데 하나님께서 또 말씀하셨다.

"그 아이는 내 것이란다."

결국 목사님은 다시 골수 이식 수술을 했다. 수술 전날 아이의 어머니에게서 편지가 왔다.

한 번도 아니고 두 번이나 골수 이식 수술을 해 주셔서 감사합니다.
딸애가 무균실에서 너무 고통스러워하고 있어서 감사의 편지를 쓸 겨를도 없었습니다.
저는 목사님이 얘기하시는 예수님이 누군지는 모르지만 매달리겠습니다. 기도하겠습니다.

그리스도인은 세상을 바꾸는 사람들이다. 무엇으로 세상을 바꿀 수 있을까? 복음이다.

복음을 전하는 수고를 계속 이어가자

두 사람이 성령의 보내심을 받아 실루기아에 내려가 거기서 배 타고 구브로에 가서 살라미에 이르러 하나님의 말씀을 유대인의 여러 회당에서 전할새 요한을 수행원으로 두었더라

행 13:4,5

성령의 보내심으로 바나바와 사울이 안디옥의 항구인 실루기아로 내려가 지중해 섬 키프로스로 간다. 이곳은 실루기아에서 120킬로미터 정도 떨어진 곳으로, 배를 타고 하루를 가야 하는 거리다. 키프로스섬 동부에 있는 살라미 항구에 도착해서 유대인의 회당을 돌면서 하나님의 말씀을 전한다. 성령께서 바나바와 바울을 보내신 이유가 하나님의 말씀, 복음을 전하는 것이었다. 사도행전 13장은 바울의 1차 전도 여행이 시작되는 장면이다.

바나바와 바울의 1차 전도 여행은 총 2년 정도 걸렸는데, 이때 복음을 전하며 이동한 거리가 약 2,300킬로미터였다. 오늘 나에게 복음이 닿기까지 그동안 얼마나 많은 사람이 수고하고, 얼마나 많은 시간을 들이고, 얼마나 많은 거리를 이동했을지 생각해보자. 복음은 절대 저절로 전해지지 않는다.

156년 전, 복음을 들고 조선에 와서 대동강에 첫발을 내딛은 토마스 선교사의 순교를 시작으로 수많은 사람의 피와 눈물, 수고와 희생을 통해서 오늘 우리에게까지 복음이 흘러오게 되었다. 그리고 이 복음은 우리를 통해 계속해서 흘러가야 한다.

우리가 복음을 전하는 이유는 나를 살게 한 이 복음이 그들도 살릴 수 있다고 믿기 때문이다. 복음만이 세상을 바꿀 유일한 대안이라고 믿기 때문이다. 복음 전하는 것이 어렵다고 한다. 상황이 점점 더 어려워지고 있다. 그러나 상황이 어렵다고 해서 포기했다면 이 땅에는 결코 복음이 들어오지 못했다.

토마스 선교사의 순교로 "지금 조선은 상황이 좋지 않습니다. 선교를 멈춰야 합니다. 조선 땅은 포기해야 합니다"라고 말하는 사람들의 목소리가 컸다면, 그래서 더 이상 선교사를 보내지 않았다면 지금 우리가 어떻게 복음을 알 수 있었겠는가. 상황이 어려워도, 시대가 변했어도 여전히 복음은 전해져야 한다고 믿었던 그리스도인들이 기꺼이 희생을 감수하고 길을 떠났기 때문에 오늘 우리가 구원의 은혜를 누리게 된 것이다.

유사 이래 복음을 전하기 좋았던 시절이 있었을까? 복음을 전하는 것은 최근에 힘들어진

것이 아니라 언제나 힘들었다. 복음을 전하는 이유는 상황이 좋아지거나 편해서가 아니라 그것이 우리가 존재하는 이유이기 때문이다.

나를 통해 단 한 사람이라도 그리스도께

그리스도인은 하나님의 사랑을 전하는 사람들이다. 먼저 복음을 전할 기회를 달라고 기도하자. 복음을 전할 용기를 달라고 기도하자. 사람을 만날 때 '하나님, 이 사람이 예수님을 알게 해주세요'라고 기도부터 시작하자. 그리고 내가 할 수 있는 범위 안에서 사람들의 필요를 채워주자. 물질의 도움을 주는 것은 귀한 일이다. 환하게 웃어주고, 시간을 내어 이야기를 들어주는 것도 좋다. "제가 당신을 위해 기도하고 있어요" 이 작은 한마디로도 충분하다. 중요한 것은 하나님의 사랑을 전하려는 마음을 품는 것이다.

새들백교회 릭 워렌 목사의 아버지는 50년 이상을 목회하며 전 세계에 150개 이상의 교회를 지었다. 그는 암 선고를 받고 입원했는데, 돌아가시기 전 마지막 1주일 동안은 거의 의식이 없었다. 그때 릭 워렌 목사 부부와 조카가 병실에 같이 있었는데 어느 날 그 아버지가 갑자기 정신이 들어 침대에서 일어나려고 했다. 몸이 너무 쇠약해져 일어나지 못하면서도 계속 일어나려고 했다. 그래서 사모님이 "아버님, 뭘 하고 싶으세요?" 하고 묻자 그 아버지가 "예수님을 위해서 한 명을 더 구해야 돼! 예수님을 위해서 한 명을 더 구해야 돼! 예수님을 위해서 한 명을 더 구해야 돼!" 그렇게 한 시간 동안 백 번도 넘게 말했다고 한다.

평생 영혼을 살리고 교회를 세우는 사명에 삶을 다 바친 아버지가 돌아가시기 전 마지막으로 잠깐 의식이 돌아와서 예수님을 위해서 한 명을 더 구해야 한다고 말하는 것을 보며 릭 워렌 목사는 감사해서 눈물이 났다. 그때 그 아버지가 힘없는 손을 뻗어 아들 릭 워렌 목사의 머리에 얹고 "예수님을 위해 한 명을 더 구해라"라고 말했다. 그 말이 그의 유언이 되었고, 릭 워렌 목사는 자신의 남은 삶을 한 영혼을 더 구해내는 데 바치겠다고 결단한다.

그리스도인은 한 영혼이 주님 앞에 돌아오는 기쁨과 감격을 아는 사람이다. 그리스도의 사랑을 전하는 기쁨을 아는 사람이다. 평생 당신을 통해 단 한 사람이라도 주님 앞에 돌아온 사람이 있는가?

은혜를 선포하기

"나는 전도자입니다."

가슴으로 나눔 하기

1. 오늘 말씀을 통해 받은 은혜나 새롭게 결단하는 것을 나눠보자.

2. 복음을 전해본 경험이 있다면 나눠보자.

3. 내가 복음을 전하는 데 방해가 되는 것이 무엇인지 나눠보자.

정성을 다해 기도하고 축복하기

받은 은혜를 기억하며 기도한다.

부모님 중 한 분이 가족의 이름을 부르며 축복기도 한다.

예수님을 바라보는 침묵의 시간

1분간 조용히 침묵하며 하나님의 사랑을 느껴본다.

배운 대로 살아가는 생활 숙제

전도할 사람의 이름을 노트에 적고 기도하기

_____

_____

_____

영혼 구원

가난한 자를 불쌍히 여기는 것은 여호와께 꾸어드리는 것이니
그의 선행을 그에게 갚아 주시리라
잠언 19장 17절

따뜻한 햇살처럼 마음을 여는 기도

언제나 그늘진 곳, 소외받는 자들의 친구가 되어주신 주님, 주님의 마음을 저희 가정에 부어주시고, 주님의 손과 발이 되어 나누고 섬기는 삶을 살아가게 하옵소서. 은혜 베푸는 삶을 사는 결단이 있는 예배 되게 하옵소서.

나의 고백으로 찬양하기

찬송가 191장 내가 매일 기쁘게

하나님의 말씀 듣기

우리는 '공평'을 중요하게 생각한다. 그런데 삶이 공평하기만 할까? 우리 가정만 돌아봐도 전혀 공평하지 않다. 어린 자녀들은 아무 일도 하지 않는다. 매일 논다. 일한 만큼 공평하게 먹어야 한다면 아이들은 굶어야 한다. 그러나 자기가 먹기 싫어서 안 먹은 적은 있어도 부모가 주지 않아서 굶은 적은 없다.

모두가 자려고 누운 밤 11시에 아이가 아빠를 깨웠다. "아빠, 짜장면 먹고 싶어요." 아빠가 "지금은 늦었으니까 내일 아침에 끓여줄게" 했더니 안 된단다. 지금 너무 배가 고픈데 짜장면이 먹고 싶다고 지금 해달란다. 결국 아빠는 피곤한 몸을 일으켜 밤 11시에 짜장라면을 끓여줬다.

아빠가 너무 억울하지 않겠는가? 아이는 하루 종일 놀았고 자신은 하루 종일 일하고 와서 이제 잠 좀 자려고 하는데 그 늦은 시간에, 자기가 번 돈으로 자기가 산 라면을 자기가 끓여줘야 하다니. 너무 불공평해 보이지 않는가? 아빠 입장에서 억울하지 않겠는가? 그러나 이것은 공평하지 않은 것도 아니고 정의롭지 못한 것도 아니다. 은혜가 넘치고 사랑이 넘치는 것이다.

불공평하기에 은혜다

> 저물매 포도원 주인이 청지기에게 이르되 품꾼들을 불러 나중 온 자로부터 시작하여 먼저 온 자까지 삯을 주라 하니 제십일 시에 온 자들이 와서 한 데나리온씩을 받거늘 **마 20:8,9**

저녁 6시, 일을 마치자 주인이 와서 오후 5시에 온 사람부터 정산해준다. "수고 많으셨습니다. 여기 한 데나리온입니다." 데나리온은 로마의 화폐 단위로, 노동자의 하루 품삯이다. 지금으로 하면 10만 원 정도 될 것이다. 일을 1시간도 채 하지 않은 사람에게 10만 원을 다 준 것이다. 이 사람에게은 1시간 시급만 줘도 뭐라고 할 수 없다. 그런데 주인은 시급 9,620원이 아니라 10만 원을 준다. 이것은 이 사람이 요청한 것도 아니고 주인이 실수한 것도 아니다. 주인이 자기 의지로 그렇게 한 것이다.

이것이 은혜다. 은혜란 받을 자격이 없는 사람에게 베푸는 호의다. 은혜는 받는 사람의 자격이 아니라 베푸는 사람의 뜻과 의지, 그의 마음이 중요하다. 이 주인은 오후 5시에 온 사람에게 은혜를 베풀기로 뜻을 정한 것이다.

한번 상상해보자. 오후 5시에 포도원에 와서 일한 사람이 10만 원을 손에 들고 얼마나 행복했을까. '이렇게 선하신 주인의 포도밭인 줄 알았다면 내가 더 열심히 일할 걸. 기회만 주어진다면 내일도 이 밭에 와서 일해야지. 이 주인을 위해서라면 내가 더 최선을 다해야지' 하면서 행복해했을 것이다.

필립 얀시는 《놀라운 하나님의 은혜》(IVP, 2009)에서 이렇게 말했다. "은혜란 받는 이에게는 값없는 것이지만, 주는 이에게는 전 소유가 다 들어가는 것이다. 하나님은 그 아들을 희생했다. 기독교의 은혜란 주는 이가 친히 값을 치렀기 때문에 값이 없는 것이다. 은혜란 불공평하다."

은혜란 공평하지 않다. 하나님의 나라는 내가 일한 만큼 먹고 사는 곳이 아니다. 내가 노력한 만큼 보상받는 곳이 아니다. 하나님의 나라는 내가 얼마나 일했느냐와 상관없이 주인의 수고와 주인의 희생으로 모두가 먹고살 수 있는 나라다. 예수님이 십자가에서 죽는 수고를 하지 않으셨다면 우리가 어떻게 이 구원의 은혜를 누릴 수 있겠는가.

오후 5시에 포도원에 온 그에게 이날은 공치는 날이었다. 오후 5시에 누가 일을 시키겠는가. 아무 일도 하지 못하고, 한 푼도 벌지 못하는 것이 당연한 날이었다. 게다가 그는 일을 잘하지 못해서 하루가 다 가도록 일자리를 구하지 못했던 사람이다. 가진 것도 없고 실력도 없는 사람에게, 이제 1시간도 채 남지 않은 시간에 주인은 일할 기회를 주고 10만 원을 준 것이다.

그 돈은 일꾼의 하루 품삯인 동시에 한 가정이 하루를 생활할 수 있는 생활비다. 품꾼은 하루 일해서 하루 먹고 사는 사람이다. 일을 못 하면 그날은 온 가족이 굶어야 한다. 오후 5시까지 일자리를 구하지 못한 가장의 마음이 얼마나 괴로웠을까? '왜 나는 이것밖에 안 될까. 내가 과연 남편이며 아빠가 될 자격이 있을까. 나는 언제쯤 잘할 수 있을까. 오늘도 빈손으로 들어가야 하는데, 아내와 아이들에게 오늘은 또 뭐라고 말해야 할까.' 자기를 기다리고 있을 가족을 생각하며 온종일 얼마나 마음이 힘들었을까?

하나님께 꾸어드리는 삶을 살자

한 TV 프로그램에서 퇴직을 당한 아버지들에게 "할 일이 없는데 일이 있는 것처럼 집에서 나온 적이 있으세요?"라고 물어보니 모두 그런 적이 있다고 대답했다. 그것이 가장의 심정이다. 주인은 그 마음을 아시고, 그들에게 10만 원이라는 생계비를 준 것이다. 10만 원은 그들이 일해서 번 돈이 아니라 주인이 그 가정을 살려주기 위해서 베푼 은혜다.

우리도 주변 사람들에게 은혜를 베풀어보자. 자격 없는 사람들에게 친절과 호의를 베풀어주자. 학교에 어려운 친구들이 있다면 차 한 잔이든, 노트 필기한 것이든, 그냥 옆자리에 앉아주는 것이든, 따뜻한 인사든, 우리가 가진 것 중 뭐라도 나눠주자. 또 직장에서 실수한 사람이 있다면 용서해보자. 자격을 따지지 말고 그냥 용서하자. 굳이 도와주지 않아도 되는 사람을 도와주자. 가난한 사람을 도와주는 것은 하나님께 빌려드리는 것이다. 이제 갚을 능력이 없는 사람에게 은혜를 베풀어보자. 하나님께 빌려드리는 삶을 살아보자.

가난한 자를 불쌍히 여기는 것은 여호와께 꾸어드리는 것이니 그의 선행을 그에게 갚아 주시리라 **잠 19:17**

카이스트 배상민 교수님은 전혀 사람들의 주목을 받지 못했던 평범한 학생이었는데 나이 스물일곱에 뉴욕의 파슨스 디자인스쿨의 교수가 되었다. 세계 최고의 디자이너들과 세계 최고의 클라이언트들과 함께 일하면서 세계 4대 디자인 어워드에서 두 번이나 우승했다. 정말 올라갈 데까지 올라간 것이다.

그런데 돈도 많이 벌고, 명예도 얻고, 사람들이 부러워하는 자리에 있는데 행복하지가 않았다. 6개월만 지나면 계속해서 소비되고 없어져 버리는 디자인들을 보면서 '그동안 내가 한 거라곤 아름다운 쓰레기를 만드는 일이 전부였구나'라는 생각이 들었다고 한다.

그리고 3년간 기도했는데 하나님께서 대전에 있는 카이스트로 가라고 하셨다. 디자이너가 뉴욕에서 대전으로 가는 것은 유배 가는 것과 똑같은데 그 말씀에 순종해서 왔다. 그리고 상위 10퍼센트가 아니라 하위 90퍼센트를 위한 디자인을 하기 시작했는데 그때부터 하나님께서 무섭게 영감을 부어주셨다. 디자이너도 없이 석사생들과 함께 90퍼센트를 위한 나눔 디자인을 시작하고 14년 동안, 최고의 디자이너들과 8년 동안 있으면서 2번 받았던 상을 무려 50번 넘게 수상했다. 상 받은 것보다 더 중요한 것은 쓰레기를 만들던 그가 수많은 사람의 생명을 살리는 삶을 살게 된 것이다.

아프리카 사람들을 돕는데 정말 멋지게 돕는다. 계속 주기만 하니까 처음에 그렇게 당당하던 사람들이 당당함을 잃고 거지가 되어 있는 모습을 보고 이렇게 한다. 매년 방학 때마다 한 달씩 아프리카로 가서 그들과 함께 먹고 자고 생활하면서 그들의 필요가 뭔지 찾아보고, 그 나라에서 구할 수 있는 재료로 만들 수 있도록 연구한다. 그리고 마을마다 한 명씩 똘똘한 사람들을 불러서 같이 만들며 그들이 보고 그대로 배우게끔 한 후 그냥 돌아온다.

1년 후에 가보면 마을마다 그 물건이 다 있다. 누가 만들어줬냐고 물어보면 뒷집의 철수가 만들어줬다, 옆집의 영수가 만들어줬다 한다. 한국 사람들에게 도움받았다는 것을 아무도 모른다. 그러니 한국 사람 앞에서 당당하다. 도움을 줘도 정말 멋있게 도와준다. 이것이 하나님께 영광을 돌리는 삶이 아닐까. 이제 우리 차례다. 우리가 가진 것이 무엇이든 하나님께 빌려드리자.

은혜를 선포하기

"나는 나누고 베풀고 섬기는 사람입니다."

가슴으로 나눔 하기

1. 당신이 가장 잘 도울 수 있는 일로 어떤 것이 있을까?

2. 지금 당신의 도움이 필요한 사람이 있다면 누가 있는지 나눠보자.

3. 오늘 말씀을 통해 받은 은혜나 새롭게 결단하는 것을 나눠보자.

정성을 다해 기도하고 축복하기

받은 은혜를 기억하며 기도하고, 한 사람씩 돌아가며 한 문장으로 기도한다.

부모님 중 한 분이 가족의 이름을 부르며 축복기도 한다.

예수님을 바라보는 침묵의 시간

1분간 조용히 침묵하며 하나님의 사랑을 느껴본다.

배운 대로 살아가는 생활 숙제

갚을 능력이 없는 사람에게 구체적인 도움주기

다음 주는 가족 파티로 가족 성지순례를 준비한다.

전도서

* 제대로 살고 있는지 의심이 들 때 하는 기도

52주 하나님이 세상을 이처럼 사랑하사

●

따뜻한 햇살처럼 마음을 여는 기도

사랑하는 주님, 오늘도 땅끝에서 복음을 전하는 선교사님을 기억하며 예배합니다. 지치고 피곤한 몸과 영혼을 주님께서 위로하시고, 끝까지 사명의 길을 완주할 수 있도록 은혜를 베풀어주옵소서.

나의 고백으로 찬양하기

찬송가 502장 빛의 사자들이여

하나님의 말씀 듣기

2021년 8월과 9월, 필리핀에서 코피노 사역을 하던 나원길, 이명숙 선교사가 잇따라 순교했다. 코피노는 일반적으로 한국 남자들과 필리핀 여성 사이에서 태어난 자녀들을 가리키는데 대부분의 코피노는 온전한 가정을 이루어 살기보다는 한국인 아버지의 무책임한 행동과 결정으로 인해 아버지 없는 역기능 가정에서 자라가고 있다. 아빠 없이 그 땅에 남겨져 극심한 가난과 사회적 냉대 속에서 살아가는 코피노는 대략 3만 명이 넘는다. 한국 남자들이 그 땅에 큰 죄를 짓고 온 것이다.

나원길 선교사님은 우리나라 유명 제지 회사의 대표로 남부러울 것 없이 살다가 어느 날 하나님의 부르심을 받아 선교사로서 코피노 아이들의 할아버지가 되어 복음으로 그들의 자활을 돕고, 그들에게 예수님의 제자로 살아가는 삶을 가르쳤다. 한국 남자들이 저질러 놓은 죄를 마치 자기 일처럼 여기며 그 사역을 감당하셨다.

그러다가 건강이 안 좋아져 검사를 받으러 잠시 귀국하신 선교사님에게 "선교사님은 노후를 하나님께 모두 반납해 버리셨네요" 했더니 환하게 웃으며 "반납하길 너무 잘했어요. 예전에 골프 치고 넓은 집에서 편안하게 살 때보다 지금이 훨씬 더 행복해요. 지금보다 행복할 수 없어요. 반납하길 너무 잘했어요"라고 대답하셨다. 그 모습이 너무 행복해 보였다.

검사 결과, 암세포가 온몸에 퍼졌다는데도 아이들이 기다려서 빨리 가야 한다며 며칠 후 바로 필리핀으로 들어가셨다. 코로나가 터지고 자녀들이 한국으로 들어오라고 간절히 권했지만 아이들을 두고 갈 수 없다며 거절하셨다. 그러다 2021년 8월, 자녀들과 의논 끝에 한국으로 들어오기로 한 후 언제 다시 선교지로 돌아갈 수 있을지 모르기에 오기 전 코피노 가정을 일일이 방문해서 돌아보다가 선교사님 두 분이 코로나에 걸리셨다.

한국에 들어오기로 약속한 날짜를 앞두고 두 분은 선교지에서 차례로 하나님의 부름을 받으셨고, 예약했던 비행기로 유골이 되어 돌아오셨다. 그리고 2022년, 남겨진 코피노 아이들을 돌보기 위해 그분들의 딸과 사위가 오랫동안 섬기던 교회를 사임하고 필리핀으로 떠났다.

가든지 보내든지, 우리는 모두 선교사다

20년 전 선배 한 분이 J국으로 선교를 떠났다. 왜 그곳으로 가기로 하신 거냐는 질문에 "나, 그 나라 잘 몰라. 그 나라 사람 별로 좋아하지도 않아. 그런데 하나님께서 그 나라를 사랑하시고 그 나라 사람들을 사랑하신대. 그래서 가는 거야" 하고 온 가족을 데리고 떠났다.

오래전 청년들과 함께 인도네시아로 해외 단기선교를 갔다. 전기도 들어오지 않고 빗물을 받아 마시는 현지인들의 집에서 함께 생활하고 함께 식사했다. 이튿날 한 자매가 울면서 "저 더 이상 여기 못 있겠어요. 비행기 티켓 주세요. 저 갈래요" 하는 것을 간신히 말렸다.

15년이 지난 지금 이 자매는 아프리카 탄자니아에서 1기 사역을 하고, 키르기즈스탄에서 2기 사역을 마치고 이제 3기 사역으로 다시 아프리카로 들어간다. 어린 두 아이를 데리고 이렇게 자주 움직이면 힘들어서 어떻게 하냐고 걱정하니 "저희는 어디든 상관 상관없어요. 하나님께서 가라고 하시는 곳이 가장 좋은 곳이라고 믿어요"라며 밝게 이야기하길래 "비행기 티켓 달라던 네가 어떻게 이렇게 된 거니?" 하고 한바탕 크게 웃었다. 무엇이 이들을 그곳으로 보냈고, 그곳에 머물게 한 것일까?

하나님이 세상을 이처럼 사랑하사 독생자를 주셨으니 이는 그를 믿는 자마다 멸망하지 않고 영생을 얻게 하려 하심이라 요 3:16

"하나님이 세상을 이처럼 사랑하사" 이 한 구절 때문이다. "하나님이 조선을 이처럼 사랑하사" 이 한 구절 때문에 오래전 선교사들이 이 땅을 밟았다. "하나님이 중국을 이처럼 사랑하사, 하나님이 일본을 이처럼 사랑하사, 하나님이 인도를 이처럼 사랑하사, 하나님이 몽골을, 탄자니아를, 인도네시아를, 유럽을, 아프리카를, 그리고 지구촌을 이처럼 사랑하사" 이 한 구절 때문에 이곳이 아닌 그곳에 있는 것이다.

선교는 선교사님들만의 몫이 아니다. 우리와 함께하는 것이다. 선교사님을 위해 기도하자. 선교지는 하루하루가 치열한 영적 전쟁이다. 사역의 열매를 위해 싸우고, 외로움과 싸우고, 풍토병과 싸우고, 자녀 문제로 싸우고 있다. 선교사님들을 기억하며 기도하자. 누구보다 우리의 기도가 절실히 필요하다. 아는 선교사님이 있다면 그 분을 어떻게 격려해드리면 좋을지 생각해보자.

뉴스나 SNS를 통해 어떤 나라를 접할 때마다 그 나라를 위해 기도하고 "하나님, 저곳에 계신 선교사님을 기억해주세요"라고, 그 땅에 계신 선교사를 위해 한 마디라도 기도하자. 여행 가고 싶은 나라가 있다면 먼저 그 나라를 축복하며 그곳에 있는 선교사를 위해 기도하자. 선교는 기도부터 시작하는 것이다.

할 수 있다면 해외 단기선교도 계획해보자. 1년 후가 되어도 좋고 2년 후가 되어도 좋다. 인생에 단 한 번만이라도 단기선교를 떠나보자. 복음을 모르는 영혼들을 위해 나의 일상에서 잠시 벗어나는 시간을 가져보자. 선교는 선교사로 부름받은 선교사들뿐만 아니라 그리스도의 사랑을 경험한 우리 모두의 사명이다. 가든지 보내든지, 우리는 모두 선교사로 부름받았다.

"오직 한 번뿐인 인생, 속히 지나가리라. 오직 그리스도를 위한 일만이 영원하리라."
- C. T. 스터드

은혜를 선포하기

"나는 보내는 선교사입니다."

가슴으로 나눔 하기

1. 내가 '가는 선교사'가 된다면 어떤 나라에서 무슨 사역을 하고 싶은지 나눠보자.

2. 내년에 단기선교를 계획해보고 무엇을 준비해야 할지 나눠보자.

3. 늘 말씀을 통해 받은 은혜나 새롭게 결단하는 것을 나눠보자.

정성을 다해 기도하고 축복하기

선교지와 선교사님을 위해 기도한다.

부모님 중 한 분이 가족의 이름을 부르며 축복기도 한다.

예수님을 바라보는 침묵의 시간

1분간 조용히 침묵하며 생각을 통해 말씀하시는 하나님의 음성을 듣는다.

배운 대로 살아가는 생활 숙제

국내 성지순례지 방문하기

(서울 양화진 외국인 선교사 묘원, 경기도 필그림하우스 천로역정 순례길, 충남 마량진 성경전래기념관, 전남 애양원, 중도 문준경 전도사 사역지, 대구동산의료원 선교사 묘역, 제주 이기풍선교기념관 등)

선교사를 위한 기도

따라 하는 가정예배

초판 1쇄 발행	2022년 12월 21일
지은이	장재기
펴낸이	여진구
책임편집	최현수
편집	이영주 안수경 김도연 김아진 정아혜
책임디자인	마영애 이하은 ㅣ 노지현 조은혜
홍보 · 외서	진효지

마케팅	김상순 강성민 허병용	마케팅지원	최영배 정나영
제작	조영석 정도봉	경영지원	김혜경 김경희 이지수

303비전성경암송학교 박정숙
이슬비전도학교 / 303비전성경암송학교 / 303비전꿈나무장학회

펴낸곳	규장

주소 06770 서울시 서초구 매헌로 16길 20(양재2동) 규장선교센터
전화 02)578-0003   팩스 02)578-7332
이메일 kyujang0691@gmail.com   홈페이지 www.kyujang.com
페이스북 facebook.com/kyujangbook   인스타그램 instagram.com/kyujang_com
카카오스토리 story.kakao.com/kyujangbook
등록일 1978.8.14. 제1-22

책값 뒤표지에 있습니다.
ISBN 979-11-6504-399-5 03230

규ㅣ장ㅣ수ㅣ칙

1. 기도로 기획하고 기도로 제작한다.
2. 오직 그리스도의 성품을 사모하는 독자가 원하고 필요로 하는 책만을 출판한다.
3. 한 활자 한 문장에 온 정성을 쏟는다.
4. 성실과 정확을 생명으로 삼고 일한다.
5. 긍정적이며 적극적인 신앙과 신행일치에의 안내자의 사명을 다한다.
6. 충고와 조언을 항상 감사로 경청한다.
7. 지상목표는 문서선교에 있다.